大学入試

うんこ英単語
2000

2000
ENGLISH WORDS
WITH UNKO

JN050513

PREFACE

はじめに

　英語を学ぶ上で最も大切な要素の1つである「英単語学習」は地道な作業になりがちで，「ひたすら単語帳を見て」「覚える」という単調な行為の繰り返しになっているのが現状です。

　受験勉強としてだけでなく，英語を身につけることが我慢と根気くらべの勝負になってしまうことは間違っていると私たちは考えています。楽しく効率的に単語を学べる方法があるならば，みなさんの英語の力は何倍も速く，力強く，伸びるはずです。

　本書は「世界一楽しい大学受験用の英単語帳」を目指して作られました。収録されている 2,000 語すべての例文に「**うんこ**」ということばを使用することで，笑いながら例文を読み，英単語学習を進めることができるようになっています。

　同時に，全国の最新大学入試問題をていねいに分析し，外部試験にも対応できるよう研究を重ねたうえで，掲載する 2,000 語の単語を選定しています。入試問題頻出の表現や，単語が持つニュアンスなど，学習を助ける情報も満載の1冊です。本書で得られる知識は，今後の人生でみなさんが英語を使う上で必ず役立つものになるでしょう。

　全国の受験生のみなさんには，本書の「うんこ例文」を通して，楽しみながら英単語学習に取り組んでいただければ幸いです。確かな単語力を身につけ，大学受験合格を達成することを願っています。

文響社

CONTENTS
もくじ

PART 1 入試の基礎を身につける **共通テストレベル800語**

PART 2 必ず覚えておきたい **標準大学レベル700語**

PART 3 応用力を身につける **難関大学レベル500語**

うんこ英単語
2000の特長

1 全例文でうんこの使用に成功！

　英単語学習は単調になりがちで，長続きさせるのが難しいものです。この問題を克服するべく，本書ではすべての例文に「うんこ」ということばを使用することに成功しました。

　多種多様なうんこ例文を読みながら，楽しく効率的に単語を身につけることができます。

　うんこ例文を楽しみながら，モチベーションを高めて受験勉強に取り組みましょう。

> 彼のうんこは多くのミュージシャンに<u>影響</u>を与えた。
> His unko had an <u>impact</u> on many musicians.

2 入試問題を徹底的に分析して 2,000語を選定！

　過去5年分の全国の入試問題を徹底的に分析して，入試に頻出の単語を研究しました。大学受験のためだけでなく，英検®対策や，CEFR（ヨーロッパ言語共通参照枠）A2 から B2 レベルの実用的な英語力をつけるためにも役立つ重要な単語を厳選し 2,000 語を収録しています。入試が終わった後にも実際に使える単語力を身につけることができます。

英検®級の目安を提示！

英検®に頻出の単語には「準1級」「2級」「準2級」のマークをつけました。大学入試において，英検®の資格を提出することで，試験が免除になったり，得点がプラスになったりと優遇措置を受けられる場合があります。

英検®を受験する場合にも，単語という基礎を身につけておく必要があります。本書で大学入試の対策をしながら，英検®も合格できるように学習を進めましょう。

豊富な情報を掲載！

本書の魅力はうんこ例文だけではありません。単語の意味だけでなく，関連語や入試に頻出の表現，単語に関する一言アドバイスなどの情報を豊富に掲載しました。本書で何度も学習し，確かな単語力を身につけましょう。

派生語などの関連語 ┄┄┄┄┄┄┄┄┄┄┄┄┄┄┄┄┄┄┄ 入試で頻出の表現

形容詞

☐☐☐

0091 　　　準2級

particular

[pərtíkjələr] （アクセント）

☐☐☐

0092 　　　準2級

scientific

特定の

語法 in particular 特に

☐ **⑩ particularly** 特に，とりわけ

▶類義語は specific などがある。

科学の，科学的な

英単語のニュアンスや類義語・反意語などの一言アドバイス

本書の構成

一言アドバイス

見出し語が持つニュアンスや類義語・反意語などをまとめています。

SECTION **1**

見出し語と
単語の意味

大学入試で覚えておきたい単語の意味を掲載しています。学習するたびにチェックボックスに印をつけましょう。

0001 準2級
seem
[síːm]
□□□
～のように思われる，
～らしい
→類義語は appear, look などがある。

0002 準2級
cause
[kɔ́ːz]
□□□
～を引き起こす
⊜ 原因

0003 準2級
include
[inklúːd]
□□□
～を含む
□ 前 including ～を含めて
□ 形 inclusive すべてを含んだ

語法

入試で頻出の表現がある場合に示しています。一連の表現として覚えましょう。

0004 準2級
動詞
allow
[əláu]
□□□
～を許す
語法 allow ～ to ... ～が…するのを許可する

0005 準2級
consider
[kənsídər] アクセント
□□□
～を…だとみなす，
～をよく考える
□ 形 considerate（人に）思いやりのある
□ 名 consideration 熟考，考慮
□ 形 considerable かなりの，相当な

関連語

見出し語に関連する語です。セットで覚えましょう。

0006 準2級
suggest
[səgdʒést]
□□□
～を提案する
□ 名 suggestion 提案
□ 形 suggestive 示唆的な

0007 準2級
require
[rikwáiər]
□□□
～を必要とする
□ 名 requirement 必要なもの，必需品

16

英検®マーク

英検®によく出る単語に
マークをつけています。

QRコード

動画を視聴して正しい発音を確かめましょう。

入試の基礎を身につける
▶共通テストレベル 800 語

ジョンはうんこについてまだ言いたいことがありそうだ。

It seems John still has something he wants to say about unko.

1

たった1つのうんこが大きな革命を引き起こすこともある。

A single piece of unko can sometimes cause a big revolution.

2

機内への持ち込み禁止品の中にはうんこも含まれますか?

Is unko included among the items prohibited from carrying on the plane?

3

大量のうんこを持っているお客様はご搭乗できません。

Individuals with a large amount of unko are not allowed to board.

4

政府はこの物体を「うんこである」とみなす方針のようだ。

Apparently, the government considers this substance unko.

5

うんこを使った新しいファッションを提案します。

We suggest a new fashion using unko.

6

この機械を作動させるには膨大な量のうんこが必要です。

A vast amount of unko is required to power this machine.

7

8

17

セクション表示

どのセクションを学習しているのかが一目でわかるようになっています。100 語区切りで効率よく学習しましょう。

うんこ例文

見出し語とその日本語訳を赤い文字にしています。赤シートで隠しながら学習しましょう。すべての例文に「うんこ」が使用されています。楽しみながら学習を進めましょう。

本書の活用方法

本書を使った効果的な学習方法の一例です。人によって効果的な学習方法は異なるので，あくまで一例として参考にしてください。

1 単語のつづりと発音を確認

単語のつづりと発音記号をあわせて確認しましょう。アクセントと発音に注意を要する語にはマークをつけています。

見出し語と発音を
確認するのじゃ。

```
0005                    第2級
consider
[kənsídər] アクセント
□□□
```

2 単語の意味を確認

大学入試で頻出の単語の意味を厳選して示しています。同じ単語で品詞が異なる意味がある場合は併記しているので，両方とも覚えましょう。単語を使った表現や関連語もあわせて覚えるようにしましょう。単語に関する一言アドバイスを載せている場合もあるので参考にしてください。

単語の意味や関連語
などを覚えるのじゃ。

裁判官
動 〜を裁く

□ 图 judgment 判断
▶肩書としても使用する。

3 例文の確認

例文は日本語が上，英語が下に並んでいます。日本語のうんこ例文を読んで，下線部の部分を英語にするとどんな単語が入るかを考えてから英語の文を確認しましょう。部分英作文の力を育てることができます。

4 英語の例文を読む

英語の例文をよく読んで，単語がどのように使われるのかを確認しましょう。例文はすべて文の形になっています。例文を読み込むことで，読解の力も育てることができます。

英語の例文を読んで，日本語の意味を考えることも効果的な学習方法です。

彼のうんこは多くの
ミュージシャンに影響を与えた。

His unko had an **impact**
on many musicians.

赤シートで隠し
ながら何度も例文を
読むのじゃ。

5 くりかえし学習する

①〜④の手順をくりかえし学習しましょう。英単語学習はくりかえしコツコツと進めることが効果的です。100 語区切りのセクションごとに，何度もうんこ例文で単語を学習しましょう。

記号と表記

品詞

動 動詞　　**名** 名詞　　**形** 形容詞　　**副** 副詞

接 接続詞　　**前** 前置詞　　**代** 代名詞

発音記号

発音記号は辞書や教科書によって表記が異なることがあります。発音は辞書によってアメリカ英語とイギリス英語の両方を併記していることがありますが，本書では主にアメリカ英語の発音記号のみを掲載しています。

アクセント注意・発音注意

　アクセントの位置に注意を要する語です。

　発音に注意を要する語です。

英検®マーク

英検®によく出る単語には，その級のマークをつけています。

準2級 準2級　　**2級** 2級　　**準1級** 準1級

英検®は，公益財団法人 日本英語検定協会の登録商標です。このコンテンツは，公益財団法人 日本英語検定協会の承認や推奨，その他の検討を受けたものではありません。

音声動画について

各見開き右上の QR コードを読み込むと，見出し語として掲載されている単語の動画を見ることができます。

動画では，見出し語の単語が 2 回ずつ読まれます。本文を見ながら動画を視聴して，単語の発音を確認しましょう。紙面上で「アクセント注意」と「発音注意」のマークがついている単語は特に注意して発音を確認しましょう。動画に合わせて発音練習をして，正しい発音を身につけましょう。

2000 ENGLISH WORDS AND PHRASES WITH UNKO
FOR HIGH SCHOOL STUDENTS

＼ 笑いながら学べるweb学校 ／

 うんこ学園

 左のウェブサイトからも動画にアクセスすることができるぞい！

▼「うんこ学園」で検索！

| うんこ学園 | 🔍 |

https://unkogakuen.com/

※お客様のネット環境，端末などによりご利用いただけない場合がございます。
※本サービスは予告なく変更・休止・終了することがあります。
※ QR コードは㈱デンソーウェーブの登録商標です。

発音記号一覧

iː	sea meet weak
i	city study happy
ɪ	pig hit rich
e	desk set red
æ	bat lack happy
ɑː	father calm pot
ʌ	bus love mother
ɔː	ball call tall
ʊ	book put wood
uː	soup cool true
ə	sofa arrive awake
ər	river gather over
əːr	girl learn early
eɪ	cake take eight
aɪ	pie write fine
ɔɪ	toy enjoy boy
aʊ	cow shout loud
oʊ	road both low
ɑːr	car bark hard
ɔːr	door morning score
ɪər	deer hear clear
eər	hair dare care
ʊər	tour sure poor
aɪər	fire tired

本書で使用している発音記号の一覧です。

単語の発音を確認する際に参考にしましょう。

p	<u>p</u>en cu<u>p</u> <u>p</u>lay
b	<u>b</u>ook <u>b</u>oy jo<u>b</u>
t	<u>t</u>ree <u>t</u>en si<u>t</u>
d	<u>d</u>esk sa<u>d</u> <u>d</u>ate
k	<u>k</u>ick <u>c</u>ut <u>c</u>lass
g	<u>g</u>ame le<u>g</u> <u>g</u>ood
f	<u>f</u>un laug<u>h</u> <u>ph</u>one
v	<u>v</u>ote sa<u>v</u>e gi<u>v</u>e
θ	too<u>th</u> <u>th</u>ink mou<u>th</u>
ð	<u>th</u>is fa<u>th</u>er brea<u>the</u>
s	<u>s</u>ix bu<u>s</u> pa<u>ss</u>
z	<u>z</u>oo ea<u>s</u>y noi<u>s</u>e
ʃ	<u>sh</u>e fi<u>sh</u> offi<u>c</u>ial
ʒ	vi<u>s</u>ion mea<u>s</u>ure plea<u>s</u>ure
tʃ	<u>ch</u>eck cat<u>ch</u> tea<u>ch</u>
dʒ	<u>j</u>uice bri<u>dg</u>e <u>j</u>ust
h	<u>h</u>ot <u>wh</u>o <u>h</u>and
m	<u>m</u>an ja<u>m</u> su<u>mm</u>er
n	<u>n</u>ap <u>n</u>ight ru<u>n</u>
ŋ	so<u>ng</u> lo<u>ng</u> ki<u>ng</u>
l	<u>l</u>eft fee<u>l</u> te<u>ll</u>
r	<u>r</u>ice <u>r</u>ed <u>r</u>ain
j	<u>y</u>ou <u>y</u>acht <u>y</u>es
w	<u>o</u>ne <u>w</u>ell <u>w</u>ind

うんこの表記について

「うんこ」は英語でpoopなどと言いますが, この本ではunkoと表記しています。

unkoは不可算名詞として扱っています。

まずは「うんこ」を使った英語の表現をいくつか確認しておきましょう。

うんこをする
↓
do unko

うんこをもらす
↓
do unko in *one's* pants

1つのうんこ
↓
a piece of unko

2つのうんこ
↓
two pieces of unko

1

入試の基礎を
身につける
共通テストレベル
800語

大学入試に臨むために必要な単語800語
じゃ。共通テストで高得点を取るためにも，
確実に身につけるのじゃ。

動詞

0001 準2級

seem
[síːm]
☐☐☐

〜のように思われる，
〜らしい

▶類義語は appear, look などがある。

0002 準2級

cause
[kɔ́ːz]
☐☐☐

〜を引き起こす

⑧ 原因

0003 準2級

include
[ɪnklúːd]
☐☐☐

〜を含む

☐ 前 **including** 〜を含めて
☐ 形 **inclusive** すべてを含んだ

0004 準2級

allow
[əláu] 発音
☐☐☐

〜を許す

語法 **allow ~ to ...** 〜が…するのを
許可する

0005 準2級

consider
[kənsídər] アクセント
☐☐☐

〜を…だとみなす，
〜をよく考える

☐ 形 **considerate** （人に）思いやりのある
☐ ⑧ **consideration** 熟考，考慮
☐ 形 **considerable** かなりの，相当な

0006 準2級

suggest
[səgdʒést]
☐☐☐

〜を提案する

☐ ⑧ **suggestion** 提案
☐ 形 **suggestive** 示唆的な

0007 準2級

require
[rɪkwáɪər]
☐☐☐

〜を必要とする

☐ ⑧ **requirement** 必要なもの，必需品

ジョンはうんこについてまだ言いたいことがありそうだ。

It **seems** John still has something he wants to say about unko.

1

たった1つのうんこが大きな革命を引き起こすこともある。

A single piece of unko can sometimes **cause** a big revolution.

2

機内への持ち込み禁止品の中にはうんこも含まれますか?

Is unko **included** among the items prohibited from carrying on the plane?

3

大量のうんこを持っているお客様はご搭乗できません。

Individuals with a large amount of unko are not **allowed to** board.

4

政府はこの物体を「うんこである」とみなす方針のようだ。

Apparently, the government **considers** this substance unko.

5

うんこを使った新しいファッションを提案します。

We **suggest** a new fashion using unko.

6

この機械を作動させるには膨大な量のうんこが必要です。

A vast amount of unko is **required** to power this machine.

7

8

0008 　　　　　　　　準2級

expect
[ɪkspékt]
□□□

〜を予期する, 予想する
□ 名 **expectation** 予想, 予期

0009 　　　　　　　　準2級

cost
[kɔ́ːst] 発音
□□□

〜がかかる
名 費用, 値段
□ 形 **costly** 高価な, 費用のかかる

0010 　　　　　　　　準2級

offer
[ɔ́ːfər] アクセント
□□□

〜を提供する
名 申し出, 提案

0011 　　　　　　　　準2級

bear
[béər]
□□□

〜に耐える
▶ can とともに否定文で使われることが多い。

0012 　　　　　　　　準2級

complete
[kəmplíːt] アクセント
□□□

〜を完成させる
形 完全な
□ 名 **completion** 完成, 達成
□ 副 **completely** 完全に, すっかり

0013 　　　　　　　　2級

adapt
[ədǽpt]
□□□

適応する
▶ adapt *oneself* to ~ で
「〜に慣れる」という意味。

0014 　　　　　　　　準2級

tend
[ténd]
□□□

〜する傾向がある
語法 **tend to ~ 〜する傾向がある**
□ 名 **tendency** 傾向, 風潮

0015 　　　　　　　　準2級

remain
[rɪméɪn]
□□□

残る, 〜のままである
□ 名 **remainder** 残り, 残りのもの

まるで予期せぬ方向からうんこが飛び出してきた。

The unko came flying from a direction we hadn't **expected**.

このうんこを処理するには，かなり費用がかかります。

It will **cost** a great deal of money to dispose of this unko.

来場者の皆様には，氷で冷やしたうんこをご提供します。

We **offer** the audience unko chilled in ice.

うんこの悪口を聞くのは耐えられない。

I can't **bear** to hear people talking badly about unko.

建物が完成していないのに大工が全員がうんこに行ってしまった。

All the carpenters have gone off to do unko even though the construction isn't **completed**.

彼はすぐにその部族の習慣に適応し，うんこを頭に乗せて生活を始めた。

He quickly **adapted** to the tribe's customs, spending his days wearing unko on his head.

サッカー選手は，落ちているうんこを見ると蹴る傾向がある。

Soccer players **tend to** kick unko when they see it on the ground.

掃除はしたつもりだが，まだだいぶうんこが残っていると言われた。

I cleaned it up once, but I was told that quite a bit of unko **remains**.

動詞

0016 準2級

appear
[əpíər]
□□□

現れる，〜のように見える

□ 形 apparent 明らかな，明白な
□ 名 appearance 外見，様子

0017 2級

involve
[ɪnvάːlv]
□□□

〜を巻き込む

□ 名 involvement かかわり合い，関与
▶議論・事件・犯罪などについて使う。

0018 準2級

affect
[əfékt]
□□□

〜に影響する

□ 名 affection 愛情

0019 準2級

avoid
[əvɔ́ɪd]
□□□

〜を避ける

▶avoid ~ing で「〜するのを避ける」という
意味。

0020 準2級

depend
[dɪpénd]
□□□

頼る

語法 depend on ~ 〜に頼る
□ 名 dependence 頼ること，依存
□ 形 dependent 頼っている

0021 準2級

refer
[rɪfə́ːr] アクセント
□□□

言及する，引用する

語法 refer to ~ 〜に言及する
□ 名 reference 言及，論及

0022 準2級

occur
[əkə́ːr] アクセント
□□□

起こる，生じる

□ 名 occurrence 出来事，事件
▶偶発的なでき事について用いることが多い。

0023 準2級

recognize
[rékəgnàɪz]
□□□

〜がわかる，〜を認識する

□ 名 recognition それと分かること

雲のすき間から巨大なうんこが姿を現した。

A giant piece of unko **appeared** between the clouds.

うんこを1，2個持ち歩いていれば，めんどうなことに巻き込まれなくて済む。

If you keep a piece of unko or two on, you can avoid getting **involved** in trouble.

彼のうんこは他の生徒に悪い影響を与えかねない。

His unko may **affect** the other students in a negative way.

うんこの話を避けていては，よい議論はできないだろう。

We can't have a productive debate if we keep **avoiding** talking about unko.

人に頼るくせを直さないと，これからもうんこをもらし続けるだろう。

If you don't stop your habit of **depending on** others, you'll never stop doing unko in your pants.

総理大臣が国会でうんこについて言及した。

The prime minister **referred to** unko during the National Diet session.

うんこをリビングに放置しておいたら，予期せぬことが起きた。

Something I hadn't expected **occurred** when I let the unko loose in the living room.

とても特徴的なうんこなので，見ればすぐにわかるでしょう。

It's very distinctive unko, so you'll **recognize** it the minute you see it.

0024 準2級

fail

[féɪl]
□□□

失敗する, しくじる
名 失敗, 落第

□ 名 **failure** 失敗, 不成功

0025 準2級

measure

[méʒər] 発音
□□□

〜をはかる
名 寸法, 対策

□ 名 **measurement** 測定, 測量

0026 準2級

force

[fɔ́ːrs]
□□□

〜に強制する
名 力, 武力

語法 **force 〜 to ...** 〜に無理やり
…させる

▶名詞には「軍隊」という意味もある。

0027 準2級

lack

[lǽk]
□□□

〜を欠く, 〜が不足する
名 不足, 欠乏

0028 準2級

brain

[bréɪn]
□□□

脳

▶「頭脳」という意味もある。

0029 準2級

result

[rɪzʌ́lt]
□□□

結果
動 結果として起こる

▶反意語は cause。
▶as a result で「結果として」という意味。

0030 準2級

research

[ríːsəːrtʃ] アクセント
□□□

研究, 調査
動 〜を研究する, 調査する

□ 名 **researcher** 研究者, 研究員

0031 準2級

author

[ɔ́ːθər]
□□□

著者

▶類義語は writer などがある。

落ちてきたうんこをおでこで受け止めようとしたが失敗した。

I tried to catch the falling unko with my forehead, but I **failed**.

それはうんこの長さをはかるための専用のものさしです。

That is a ruler specifically for **measuring** the length of unko.

人に無理やりうんこをさせるなんて，おこがましいとは思わないのか。

Don't you find it intrusive to **force** people **to** do unko?

きみたちはうんこに対する理解が不足しているんだ。

You guys **lack** an understanding of unko.

うんこにも脳があると思っていた。

I believed that unko had a **brain**, too.

試合の結果を見た瞬間，喜びでうんこをもらした。

I did unko in my pants out of joy when I saw the **result** of the match.

質のよいうんこをするには，研究あるのみだ。

Research is the only way to do good quality unko.

著者が自作の本を朗読しながらうんこをしている。

The **author** is doing unko while he reads his book aloud.

0032 準2級

form
[fɔ́ːrm]
□□□

形, 形状
動 ~を形作る

- □ 形 formal 正式の, 公式の
- □ 名 formation 形成, 成立
- □ 名 formula 決まったやり方

0033 準2級

effect
[ɪfékt]
□□□

影響, 効果

- □ 形 effective 効果的な
- □ 名 effectiveness 有効性

0034 準2級

mind
[máɪnd]
□□□

心, 精神
動 ~をいやがる

0035 準2級

ability
[əbíləti]
□□□

能力

- □ 形 able (~することが)できる

0036 準2級

disease
[dɪzíːz] 発音
□□□

病気

▶特に病名のはっきりした病気を指す。

0037 準2級

process
[prɑ́ːses]
□□□

過程, 経過
動 ~を加工する

- □ 動 proceed 続ける, 続行する

0038 準2級

population
[pɑ̀ːpjəléɪʃən]
□□□

人口

- □ 動 populate (通例受身で)~に住む, ~に居住する
▶「多い人口」は a large population と表す。

0039 準2級

amount
[əmáunt]
□□□

量, 額

▶ amount of ~ 「~の量」というとき, ~ には通例数えられない名詞がくる。

これは，うんこの形をした悪魔だ。

This is a demon in the **form** of a piece of unko.

彼のうんこにはルネッサンス美術の影響が見られる。

The **effects** of the Rennaisance can be seen in his unko.

うんこを見ただけで，彼の心の美しさはすぐにわかりました。

I understood the beauty of his **mind** after a single glance at his unko.

私の兄はうんこを意のままに操る能力を持っています。

My brother has the **ability** to control unko with his mind.

うんこぶりぶり病という珍しい病気がはやっている。

There's a new **disease** going around called unko buri-buri **disease**.

私はうんこができるまでの過程には一切興味がない。

I have no interest in the **process** of how unko is made.

その地域の人口を聞けば，落ちているうんこの数を正確に当てられる。

If you tell me the **population** of a region, I can give an accurate estimate of how many pieces of unko there are on the ground there.

こんな量のうんこが届くとは私も想像していなかった。

Even I never imagined that such a huge **amount** of unko would arrive.

1

2

3

4

5

6

7

8

0040 　準2級

state
[stéit]
□□□

状態, 国家, 州
動 ～を述べる
□ 名 statement 陳述, 言明

0041 　準2級

species
[spíːʃiːz]
□□□

（生物の）種
▶ an endangered species で
「絶滅危惧種」という意味になる。

0042 　準2級

benefit
[bénəfit] （アクセント）
□□□

利益, 恩恵
□ 形 beneficial 有益な, ためになる

0043

education
[èdʒəkéiʃən]
□□□

教育
□ 動 educate ～を教育する
□ 形 educational 教育の
□ 形 educated 教養のある, 教育を受けた

0044 　準2級

control
[kəntróul]
□□□

支配（力）
動 ～を支配する
▶ out of control で「手に負えない」
という意味になる。

0045

article
[áːrtikl]
□□□

記事, 品物,（法律の）条項

0046 　準2級

exercise
[éksərsàiz]
□□□

運動, 体操
動 運動する
▶健康維持・体力増進のための運動などに使う。

0047 　準2級

value
[vǽljuː]
□□□

価値
動 ～を（高く）評価する
□ 形 valuable 価値の高い, 高価な
□ 名 valuation 評価, 見積もり

弟がうんこを海水にひたして状態を観察している。

My brother has soaked unko in seawater and is observing its state.

地球上には，うんこの中に住む種も存在する。

There are species of animals that live inside unko on earth.

彼のうんこが国家にもたらした利益は計り知れない。

There is no way to measure the benefits his unko brought the nation.

21 世紀初頭まで，うんこと教育は交わらないと考えられていた。

Until the start of the 21st century, unko and education were thought to be unrelated.

王による民のうんこの支配は 300 年間も続いた。

The king's control over the people's unko continued for 300 years.

今朝はどの新聞も大臣のうんこの記事がトップを飾った。

Today, articles about the minister's unko are on the front page of all the newspapers.

今日は，うんこを使った簡単な運動をご紹介します。

Today, I'm going to introduce some simple exercises using unko.

祖父はうんこの価値を鑑定する仕事をしていたそうだ。

I heard my grandfather worked appraising the value of unko.

名詞

0048 準2級

risk

[rísk]
□□□

危険（性）

- □ 形 **risky** 危険な, 冒険的な
- □ 副 **riskily** 危険を伴って

0049 準2級

behavior

[bihéivjər]
□□□

ふるまい, 行儀

- □ 動 **behave** ふるまう
- ▶ good behavior で「行儀のよさ」という意味。

0050 準2級

development

[dɪvéləpmənt] (アクセント)
□□□

発達, 発展

- □ 動 **develop** 発達する, 発展する

0051 準2級

rate

[réit]
□□□

割合, 率

0052 2級

focus

[fóukəs]
□□□

焦点, 中心

動 ～を集中させる

0053 準2級

issue

[íʃuː]
□□□

問題（点）

動 （声明などを）出す, 発する

▶社会的・政治的な問題などを指す。

0054 準2級

service

[sə́ːrvəs]
□□□

公益事業, 接客

- □ 動 **serve** ～に仕える, ～のために働く

0055 準2級

experiment

[ɪkspérəmənt]
□□□

実験

動 実験をする

- □ 形 **experimental** 実験の
- □ 名 **experimenter** 実験者

きみは，うんこまみれになるという危険性を承知でこの仕事を引き受けたはずだ。

You were well aware of the **risk** of getting covered in unko when you took this job.

彼はまるで「うんこなど見たことがない」というようなふるまいを見せる必要があった。

His **behavior** had to suggest that he'd never seen unko before.

科学技術の発達によって，ついにクローンうんこが誕生してしまった。

Thanks to the advance in technological **development**, clone unko has been created at last.

私のうんこのサイズは毎年2％の割合で大きくなっている。

My unko grows at a **rate** of 2% per year.

今日の話の焦点はうんこだったはずです。

The **focus** of today's discussion is supposed to be unko.

私のうんこはそこまで問題にされるようなものではないはずだ。

There should be no need to make my unko into such an **issue**.

郵便局が，うんこに関する新しい事業を開始するそうだ。

Apparently, the post office is going to start a new **service** involving unko.

昨年，アメリカで，うんこに関する恐ろしい実験が行われた。

A frightening **experiment** involving unko was carried out in the U.S. last year.

0056 knowledge 準2級

knowledge
[nάːlɪdʒ] 発音
□□□

知識

□ 動 **know** 〜を知っている, わかっている
▶ know とは発音が大きく異なるので注意する。

0057 concern 準2級

concern
[kənsə́ːrn]
□□□

心配, 関心事

動 〜に関係がある

□ 前 **concerning** 〜について(の),
〜に関する

0058 term 準2級

term
[tə́ːrm]
□□□

期間, 学期, 専門用語

語法 **in terms of ~** 〜の点から
□ 名 **terminal** 終点, 終着駅

0059 relationship 準2級

relationship
[rɪléɪʃənʃip]
□□□

関係

□ 名 **relation** 関係, 関連

0060 interest 準2級

interest
[íntərəst] アクセント
□□□

興味, 利子

□ 形 **interested** 興味を持っている
□ 形 **interesting** 興味を引き起こす, 面白い

0061 material 準2級

material
[mətíəriəl] アクセント
□□□

材料, 資料

▶ 「原材料」は raw material(s) という。

0062 theory 2級

theory
[θíːəri]
□□□

理論, 学説

□ 形 **theoretical** 理論の, 理論的な
▶ hypothesis 「仮説」よりも立証され,
確立した論のこと。

0063 task 準2級

task
[tǽsk]
□□□

仕事

しかし，うんこで大事なのは知識ではなく経験でしょう。

However, the important thing with unko is experience, not **knowledge**, right?

1

トムにうんこを預けておけば，何の心配もいらないよ。

If you leave your unko with Tom, there's absolutely no need for **concern**.

2

うんこのしやすさという点では，わが校は日本でもトップクラスだ。

In terms of ease of doing unko, our school is the top in Japan.

3

うんこの回数と学力の関係性を研究しています。

I am researching the **relationship** between the frequency of doing unko and academic ability.

4

ぼくのうんこに興味を持った学者たちが海外から大勢やってきた。

Many scholars with an **interest** in my unko came flooding in from abroad.

5

彼はうんこだけを材料にアート作品を作る芸術家です。

He is an artist who makes art using unko as his only **material**.

6

ダーウィンの進化論をひっくり返すかもしれないうんこが発見された。

Unko that could topple Darwin's **theory** of evolution has been discovered.

7

うんこも私にとっては今日やるべき仕事の一つなのです。

For me, doing unko is another one of the **tasks** I have to complete today.

8

0064 準2級

quality

[kwά:ləti]
□□□

質

▶よく quantity「量」と対で使われる。

0065 準2級

role

[róul]
□□□

役, 役割

▶劇などの役を指す。

0066 準2級

stress

[strés]
□□□

ストレス, 圧迫

動 ～を強調する

0067 準2級

opportunity

[ὰ:pərt(j)ú:nəti] (アクセント)
□□□

機会

▶偶然訪れた機会については
chance を用いる。

0068 準2級

climate

[kláimət] (発音)
□□□

気候

▶「気候変動」は climate change という。
▶「温暖な気候」は mild climate という。

0069 準2級

expert

[ékspə:rt]
□□□

熟練した人

形 熟達した

□ 副 expertly 上手に, 専門的に
▶ experience「経験」と同じ語源。

0070 2級

cell

[sél]
□□□

細胞

▶ cell phone, cellphone で「携帯電話」
という意味になる。

0071 準2級

deal

[dí:l]
□□□

取り引き, 契約

動 ～を配る

▶動詞の過去形, 過去分詞は dealt と
不規則に変化する。

これほど質の良いうんこはプロでもなかなかできない。

Even professionals would have a hard time doing unko of this **quality**.

うんこの役を演じることになった大物俳優がインタビューに答えている。

The big-time actor who was chosen to play the **role** of unko is having an interview.

ストレスを感じたときは「うんこ！」と叫ぶことにしているのです。

I make it a habit to scream "Unko!" whenever I feel **stress**.

彼らにも大きな舞台でうんこをする機会を与えてあげるべきだ。

We should give them the **opportunity** to do unko on the big stage, too.

世界地図に，気候とうんこの関係性を書きこんだ。

I drew the relationship between **climate** and unko on the world map.

こちらのうんこは危険なので熟練者でないと取り扱えません。

This unko is dangerous, so only **experts** can handle it.

全身の細胞がうんこになる薬が発明された。

A medicine that can transform all the **cells** in your body into unko has been developed.

その取引で彼はうんこで支払うことを求められた。

The **deal** required him to pay in unko.

0072 industry 準2級

[índəstri] （アクセント）
□□□

産業

□ 形 industrial 産業の, 工業の
▶ 特に大規模な生産に使う。

0073 success 準2級

[səksés] （アクセント）
□□□

成功

□ 動 succeed 成功する, うまくいく
□ 形 successful 成功した
▶ 反意語は failure。

0074 factor 2級

[fæktər]
□□□

要因

▶ a crucial factor で「重要な要因」
という意味。

0075 impact 2級

[ímpækt]
□□□

影響, 効果

0076 demand 2級

[dimænd]
□□□

要求, 需要

動 ～を要求する

0077 object 2級

[á:bdʒikt]
□□□

物体, 対象

動 反対する, 異議を唱える
□ 名 objection 反対, 異議

0078 likely 準2級

[láikli]
□□□

ありそうな, 起こりそうな

副 たぶん, おそらく

語法 likely to ～ ～しそうである
□ 名 likelihood 可能性, 見込み

0079 common 準2級

[ká:mən]
□□□

ふつうの, ありふれた

□ 名 commonness ふつうであること
□ 副 commonly ふつう, 一般的に

この国では，うんこは1つの産業になりつつある。

In this country, unko is becoming an **industry** in itself.

君のうんこを見たときから，成功は確信していたよ。

I was sure of your **success** from the moment I saw your unko.

革命が失敗する要因は，たいていうんこだと言われている。

The main **factor** in failed revolutions is said to be unko.

彼のうんこは多くのミュージシャンに影響を与えた。

His unko had an **impact** on many musicians.

うんこに関することならどんな要求にも応えられる自信があります。

We are confident that we can meet any **demands** you may have concerning unko.

ある朝，天空をうんこのような物体が覆いつくした。

One morning, an **object** shaped like a piece of unko covered the entire sky.

知り合いでうんこを預かってくれそうな人には全て声をかけた。

I asked all of my acquaintances who were **likely to** take care of my unko.

結局，ふつうのうんこが一番だ。

In the end, the best unko is the most **common** kind.

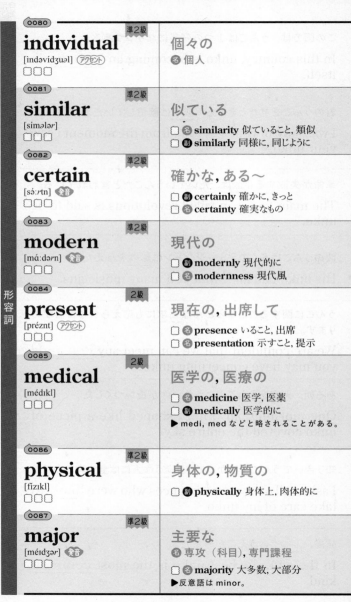

形容詞

0080 **individual** 準2級
[ìndəvídʒuəl] （アクセント）
□□□

個々の
名 個人

0081 **similar** 準2級
[símələr]
□□□

似ている
□ 名 similarity 似ていること, 類似
□ 副 similarly 同様に, 同じように

0082 **certain** 準2級
[sə́ːrtn] （発音）
□□□

確かな, ある〜
□ 副 certainly 確かに, きっと
□ 名 certainty 確実なもの

0083 **modern** 準2級
[mɑ́ːdərn] （発音）
□□□

現代の
□ 副 modernly 現代的に
□ 名 modernness 現代風

0084 **present** 2級
[préznt] （アクセント）
□□□

現在の, 出席して
□ 名 presence いること, 出席
□ 名 presentation 示すこと, 提示

0085 **medical** 2級
[médɪkl]
□□□

医学の, 医療の
□ 名 medicine 医学, 医薬
□ 副 medically 医学的に
▶ medi, med などと略されることがある。

0086 **physical** 準2級
[fízɪkl]
□□□

身体の, 物質の
□ 副 physically 身体上, 肉体的に

0087 **major** 準2級
[méɪdʒər] （発音）
□□□

主要な
名 専攻（科目）, 専門課程
□ 名 majority 大多数, 大部分
▶ 反意語は minor。

うんこを持ち歩くかどうかは個々の判断に委ねるべきだ。

It should be our **individual** right whether we carry unko on our person.

父のうんこは黒曜石によく似ている。

My father's unko looks **similar** to obsidian.

はい，今週はまだうんこをもらしていないと確信できます。

Yes, it is **certain** that I have not yet done unko in my pants this week.

二人のクリエイターが現代のうんこについて対談している。

The two developers are debating about **modern** unko.

うんこをお送りしますので，こちらに現住所をご記入ください。

Please write your **present** address here, so we can send you the unko.

医学専門誌のインタビューだと聞いて来たのに，うんこの専門誌だった。

I came for the interview because I thought it was a **medical** journal, but it turned out to be an unko journal.

身体的な強さとうんこの大きさは必ずしも比例しない。

Physical strength and the size of one's unko are not always proportional.

主要企業では，名刺に自分のうんこの写真を載せるところが増えている。

It's becoming more common among **major** companies to put a picture of your unko on your business card.

0088

準2級

economic

[èkəná:mɪk] (アクセント)
☐☐☐

経済の

☐ 名 **economy** 経済, 財政
☐ 形 **economical** 経済的な

0089

2級

due

[d(j)úː]
☐☐☐

予定で, はずで

語法 **due to ~**
(原因を表して) ~のために

0090

準2級

available

[əvéɪləbl]
☐☐☐

入手可能な, 利用できる

☐ 副 **availably** 利用可能な状態で

0091

準2級

particular

[pərtíkjələr] (アクセント)
☐☐☐

特定の

語法 **in particular** 特に

☐ 副 **particularly** 特に, とりわけ
▶ 類義語は specific などがある。

0092

準2級

scientific

[sàɪəntífɪk] (アクセント)
☐☐☐

科学の, 科学的な

☐ 名 **science** 科学, 自然科学
☐ 副 **scientifically** 科学的に

0093

準2級

various

[véəriəs]
☐☐☐

さまざまな, いろいろな

☐ 動 **vary** 異なる, 違う
☐ 名 **variation** 変化, 変動

0094

準2級

rather

[ræðər]
☐☐☐

かなり, 相当

語法 **would rather ~** むしろ~したい

▶ ~ rather than ... で「...よりもむしろ~」
という意味になる。

0095

準2級

perhaps

[pərhæps]
☐☐☐

もしかすると, ひょっとすると

▶ 文全体を修飾することが多い。

彼のうんこが日本におよぼす経済的影響は計り知れない。

The **economic** effect his unko has on Japan is immeasurable.

豪雨のため，庭に積みあげたうんこが崩れてしまった。

Due to a heavy downpour, the unko I had piled up in the yard collapsed.

まずは，今手に入る全てのうんこをこの教室に集めよう。

First, let's gather all of the unko **available** in this classroom.

どうしてうんこを肩にのせているのですか？―特に意味はありません。

Why do you have unko on your shoulder?—No reason **in particular**.

このうんこには，とんでもない科学的価値があるかもしれない。

This unko may have incredible **scientific** value.

木箱を開けると，中にはさまざまなうんこが並んでいた。

I opened the chest to reveal **various** pieces of unko.

私はむしろもっと危険な場所でうんこがしたい。

I'd rather do unko at a more dangerous location.

ひょっとしてうんこを持ち帰ろうとしていますか？

Are you **perhaps** trying to take the unko home?

副詞

0096

準2級

simply
[símpli]
□□□

単に, ただ〜だけ

□ 形 **simple** 簡単な, 単純な

接続詞

0097

準2級

though
[ðóʊ]
□□□

〜だけれども,
〜にもかかわらず

▶ although よりやや口語的。

0098

準2級

whether
[wéðər]
□□□

〜かどうか

0099

per
[pər]
□□□

〜につき, 〜ごとに

▶無冠詞の単数名詞の前で使う。

前置詞

0100

準2級

despite
[dɪspáɪt]
□□□

〜にもかかわらず

▶堅い語で, 簡潔なため新聞などで使われる。

ただうんこに電気が通るか知りたかっただけです。

I **simply** wanted to know if unko conducts electricity.

うんこをもらしていたにもかかわらず，彼はトップでゴールした。

Though he had done unko in his pants, he reached the goal in first place.

そろそろうんこが集まったかどうか，電話で確認してみよう。

Shall I make a phone call and see **whether** the unko has been collected yet?

ぼくはうんこを1秒に1センチずつ出すことができる。

I can produce a centimeter of unko **per** second.

これだけうんこをそろえたにもかかわらず，彼が気に入るものはなかった。

Despite the large selection of unko, there wasn't a single piece he liked.

動詞	**0101** 準2級 **prevent** [privént] ☐☐☐	**〜を妨げる** 語法 prevent ~ from ... 〜が…するのを防ぐ
	0102 準2級 **publish** [pábliʃ] ☐☐☐	**〜を出版する, 発行する** ☐ 名 publication 出版, 出版物 ☐ 名 publisher 出版社, 発行者
	0103 準2級 **approach** [əpróutʃ] ☐☐☐	**〜に近づく** 名 近づくこと, 接近
	0104 準2級 **exist** [ɪgzíst] 発音 ☐☐☐	**存在する** ☐ 名 existence 存在, 実在 ☐ 形 existing 現存する
	0105 準2級 **contain** [kəntéin] ☐☐☐	**〜が入っている** ☐ 名 container 容器, 入れ物
	0106 準2級 **notice** [nóutəs] ☐☐☐	**〜に気づく** 名 通達, 通知 ☐ 動 notify 〜に通知する
	0107 準2級 **gain** [géin] ☐☐☐	**〜を得る** 名 利益, 利得 ▶日常では get を使うことが多い。

◇◇◇◇◇◇◇◇◇◇◇◇◇◇◇◇◇◇◇◇◇◇◇◇◇◇◇◇◇◇◇◇◇◇◇◇◇

2 か国の交流を妨げていたうんこがこのたび排除された。

The unko **preventing** the two countries **from** interacting has recently been eliminated.

1

19 世紀に出版された書物の中に，うんこに関する重大な事実が書かれていた。

There were important facts about unko written in the texts **published** in the 19th century.

2

名人が，ライオンのうんこにゆっくりと近づいていく。

The expert is carefully **approaching** the lion's unko.

3

人語を解するうんこは確かに存在する。

Unko which understands human language does in fact **exist**.

4

当店では，原材料にうんこが入った商品は扱っておりません。

Our store doesn't deal in products **containing** unko.

5

壁中にうんこが飾られていることに最初に気づいたのはアンだった。

The first to **notice** that there was unko hanging on the wall was Anne.

6

彼と 1 週間一緒に過ごせば，うんこに対する新しい考え方が得られるでしょう。

If you spend a week with him, you're sure to **gain** a new perspective on unko.

7

8

動詞

0108	準2級	

argue

[ά:*r*gju:]

□□□

議論する

□ 名 **argument** 議論, 論争
▶相手を説得するための議論を指す。

0109	準2級	

treat

[trí:t] 発音

□□□

～を扱う

□ 名 **treatment** 治療
□ 名 **treaty** 条約, 協定

0110	準2級	

claim

[kléim]

□□□

～だと主張する

名 主張, 断言
▶類義語は insist などがある。

0111	準2級	

achieve

[ətʃí:v]

□□□

～を成し遂げる

□ 名 **achievement** 達成, 成就
▶努力を重ねて達成するというニュアンス。

0112	準2級	

relate

[riléit]

□□□

～を関係させる

□ 名 **relation** 関係
□ 形 **relative** 比較上の, 相対的な

0113	2級	

regard

[rigá:rd]

□□□

～を…とみなす

語法 **regard ~ as ...** ～を…とみなす
□ 前 **regarding** ～に関して, ～について

0114	準2級	

apply

[əplái]

□□□

申し込む, ～を応用する

□ 名 **applicant** 志願者, 応募者
□ 名 **application** 申し込み, 申請

0115	準2級	

replace

[ripléis]

□□□

～に取って代わる

□ 名 **replacement** 取り替え

彼らは，うんこをペットとして認めるかどうかについて激しく議論した。

They **argued** fiercely as to whether unko should be acknowledged as a pet or not.

このうんこを持っていれば，どこの国に行っても丁重に扱われるはずです。

If you have this unko with you, you'll be **treated** well no matter what country you go to.

「うんこ」という言葉を発明したのは自分だと主張する男が現れた。

A man **claiming** that he was the one who invented the word "unko" appeared.

冒険家が，うんこを我慢して船で世界一周するという目標を成し遂げた。

The adventurer **achieved** his goal of making a trip around the world by boat without doing unko.

ピラミッドとうんこには驚くべき関係がある。

The pyramids are **related** to unko in a surprising way.

ぼくはうんこを一種のスポーツであると考えています。

I **regard** unko **as** a type of sport.

社長のうんこが欲しい方はホームページからお申し込みください。

If you would like our company president's unko, **apply** on our official webpage.

野外キャンプに取って代わって，最近は野外うんこが人気となっている。

Recently, outdoor unko has **replaced** outdoor camping in popularity.

動詞

0116 準2級

mention
[mén∫ən]
□□□

〜に言及する

❷ 言及（すること），述べること

▶類義語は refer to などがある。

0117 2級

identify
[aɪdéntəfàɪ]
□□□

〜（の身元）を確認する，特定する

□ ❷ identification 身元確認
□ ❷ identity 本人であること，身元

0118 準2級

determine
[dɪtə́ːrmən] アクセント
□□□

〜を決定する

□ ❷ determination 決心，決意
▶「（原因など）を特定する」という意味もある

0119 2級

manage
[mǽnɪdʒ]
□□□

〜をなんとかやり遂げる

語法 manage to 〜 なんとか〜する
□ ❷ management 管理，経営
□ ❷ manager 経営者，管理人

0120 準2級

decrease
[dìːkríːs]
□□□

減る，低下する

❷ 減少，低下

▶反意語は increase。

0121 準2級

suffer
[sʌ́fər]
□□□

（被害など）を受ける，苦しむ

語法 suffer from 〜 〜に苦しむ
□ ❷ suffering 苦しむこと，苦痛，不幸

0122 準2級

prove
[prúːv] 発音
□□□

〜を証明する

□ ❷ proof 証拠
▶反意語は disprove。

0123 準2級

link
[líŋk]
□□□

結びつける，〜をつなぐ

❷ 結びつける物［人］

▶類義語は connect などがある。

女優が TV 番組でうんこについて言及するのは珍しいことだ。

It's unusual for an actress to **mention** unko on TV.

貴方の身元が確認できるまでは，うんこをお渡しすることはできません。

We are unable to give you the unko until we've **identified** you.

1

1
2

さあ，来月のうんこ集会の日程を決めよう。

OK, let's **determine** the schedule for next month's unko assembly.

1
3

間違えて流してしまったうんこをなんとか回収できた。

I somehow **managed to** retrieve the unko I accidentally flushed down the toilet.

1
4

街角にうんこを設置したところ，犯罪発生率が 15% 減少した。

After installing unko on the street corners, the crime rate **decreased** by 15%.

1
5

世界には，うんこ不足に苦しんだ歴史がある。

There was a time in history when we **suffered from** unko shortages.

1
6

では今からこのうんこが犯行に使われたものであることを証明しましょう。

I will now **prove** that this unko was used in the crime.

1
7

ジョンはどんなことでも必ずうんこと結びつけて考える。

John **links** anything and everything with unko when he thinks about it.

1
8

0124 準2級

prefer

[prɪfɔ́ːr] (アクセント)

□□□

〜を好む

語法 prefer 〜 to ... ...よりも〜を好む

□ 形 preferable 好ましい, ましな
□ 名 preference 好きであること

0125 準2級

decline

[dɪkláɪn]

□□□

減少する, 衰える, 〜を断る

名 減少, 低下

▶量・数などが減少することを表す。
▶体力・健康などが衰えることを表す。

0126 準2級

maintain

[meɪntéɪn]

□□□

〜を維持する

□ 名 maintenance 整備, 保存

0127 準2級

supply

[səpláɪ]

□□□

〜を供給する

名 供給 (量)

語法 supply 〜 with ... 〜に...を供給する

□ 名 supplier 供給元

0128 準2級

search

[sɔ́ːrtʃ]

□□□

捜す, 〜を調べる

名 捜索, 追求

0129 2級

promote

[prəmóʊt]

□□□

〜を促進する, 昇進させる

□ 名 promotion 昇進, 進級

▶考え, 平和, 成長などを促進することを表す。

0130 2級

suppose

[səpóʊz]

□□□

〜だと思う

語法 be supposed to 〜
〜することになっている

0131 2級

associate

[əsóʊʃièɪt]

□□□

〜を連想する

名 仲間

□ 名 association 連合, 交際

兄は現金よりもうんこをもらうほうを好みます。

My brother **prefers** getting unko **to** getting cash.

ドラム缶に入れておいたうんこが，1週間前よりも減少している。

The number of pieces of unko I put in the drum has **declined** since last week.

この国の平和はうんこによって維持されていると言えよう。

It's fair to say that peace in this country is **maintained** by unko.

希望者には，無制限にうんこを供給します。

Applicants will be **supplied with** an unlimited amount of unko.

もう少し落ち着いてうんこができる場所を捜しに行こう。

Let's get it together and **search** for some place where we can do unko without being disturbed.

うんこについての知識を促進するためのポスターが街中に貼られている。

There are posters **promoting** unko knowledge all around town.

今日の午後，担任とうんこの話をすることになっている。

I**'m supposed to** go talk about unko with my homeroom teacher this afternoon.

私は「うんこ」という語から宇宙を連想する。

I **associate** the word "unko" with outer space.

0132 2級

indicate
[índəkèit]
□□□

〜を示す

□ 名 indication 表示

0133 2級

estimate
[éstəmèit] アクセント
□□□

〜を見積もる, 概算する
名 見積もり
▶金額・数量などに使う。

0134 準2級

survive
[sərváiv]
□□□

生き残る

□ 名 survival 生き残ること
▶危機・逆境などから生き残ることを意味する。

0135 準2級

image
[ímidʒ] 発音
□□□

イメージ, 印象

▶日本語の「イメージ」と発音が大きく
異なるので注意する。

0136 準2級

item
[áitəm]
□□□

項目, 品目

0137 準2級

nation
[néiʃən]
□□□

国, 国家

□ 形 national 国家の, 国家的な
▶政治的な結合体としての国家を表す。

0138 準2級

limit
[límət]
□□□

限界, 限度
動 〜を制限する

□ 名 limitation 制限, 制限された状態

0139 2級

region
[ríːdʒən]
□□□

地域, 地方

□ 形 regional 地域の, 地方の
▶ area より広い地域を指す。

この標識は道路がうんこまみれであることを示している。

This sign **indicates** the road is covered in unko.

市内のうんこを全て買い占めるための費用を 2,000 万円と見積もった。

The cost to buy up all the unko in town was **estimated** at 20 million yen.

最後まで生き残っていたのは，全身にうんこを塗りたくった男性だった。

It was the man who coated his entire body with unko that **survived** until the end.

うんこにどんなイメージを持とうが，人それぞれの自由だ。

People are free to have whatever **image** of unko they want.

うんこに関する 1,000 項目の質問に答える。

I'll answer 1,000 **items** about unko on the questionnaire.

国家の一大事に，いつまでうんこをしているんだ。

I can't believe you're still doing unko at a time when the **nation** is in danger.

限界ぎりぎりまでうんこをがまんするスポーツをしていると思えばいい。

Assume you're doing a sport where you hold in your unko up to your **limit**.

私は日本のほとんどの地域でうんこをしたことがある。

I have done unko in almost every **region** of Japan.

名詞

0140 準2級

access
[ǽkses]
□□□

接近方法, 近づくこと
動 〜にアクセスする
□ 名 accessibility 接近できること
□ 形 accessible 近づきやすい

0141 準2級

blood
[blʌ́d] 発音
□□□

血
□ 動 bleed 出血する
□ 形 bloody 血なまぐさい

0142 準2級

weight
[wéɪt] 発音
□□□

重さ
□ 動 weigh 〜の重さを量る
▶「減量する」は lose weight という。

0143 2級

decade
[dékeɪd]
□□□

10 年間
▶「20 年間」というときは two decades のように複数形になる。

0144 準2級

figure
[fíɡjər]
□□□

数字, 姿, 図

0145 準2級

intelligence
[ɪntélɪdʒəns] アクセント
□□□

知能, 情報
□ 形 intelligent 知能の高い

0146 準2級

participant
[pɑːrtísəpənt]
□□□

参加者
□ 動 participate 参加する
▶「〜の参加者」は participant in 〜 と表す。

0147 準2級

growth
[ɡróʊθ]
□□□

成長
□ 動 grow 成長する, 育つ

このルート以外に，君が望んでいるうんこへの接近方法はないのだ。

Aside from this route, there is no other **access** to the unko you seek.

うんこを巡って流れた多くの血を無駄にはできない。

We mustn't let the great amount of **blood** shed over unko go to waste.

見ただけで，そのうんこの重さをミリグラム単位で言い当てられる能力を手に入れた。

I acquired the ability to ascertain the **weight** of a piece of unko to the milligram just by looking at it.

ぼくのうんこが「最近 10 年間で最も重要なアジアのうんこ 100」に選出された。

My unko was selected for "The Top 100 Most Important Unko in Asia Over the Past **Decade**".

好きな数字を言ってくれたら，その数だけうんこを出せます。

Give me any **figure** you want, and I can produce that many pieces of unko.

このうんこは，8 歳児と同等の知能を備えている。

This unko has **intelligence** equivalent to that of an 8-year-old child.

参加者は両手にうんこを持っているのですぐ判別できる。

The **participants** are holding unko in both hands so you can easily recognize them.

彼女は，孫の成長を見守る祖母のような目でうんこを見つめていた。

She gazed at unko in the same way as a grandmother would watch the **growth** of her grandchild.

53

名詞

0148

準2級

rest

[rést]

□□□

残り

▶ the rest of ~ で「~の残り」。

0149

準2級

professor

[prəfésər]

□□□

教授

▶呼びかけにも使うことができる。

0150

準2級

pattern

[pǽtərn] 発音

□□□

型, 様式

□ 形 patterned 模様のある

0151

準2級

method

[méθəd]

□□□

方法, 方式

▶組織的な方法を指す。

0152

準2級

model

[mάːdl]

□□□

模型, 模範

▶「プラモデル」は a plastic model。

0153

準2級

emotion

[ɪmóuʃən]

□□□

感情

□ 形 emotional 感情の, 情緒の
□ 副 emotionally 感情的に

0154

準2級

position

[pəzíʃən]

□□□

位置, 立場

□ 形 positional 位置の, 職の

0155

準2級

production

[prədʌ́kʃən]

□□□

生産

□ 動 produce ~を生産する
▶特に量が多い生産を表す。

54

残りのうんこを全てつぎこんで，最後の勝負にかける。

I'm going to bet the **rest** of the unko on the last round.

マルクマス教授の専門は宇宙物理学とうんこだ。

Professor Malkmus's specialties are cosmic physics and unko.

うんこをもらしやすい人の行動には，いくつかの型がある。

There are a few **patterns** common to people who do unko in their pants often.

今日は，うんこ1つで出世する方法をお教えします。

Today, I'll teach you a **method** for succeeding with nothing but a piece of unko.

この建物は，あなたのうんこをモデルに建築させていただきました。

I used your unko as a **model** when constructing this building.

あんなに感情をこめてうんこをする人は，彼以外にいないだろう。

There's probably no one who does unko with as much **emotion** as he does.

まさかあの位置からうんこをする気なのか。

He can't really be considering doing unko from that **position**, can he?

この工場ではうんこを使った製品が生産されている。

This factory oversees **production** of goods with unko.

名詞

0156 準2級

diet

[dáɪət]

ダイエット, 食生活,
(日本の) 国会

0157 準2級

variety

[vəráɪəti] 発音

変化, 多様性

語法 a variety of ~ さまざまな~

□ 動 **vary** 異なる, 違う

0158 2級

response

[rɪspá:ns]

応答

□ 動 **respond** 答える, 返答する

0159 2級

device

[dɪváɪs]

装置

□ 動 **devise** ~を工夫する, 考案する

▶類義語は gadget がある。

0160 2級

survey

[sə́:rveɪ]

調査

動 ~を調査する, 概観する

▶アンケートなどによる調査を指すことが多い。

0161 準2級

film

[fílm]

映画

動 ~を撮影する

▶アメリカでは movie を使うことが多い。

0162 2級

phrase

[fréɪz]

句, フレーズ

0163 準2級

resource

[rí:sɔ:rs] アクセント

資源

▶ natural resources で「天然資源」
という意味。

56

<u>ダイエット</u>したわけではなく，がまんしていたうんこをしただ
けです。

It wasn't a <u>diet</u>, I just did the unko that I'd been
holding in.

日本うんこ博物館では，各国の<u>さまざまな</u>うんこを鑑賞する
ことができる。

You can see <u>a variety of</u> unko from around the
world at the Japan Unko Museum.

銀河系に向けて電波を発信したら，「うんこ」と<u>応答</u>があった。

When they transmitted radio waves into the Milky
Way, a <u>response</u> of "unko" came back.

デンマークの技術者が，うんこに近づけると発火する<u>装置</u>を
開発した。

A Danish engineer developed a <u>device</u> that ignites
when it approaches unko.

今，どんなうんこが人気なのか街頭<u>調査</u>をしてみよう。

Let's conduct a street <u>survey</u> to see what unko is
popular now.

4 人の少年がうんこを拾いに行くアメリカ<u>映画</u>を見た。

I saw an American <u>film</u> where four boys go to
collect unko.

父はお気に入りの<u>フレーズ</u>を叫びながらうんこをする習慣が
ある。

My father has a habit of shouting his favorite
<u>phrase</u> when he does unko.

例えば，どうしてうんこを<u>資源</u>として見られないんでしょうか？

For example, why don't we regard unko as a
<u>resource</u>?

名詞

0164 準2級

policy
[pάːləsi]
□□□

政策, 方針

▶ foreign policy で「外交政策」という意味。

0165 2級

function
[fʌ́ŋkʃən]
□□□

機能
動 作動する, 働く
□ 形 functional 機能上の

0166 2級

account
[əkáunt]
□□□

口座, 説明
動 ～を…と考える
語法 take ~ into account ～を考慮する
□ 名 accountant 会計係

0167 準2級

fear
[fíər] 発音
□□□

恐怖
動 ～を恐れる, こわがる
□ 形 fearful ～を恐れる, 心配する
□ 形 fearless 恐れを知らない, 大胆な

0168 準2級

pressure
[préʃər]
□□□

押すこと, 圧迫
□ 動 press ～を押す
□ 形 pressured 圧力をかけられた

0169 2級

range
[réindʒ]
□□□

範囲

▶ 商品, 活動などの範囲を表す。

0170 準2級

generation
[dʒènəréiʃən]
□□□

世代

▶「若い世代」は the younger generation。
▶「年配の世代」は the older generation。

0171 準2級

standard
[stǽndərd]
□□□

基準, 標準
形 標準の, 標準的な

国の政策によって，来年からうんこに税がかかることになった。

The new government **policy** says that unko will be taxed starting next year.

この機械には，うんこを温める機能はついていません。

This device doesn't include an unko-warming **function**.

友人の意見を考慮した結果，うんこを持ち歩くのはやめた。

After **taking** my friend's opinion **into account**, I decided not to carry unko around anymore.

クラリスはうんこに対する恐怖心を克服した。

Clarice overcame her **fear** of unko.

次に，手のひらの付け根でうんこに圧迫を加えます。

Next, apply **pressure** to the unko using the base of your palm.

もっと探す範囲を広げないと，いつまで経ってもうんこは見つからないだろう。

If you don't increase your search **range**, you'll never find unko.

うんこは世代を超えたコミュニケーションを可能にする。

Unko enables communication beyond **generations**.

そのうんこは安全基準を満たしていません。

That unko does not meet safety **standards**.

1

1
1

1
2

1
3

1
4

1
5

1
6

1
7

1
8

0172 2級

loss
[lɔ́(:)s]
□□□

失うこと
語法 be at a loss 途方にくれている
□ 動 lose ～を失う, なくす

0173 準2級

habit
[hǽbət]
□□□

習慣, 癖
□ 形 habitual 習慣的な, いつもの
▶ふつう個人的な習慣を指す。

0174 準2級

bit
[bít]
□□□

小片, かけら
語法 a bit (of ~) ちょっと(の～)
▶a little bit で「ほんの少し」という意味。

0175 準2級

belief
[bəlíːf]
□□□

信じること, 信念
□ 動 believe ～を信じる

名詞

0176 準2級

owner
[óunər] 発音
□□□

所有者
□ 動 own ～を所有する
▶土地・財産などの所有者を指す。

0177 準2級

employee
[ɪmplɔ́ɪiː]
□□□

従業員
□ 動 employ ～を雇う, 雇用する
□ 名 employment 雇用, 仕事
▶「雇い主」は employer。

0178 2級

colleague
[káːliːɡ] 発音
□□□

同僚
▶類義語は coworker などがある。

0179 2級

career
[kəríər] アクセント
□□□

職業, キャリア
▶ふつう生涯の職業を指す。

何よりも大事にしていたうんこをなくしてしまい，途方にくれている。

I've lost my most precious piece of unko and **am at a loss** of what to do.

父は，偉人の名言を叫びながらうんこをする習慣がある。

My father has a **habit** of shouting famous quotes when he does unko.

最後にうんこをほんの少しふりかけまして，はい，完成です。

Lastly, sprinkle **a bit of** unko on top and you're finished.

どれだけうんこのことを罵倒されても，私の信念は変わらない。

My **beliefs** will not change no matter how much you insult unko.

ちゃんと土地の所有者の許可をもらって，うんこをしきつめています。

I got permission from the **owner** of the land before I started laying the unko.

わが社では，従業員同士のうんこの交換が盛んです。

The exchange of unko is popular among our company **employees**.

昔はよく職場の同僚と一緒にうんこをしたものだ。

In the past, I would always do unko with my **colleagues**.

うんこを見れば，その人がどんな職業を経験してきたかわかる。

I can tell what kind of **career** a person has by looking at their unko.

0180 準2級

site

[sáit]
□□□

用地,
（インターネットの）**サイト**

0181

pollution

[pəlúːʃən]
□□□

汚染, 公害

□ 動 **pollute** ～を汚染する
▶「大気汚染」は air pollution。

0182 2級

appropriate

[əpróupriət]
□□□

適切な, ふさわしい

□ 副 **appropriately** 適切に
□ 名 **appropriateness** 妥当性

0183 準2級

ancient

[éinʃənt] 発音
□□□

古代の

▶反意語は modern などがある。

0184 準2級

correct

[kərékt]
□□□

正しい, 正確な
動 ～を訂正する, 正す

□ 名 **correction** 修正, 訂正
□ 副 **correctly** 正しく, 正確に

0185

cultural

[kʌ́ltʃərəl]
□□□

文化の, 文化的な

□ 名 **culture** 文化
□ 副 **culturally** 文化的に

0186 準2級

successful

[səksésfl]
□□□

成功した

□ 副 **successfully** 首尾よく, うまく
□ 名 **success** 成功, 成就

0187

mental

[méntl]
□□□

心の, 精神の

□ 副 **mentally** 精神的に
▶類義語に psychological がある。

建築用地の中でうんこの話をしている妙な集団がいる。

There's a suspicious group talking about unko at the construction site.

この新型うんこが完成すれば，大気汚染問題は一晩で解決されるだろう。

Once this new unko model is complete, atmospheric pollution problems will be solved overnight.

きみのうんこを称賛する適切な言葉が見つからないよ。

I can't find the appropriate words to praise your unko.

遺跡の中から発掘された古代のうんこが，全ての発端だった。

Ancient unko discovered in the ruins was the start of everything.

正しい答えが言えなかった場合，このうんこは没収させてもらう。

If you can't give the correct answer, I will confiscate this unko.

うんこがどれだけ文化の発展に貢献してきたか理解していますか？

Do you understand how much unko has contributed to our cultural development?

「うんこパウダー」は，うんこを使用した商品の成功例だ。

Unko Powder is one example of a successful product which uses unko.

心の健康を維持するには，1日に10回以上「うんこ」と言うとよい。

To maintain mental health, you should recite "unko" 10 or more times per day.

0188 準2級

political

[pəlítɪkl]
☐☐☐

政治の

☐ 副 **politically** 政治的に
☐ 名 **politics** 政治

0189 2級

complex

[kà:mpléks]
☐☐☐

複雑な

名 複合体, 合成物

☐ 名 **complexity** 複雑さ
☐ 副 **complexly** 複雑に

0190 2級

general

[dʒénərəl]
☐☐☐

全般的な, 一般的な

☐ 動 **generalize** 〜を一般化する
☐ 副 **generally** 一般に, 概して

0191 準2級

negative

[négətɪv]
☐☐☐

よくない, 否定的な

☐ 名 **negativeness** 消極性
☐ 副 **negatively** 消極的に

0192 2級

current

[kə́:rənt]
☐☐☐

現在の

☐ 名 **currency** 貨幣, 通貨
☐ 副 **currently** 現在は

0193 準2級

huge

[hjú:dʒ]
☐☐☐

巨大な

☐ 名 **hugeness** 巨大さ
☐ 副 **hugely** 大いに, とても

0194 準2級

therefore

[ðéərfɔ̀:r]
☐☐☐

それゆえに, したがって

▶前の文を受けて使う。

0195 準2級

nearly

[níərli]
☐☐☐

ほとんど, もう少しで

うんこを語るときに政治的視点を持ちだすのは愚かだ。

It's foolish to bring **political** matters into the picture when discussing unko.

うんこを肩にのせているのには複雑な事情があります。

There is a **complex** explanation behind why I have unko on my shoulder.

全般的な傾向として，人はうんこをすぐに流しがちだ。

As a **general** trend, people tend to flush their unko right away.

彼女は昨年までうんこに対して否定的な考えを持っていた。

She had a **negative** opinion of unko until last year.

そのうんこの現在の持ち主に会いに行こう！

Let's go meet the **current** owner of that unko!

突如海上に現れた巨大なうんこが，日本に向かって来た。

The **huge** piece of unko that had suddenly appeared in the ocean was headed for Japan.

うんこをもらしたときは高速道路で運転中だった。それゆえに，止まるわけにはいかなかった。

I was driving on the expressway when I did unko in my pants. **Therefore**, stopping was out of the question.

あれだけあったうんこがほとんど持っていかれている。

There was so much unko, but they took **nearly** all of it with them.

副詞

0196 further 準2級 [fə́:rðər] □□□	もっと遠くへ, もっと離れて ▶「もっと遠くへ」という意味では farther というつづりも使われる。
0197 eventually 準2級 [ɪvéntʃuəli] □□□	結局は ▶多くのでき事を経て というニュアンスがある。
0198 thus 2級 [ðʌ́s] □□□	このように

前置詞

| 0199 throughout 準2級
[θruáut]
□□□ | ～の至る所に [で] |
| 0200 beyond 準2級
[biɑ́:nd]
□□□ | ～の向こうに [へ]
▶遠く離れて何かの向こう側
という意味がある。 |

早く！　このうんこからもっと遠くへ離れて！

Hurry! Get **further** away from this unko!

そんなことを言って，きみも結局はうんこ部に入部することになるんだ。

You may say that now, but **eventually**, you will join the unko club.

このように，最もうんこを美しくできる者に王位は継承されていった。

Thus, the crown has been passed down to those who could do unko the most beautifully.

今日は世界の至る所でうんこに祈りがささげられている。

Today, prayers are being offered to unko **throughout** the world.

うんこが壁の向こうまで飛んで行ってしまった。

The unko flew **beyond** the wall.

1

2

3

4

5

6

7

8

動詞

0201　準2級

charge
[tʃɑ́ːrdʒ]
□□□

～を請求する, 告発する

❷ 代金, 料金

▶代金などの請求に使う。

0202　準2級

feed
[fíːd]
□□□

～にえさを与える

□ ❷ food 食べ物

▶活用は feed-fed-fed となる。

0203　2級

represent
[rèprizént]

～を代表する, 象徴する

□ ❷ representation 表現
□ ❷ representative 代表者, 代理人

0204　2級

conduct
[kəndʌ́kt] （アクセント）
□□□

**～を指揮する,
（調査など）を行う**

❷ 行い, ふるまい

□ ❷ conductor 指揮者

0205　準2級

release
[rilíːs]
□□□

～を解放する, 公開する

❷ 解放

0206　準2級

observe
[əbzə́ːrv]
□□□

～を観察する, 守る

□ ❷ observation 観察, 観察力
□ ❷ observer 観察する人, 観測者

0207　2級

contribute
[kəntríbjuːt] （アクセント）
□□□

～を寄付する, ～に寄与する

□ ❷ contribution 寄付, 寄贈

店内でうんこの話をしたお客さまには追加料金を請求させていただきます。

Customers who talk about unko in the store will be **charged** an additional fee.

公園でうんこにえさを与えている男の子を見た。

I saw a boy **feeding** unko at the park.

彼のうんこは, ぼくらの世代のうんこを代表するうんこだ。

His unko **represents** the unko of our generation.

うんこをエジプトまで運ぶ任務は, ジェイムズが指揮をとります。

James will **conduct** the mission to transport unko to Egypt.

解放された人質たちは一目散にうんこをしに行った。

The hostages rushed off to do unko as soon as they were **released**.

祖父は自分のうんこを 30 年以上にわたって観察しつづけた。

My grandfather **observed** his unko over the span of 30 years.

気持ちはありがたいのですが, うんこの寄付は受け付けておりません。

We appreciate the thought, but we can't accommodate people seeking to **contribute** unko.

動詞

0208	2級	

advance
[ədvǽns]
□□□

進む, 前進する
名 前進, 進行
□ 形 **advanced** 進歩した, 上級の
□ 名 **advancement** 前進, 進むこと

0209	2級

reveal
[rɪvíːl]
□□□

～を明らかにする
□ 名 **revelation** 意外な新事実

0210	2級

establish
[ɪstǽblɪʃ]
□□□

～を設立する
□ 名 **establishment** 施設, 設立された機関
▶学校・会社などの設立に使う。

0211	2級

seek
[síːk]
□□□

～を求める, 捜す
▶look for より堅い語。

0212	2級

predict
[prɪdíkt]
□□□

～を予言する, 予測する
□ 名 **prediction** 予言, 予報

0213	準2級

remove
[rɪmúːv]
□□□

～を取り除く
□ 名 **removal** 除去, 廃止

0214	準2級

separate
[sépərèɪt] アクセント
□□□

～を分ける
語法 separate ~ from ...
～を…と分ける
□ 副 **separately** 別々に, 離れて
□ 名 **separation** 分離

0215	2級

ignore
[ɪgnɔ́ːr]
□□□

～を無視する
□ 名 **ignorance** 無知, 無学
□ 形 **ignorant** 無知の, 無学の

うんこの科学的研究は彼の登場によって一気に前進した。

Scientific research into unko **advanced** greatly thanks to him.

ある物理学者が，うんこの持つ驚くべき性質を明らかにした。

A physicist **revealed** a startling property of unko.

こちらは，当施設の設立者のうんこでございます。

This is the unko of the person who **established** this facility.

理想のうんこを求める旅に終わりはない。

There is no end to the quest to **seek** the ideal piece of unko.

オクラホマ州に住む女性が，うんこに関するある予言をした。

A female resident of Oklahoma State **predicted** something concerning unko.

その男は,大量の土砂の中からうんこだけを正確に取り除いた。

That man succeeded in **removing** only the unko from the large mass of dirt.

仕切りを立てて，うんことそれ以外を分けておこう。

Let's put up a partition and **separate** the unko **from** the other things.

彼らは忠告を無視してうんこの中へ飛び込んでいった。

They **ignored** the warning and dived into the unko.

0216 準2級

invent
[invént]
□□□

~を発明する

□ 名 invention 発明品
□ 名 inventor 発明した人, 発明家

0217 準2級

exchange
[ikstʃéindʒ]
□□□

~を交換する

名 交換, 取り替え

□ 名 exchanger 交換する人

0218 2級

enable
[inéibl]
□□□

~できるようにする

語法 enable ~ to ...
~が…することを可能にする

□ 形 able ~することができる

0219 準2級

reflect
[riflékt]
□□□

~を反射する, 熟考する

□ 名 reflection 反射

0220 準2級

attack
[ətǽk]
□□□

~を攻撃する

名 攻撃, 襲撃

□ 名 attacker 攻撃する人

0221 準2級

attract
[ətrǽkt]
□□□

~を引きつける, 魅惑する

□ 名 attraction 魅力, 引きつける力
□ 形 attractive 魅力的な, 愛嬌のある
□ 副 attractively 魅力的に

0222 準2級

recommend
[rèkəménd] アクセント
□□□

~を推薦する, 勧める

□ 名 recommendation 推薦(すること)
▶ recommend ~ to ... で
「…に~を推薦する」という意味になる。

0223 準2級

count
[káunt]
□□□

~を数える

名 集計, 勘定

うんこシュレッダーを発明したのは私の祖父です。

It was my grandfather who **invented** the unko shredder.

このうんこと，あなたが着ているコートを交換していただけませんか？

Would you mind **exchanging** that coat you're wearing for this unko?

内ポケットの中にきみのうんこがあるという事実が，ぼくに勇気を出させてくれる。

Knowing that your unko is in my inside coat pocket **enables** me **to** persevere.

太陽光を反射させてうんこに当ててみよう。

Let's try **reflecting** sunlight onto unko.

いくら攻撃してもこのうんこには効きませんよ。

It's no use no matter how much you **attack** this unko.

私たちの共通点は，うんこに引きつけられてここに集まったということだ。

What makes us alike is that we all gathered here because we were **attracted** to unko.

色々なうんこがあるが，私がお勧めしたいのはキューバのうんこだ。

There are many types of unko, but the type I **recommend** is Cuban unko.

ほら，うんこに挿してあるろうそくの数を数えてごらん。

Look, **count** and see how many candles are stuck in the unko.

73

0224　2級

attempt
[ətémpt]
□□□

～を試みる, 企てる

🔵 試み, 企て

語法 attempt to ~ ～しようと試みる

0225　準2級

earn
[ɔ́ːrn]
□□□

～を稼ぐ

□ 🔵 earnings 報酬, 賃金

▶ふつう働いた報酬として得ることをいう。

0226　2級

examine
[ɪgzǽmən]
□□□

～を調査する

□ 🔵 examination 試験, テスト

0227　2級

struggle
[strʌ́gl]
□□□

奮闘する

🔵 闘い, 努力

0228　2級

consume
[kəns(j)úːm]
□□□

～を消費する

□ 🔵 consumer 消費者

□ 🔵 consumption 消費

0229　準2級

repair
[rɪpéər]
□□□

～を修理する

🔵 修理, 修繕

0230　準2級

rely
[rɪláɪ] 発音
□□□

頼る, 当てにする

語法 rely on ~ ～を頼りにする

□ 🔵 reliable 信頼できる, 頼りになる

0231　準1級

engage
[ɪngéɪdʒ]
□□□

たずさわる, 従事する

語法 be engaged in ~
～にたずさわっている

□ 🔵 engagement 婚約, 婚約期間

スタントマンが，切り立ったうんこの崖を登ろうと試みている。

The stunt person is **attempting to** climb the towering wall of unko.

パソコン1台とうんこ1つで年間100万円稼ぐ方法を教えます。

I'll show you how to **earn** one million yen a year with just a computer and one piece of unko.

この村のうんこを調査してみなければ，はっきりとしたことは申せません。

I can't say anything for sure without **examining** the unko of this village first.

祖父がうんこを鍵穴にさしこもうと奮闘している。

My grandfather is **struggling** to insert unko into the keyhole.

ブリッジの姿勢でうんこをすると激しく体力を消耗する。

Doing unko in a bridge pose **consumes** a great deal of energy.

その道具はうんこではなく腕時計を修理するためのものだ。

That tool is for **repairing** wristwatches, not unko.

私に頼らないでも，きみはもう立派なうんこを持っているじゃないか。

Even without **relying on** me, you already have your own perfectly fine unko.

何十年もうんこに色を塗る仕事にたずさわってきた彼の意見を信じよう。

He has **been engaged in** the job of coloring unko for decades, so let us trust his opinion.

0232
2級

assume
[əs(j)úːm]
□□□

〜を仮定する

□ 图 **assumption** 想定, 仮定
▶根拠のある推論には think を使う。

0233
2級

address
[ədrés]
□□□

〜に取り組む, 話しかける

图 住所
▶「演説する」という意味もある。

0234
2級

desire
[dızáıər]
□□□

(強い) 願望, 欲望

動 〜を強く望む, 願う
□ 圏 **desirable** 望ましい

0235

title
[táıtl]
□□□

題

動 表題をつける
▶「肩書」, 「称号」という意味もある。

0236
準2級

distance
[dístəns]
□□□

距離

□ 圏 **distant** 遠い
▶「遠距離」は long distance という。

0237
準2級

network
[nétwəːrk]
□□□

ネットワーク

▶交通・道路・神経などに用いる。

0238
準2級

crop
[krάːp]
□□□

(農) 作物

0239
準2級

smell
[smél]
□□□

におい, 香り

動 においがする

ではこれがうんこだと仮定しましょう。それの何が問題なのですか?

Alright, let's **assume** that this is unko. What's the problem with that?

こんな間近でうんこをされるとなかなか仕事に取り組むことができないよ。

I can't **address** the task if you keep doing unko here.

「うんこといつも一緒にいたい」という彼の願望にはとても共感する。

I can really relate with his **desire** to always be together with unko.

今読んでいるのは『うんこが笑う季節』という題名の小説です。

I am currently reading a novel with the **title**, *The Season When Unko Laughs*.

これは2つのうんこの間の距離を一瞬で計測できる機器です。

This is a device that can instantly measure the **distance** between two pieces of unko.

鉄道のネットワークを使えばうんこを全国に配ることができる。

If we use the railway **network**, we can deliver unko to anywhere in the country.

収穫した作物を保管するためのサイロがうんこでいっぱいだ。

The silo for the harvested **crops** is filled with unko.

この香水のにおいをかぐと,うんこが止まらなくなります。

Whenever I whiff the **smell** of this perfume, I can't stop doing unko.

0240

couple

[kʌ́pl]
☐☐☐

一対, 夫婦

語法 a couple of ~ 2, 3の~

0241

drug

[drʌ́g]
☐☐☐

薬, 麻薬

▶「薬」という意味では medicine が
よく使われる。

0242 2級

income

[ínkʌm]
☐☐☐

収入, 所得

▶ふつう定期的な収入に使う。

0243 準2級

degree

[dɪgríː]
☐☐☐

程度, 度

▶角度, 温度の単位としても使われる。

0244 2級

option

[áːpʃən]
☐☐☐

選択, 選択肢

☐ 形 optional 選択の

0245 準1級

contrast

[káːntræst]
☐☐☐

対比, コントラスト

▶「~の間の対比」は
contrast between ~ and ... で表す。

0246 準2級

danger

[déɪndʒər] 発音
☐☐☐

危険

☐ 形 dangerous 危険な, 危ない
☐ 副 dangerously 危険なほどに
▶反意語は safety。

0247 2級

trade

[tréɪd]
☐☐☐

貿易, 商売

動 貿易する, 取引する

☐ 名 trader 貿易業者
▶類義語は commerce などがある。

かばんに余裕があれば，うんこも 2，3 個持っていくとよいでしょう。

If you have room in your bag, it would be a good idea to take **a couple of** pieces of unko with you.

うんこなら，薬と同じ引き出しにしまっておいたよ。

If you're looking for the unko, I put it in the same drawer as the **drugs**.

若いころは，収入のすべてをうんこに費やしたものだ。

When I was young, I used to spend all my **income** on unko.

誰でもある程度はうんこに興味があるものだ。

Everyone has some **degree** of interest in unko.

ジョンにはうんこをもらすという選択肢以外なかったのだ。

John had no **option** other than to do unko in his pants.

赤と緑のうんこの対比が美しい。

The **contrast** between red and green unko is beautiful.

もし危険を感じたら，迷わずこのうんこを使いなさい。

If you think you're in **danger**, use this unko without hesitation.

国際貿易の発展にうんこは大きな役割を果たした。

Unko played a big role in the development of international **trade**.

0248 2級

gene
[dʒíːn]
□□□

遺伝子

0249 2級

structure
[strʌ́ktʃər]
□□□

構造

□ 形 **structural** 構造(上)の, 構成(上)の

0250 2級

concept
[kάːnsept]
□□□

概念, 観念

▶ idea より抽象度が高い。

0251 準2級

surface
[sə́ːrfəs] 発音
□□□

表面

▶ face 部分の発音に注意する。

0252 準2級

staff
[stǽf]
□□□

職員

▶「職員たち」という集合体を指す名詞。

0253 2級

consumer
[kəns(j)úːmər]
□□□

消費者

□ 動 **consume** 〜を消費する

0254 2級

instance
[ínstəns]
□□□

例

語法 **for instance** たとえば

0255 準2級

location
[loukéɪʃən]
□□□

場所, 位置

▶日常では place を使うことが多い。

ある遺伝子を操作したところ，うんこの大きさが 800 倍のヒツジが誕生した。

After manipulating one of its **genes**, a sheep with unko 800 times the standard size was born.

このビルの構造は，うんこからヒントを得て作られています。

The **structure** of this building was designed using unko as inspiration.

私はうんこという物体そのものではなく概念の話をしているんだ。

I'm not talking about unko as a physical object, but as a **concept**.

そのうんこの表面にはラテン語で「聖なるもの」と彫られていた。

The piece of unko had engraved on its **surface** the Latin words for "The Holy One".

まもなくうんこ担当の職員が来ますのでソファにかけてお待ちください。

The **staff** member in charge of unko will be here shortly. Please take a seat on the sofa while you wait.

こちらが消費者の皆様の意見を取り入れて作られたうんこです。

This unko was created by incorporating the opinions of the **consumers**.

たとえば，うんこを装身具として身につける人だっている。

For instance, there are people who wear unko as an accessory.

彼は半径 1 キロメートル以内に落ちているうんこの場所をすべて感知する能力がある。

He has the ability to sense the **location** of any unko on the ground within a radius of one kilometer.

81

0256 2級

content

[káːntent] （アクセント）

□□□

中身

▶箱・びんなどの中身を指す。

0257 2級

tax

[tǽks]

□□□

税金

動 ～に税金をかける

□ 名 taxation 課税, 徴税

0258 準2級

topic

[táːpɪk]

□□□

話題, トピック

0259 2級

direction

[dərékʃən]

□□□

方向, 方角

▶「指示」という意味もある。

0260 準2級

safety

[séɪfti]

□□□

安全

□ 形 safe 安全な, 危険のない

□ 副 safely 安全に

0261 準2級

detail

[díːteɪl]

□□□

細部

語法 in detail 詳細に

0262 準2級

attitude

[ǽtət(j)ùːd]

□□□

態度

0263 準2級

score

[skɔ́ːr]

□□□

得点

動 ～を得点する

▶「得点を記録する」は keep score という。

名詞

コンテナを開けると，中身はぎゅうぎゅうに詰まったシロサイのうんこだった。

When we opened the container to see its **content**, it was packed full with white rhinoceros unko.

うんこに税金をかけようという動きがあるらしい。

It seems there's a movement to put a **tax** on unko.

彼はうんこ以外の話題になると露骨に興味を失う。

He blatantly loses interest when we bring up any **topic** other than unko.

私のうんこが置いてある方向に向かって，全速力で走ってください。

Run at full speed in the **direction** of my unko.

父はうんこをする前の安全確認に 2 時間以上かける。

My father takes over two hours to check for **safety** before he does unko.

あなたが目撃したうんこについて，できるだけ詳細に思い出していただけますか。

Please try to remember **in detail** everything you can about the unko you saw.

きみは目上の人のうんこに対してそんな態度をとるのか。

You display that **attitude** to the unko of your superiors?

キーパーがうんこをしている間に，5 点も得点差をつけられてしまった。

The team's **score** fell to a 5-point difference while the keeper was doing unko.

0264 2級

aspect

[ǽspekt]
□□□

局面, 側面

▶特に状況, 問題などの局面を指す。

0265 準2級

progress

[prá:gres] (アクセント)
□□□

進歩, 向上

動 進歩する, 向上する

□ 形 **progressive** 進歩的な

0266

screen

[skrí:n]
□□□

スクリーン, 映写幕

▶テレビやコンピューター, 映画館などの
スクリーンを指す。

0267

muscle

[mʌ́sl] (発音)
□□□

筋肉

□ 形 **muscular** 筋肉の発達した

▶ develop *one's* muscle で
「筋肉を発達させる」という意味になる。

0268 準2級

audience

[ɔ́:diəns]
□□□

聴衆, 観客

▶「聴衆」という集合体を指す名詞。

0269 2級

resident

[rézədənt]
□□□

居住者

□ 形 **residential** 住宅向けの
□ 名 **residence** 邸宅, (大きな)住宅

0270 準1級

context

[ká:ntekst]
□□□

文脈, 背景

0271 準2級

essay

[ései]
□□□

随筆, エッセー

▶学生が書く「小論文」という意味もある。

うんこをもらした経験は，今後の人生のあらゆる局面で役立つだろう。

My experience of doing unko in my pants will be useful in all **aspects** of my life from now on.

うんこへの理解を深めれば，人類の進歩は促進される。

Deepening our understanding of unko will help humankind's **progress** along.

映画を見ていたら，突然スクリーンにぼくのうんこが映し出された。

I was watching a movie when suddenly my unko appeared on the **screen**.

このポーズでうんこをするには，かなり筋肉を鍛えなければなりません。

You'll have to train your **muscles** quite a bit to be able to do unko in this pose.

聴衆の前でのうんこを一度でも経験したら，怖いものなんてなくなるよ。

If you experience doing unko in front of an **audience** even once, you won't fear anything.

同じマンションの居住者同士でうんこを交換する。

Residents of an apartment complex often exchange unko among themselves.

彼はいつも文脈を無視して突然うんこの話を始める。

He always ignores the **context** and suddenly starts talking about unko.

父は，人気作家の随筆を大声で音読しながらうんこをする習慣がある。

My father has a habit of reading **essays** by popular authors out loud when he does unko.

1
1
2
1
3
1
4
1
5
1
6
1
7
1
8

名詞

0272 準2級
gas
[gǽs]
□□□

気体, ガス, ガソリン
▶イギリス英語では「ガソリン」の意味では petrol を使うことが多い。

0273 2級
trend
[trénd]
□□□

傾向, 趨勢(すうせい)
▶「流行」という意味もある。

0274 2級
sort
[sɔ́ːrt]
□□□

種類, タイプ
動 ～を分類する, 仕分ける
語法 a sort of ~ 一種の～

0275 準2級
citizen
[sítəzn]
□□□

市民, 国民, 公民

形容詞

0276 2級
specific
[spəsífik] アクセント
□□□

特定の, 具体的な
□ 動 specify ～を明確に述べる
□ 副 specifically 特に

0277 準2級
female
[fíːmeɪl]
□□□

女性の
名 女性
▶反意語は male。

0278 2級
chemical
[kémɪkl]
□□□

化学の, 化学的な
□ 名 chemist 化学者
□ 副 chemically 化学的に

0279 2級
significant
[sɪgnífikənt] アクセント
□□□

重要な, 重大な
□ 名 significance 意義, 意味
□ 動 signify ～を示す
□ 副 significantly 著しく

うんこは気体ではない。

Unko is not a **gas**.

最近のうんこはカラフルになっていく傾向がある。

There's an increasing **trend** among recent unko to be colorful.

それは一種のうんこ依存症だよ。

It's **a sort of** unko addiction.

ただ一人の市民として，うんこに関する意見を表明しているだけです。

I am merely voicing my opinion about unko as just another **citizen**.

彼は，ああ見えて，ある特定のうんこだけを選んでいる。

It's hard to tell, but he's actually selecting only unko of a **specific** type.

女性歌手がうんこの歌を泣きながら歌っている。

A **female** singer is singing an unko song with tears in her eyes.

この洗剤は化学薬品の代わりに動物のうんこを使用しています。

This detergent uses animal unko instead of **chemical** products.

近年，政府にとってうんこは重要な議題の１つになっている。

These days, unko is a **significant** issue for the government.

形容詞

0280
official 2級
[əfíʃəl] (アクセント)
□□□

公の
名 公務員，（会社・団体の）役員
□ 名 office 事務所
□ 副 officially 公式に，職務上

0281
essential 2級
[ɪsénʃəl] (アクセント)
□□□

不可欠の，非常に重要な
□ 名 essence 本質
□ 副 essentially 本質的に

0282
potential 2級
[pəténʃəl]
□□□

可能性のある，潜在的な
□ 副 potentially 潜在的に
▶ふつう未来の可能性をいう。

0283
financial 2級
[fənǽnʃəl] (アクセント)
□□□

財政上の，財務の
□ 名 finance 財政，財務
□ 副 financially 金銭的に

0284
male 準2級
[méɪl]
□□□

男性の
名 男性
▶反意語は female。

0285
worth 準2級
[wɔ́ːrθ]
□□□

〜の価値がある，
値打ちがある
□ 形 worthy 値する，価値がある

0286
unique 準2級
[ju(ː)níːk]
□□□

唯一の
□ 名 uniqueness 独自性

0287
previous 2級
[príːviəs] (発音)
□□□

前の，以前の
□ 副 previously 以前に

ぼくのうんこがオリンピックの公式うんこに選ばれるかもしれない。

My unko might be chosen as the **official** unko of the Olympics.

90年代のうんこを知るにあたって不可欠のうんこばかりをそろえました。

All the unko I have gathered is **essential** to understanding the unko of the 90s.

文学にとって，うんこはまだまだ多くの可能性を持つ題材だ。

Unko is still **potential** material for literature.

財政上の問題で，わが社のうんこ事業はストップすることになった。

Due to **financial** issues, our company's unko-related operations will be closed down.

男性ラッパーがうんこを名指しで攻撃する曲をリリースした。

A **male** rapper released a song insulting unko by name.

彼にとって，そのうんこには自分の命をかける価値があったのだろう。

For him, that unko was **worth** putting his life on the line.

どんなうんこでも，その時にしかできない唯一無二のものなのだ。

Each unko you do is a **unique** existence that will never be born again.

たぶん前のお客さんが忘れていったうんこだと思います。

This piece of unko is probably one that a **previous** customer forgot.

0288　準2級

normal

[nɔ́ːrml]
□□□

標準の, 正常な

□ 副 **normally** 標準的に, ふつうに

0289　2級

responsible

[rɪspáːnsəbl]
□□□

責任がある

□ 名 **responsibility** 責任, 責務
▶反意語は irresponsible。

0290　2級

academic

[æ̀kədémɪk]
□□□

学問の

□ 名 **academy** 高等教育機関
□ 副 **academically** 学問的に

0291　2級

aware

[əwéər]
□□□

気づいて

語法 **aware of ~** ～に気づいている
□ 名 **awareness** 知ること

0292　準2級

private

[práɪvət] 発音
□□□

個人の, 個人的な

□ 名 **privacy** プライバシー, 自由な私生活
□ 副 **privately** 個人的には
▶反意語は public。

0293　準2級

suitable

[súːtəbl]
□□□

適した

□ 副 **suitably** ぴったりあって, 似合って
□ 動 **suit** ～に似合う

0294　2級

critical

[krítɪkl]
□□□

重大な, 批判的な

□ 名 **crisis** 危機, 重大局面
▶類義語は crucial などがある。

0295　準2級

indeed

[ɪndíːd]
□□□

確かに, 本当に

標準の学生服以外を着用してのうんこを禁ず。

It is forbidden to do unko in any attire other than the **normal** student uniform.

責任のある地位にいるあなたがうんこの話ばかりしているからこうなったのだ。

This happened because you, the one **responsible**, only ever talk about unko.

うんこはすでに学問の一分野となっている。

Unko has already become an **academic** discipline in itself.

彼はうんこを頭に乗せられたことに気づかないまま帰ってしまった。

He went home without being **aware of** the fact that someone had put a piece of unko on his head.

こちらの棚のうんこは個人的なものなので撮影はご遠慮いただきたい。

The unko pieces on this shelf are **private** property, so please refrain from taking pictures.

もっとこの場に適したうんこはなかったのですか?

There wasn't any unko more **suitable** for this place?

設計に重大なミスがあり，施設全体がうんこまみれになった。

There was a **critical** mistake in the blueprint, and the entire facility was covered in unko.

確かに，これは父のうんこだ。

This is **indeed** my father's unko.

副詞	**0296** 準2級 **highly** [háɪli] ☐☐☐	非常に, とても ☐ 形 **high** 高い ▶比ゆ的に「高い」という意味で 「非常に」となる。
副詞	**0297** 準2級 **hardly** [háːrdli] ☐☐☐	ほとんど〜ない ▶準否定を表す。
接続詞	**0298** 準2級 **unless** [ənlés] ☐☐☐	〜しないかぎり ▶話し言葉では主節の後ろに置かれる ことが多い。
前置詞	**0299** 準2級 **except** [ɪksépt] ☐☐☐	〜以外（に）は ☐ 名 **exception** 例外, 特例 ☐ 形 **exceptional** 例外的な
代名詞	**0300** 準2級 **none** [nʌn] ☐☐☐	〜のどれも…（で）ない 副 少しも〜（で）ない ▶2つのものの場合は neither を使う。

きみはうんこに関する非常に画期的なアイデアを持っているそうだね。

I hear that you have a **highly** innovative idea concerning unko.

私のうんこが一度で流れたことはほとんどない。

My unko **hardly** ever flushes completely in one try.

うんこを置いていかないかぎり，この先には進めないだろう。

Unless we leave the unko behind, we won't be able to move ahead.

ぼくのうんこの話を聞いてくれたのは，先生以外に誰もいませんでした。

No one **except** my teacher would listen to what I had to say about unko.

ここにあるうんこのうち，1つでも捨てる気はない。

I will throw out **none** of the unko here.

動詞

0301
expand
準2級
[ɪkspǽnd]
☐☐☐

拡大する, 膨張する

名 **expansion** 拡張, 拡大
▶反意語は contract などがある。

0302
shift
準1級
[ʃíft]
☐☐☐

～を移す, 移動させる

名 変化, 移動
▶物・注意などの移動を表す。

0303
display
準2級
[dɪspléɪ] (アクセント)
☐☐☐

～を展示する, 陳列する

名 展示, 陳列
▶類義語は exhibit などがある。

0304
define
2級
[dɪfáɪn]
☐☐☐

～を定義する

☐ 形 **definite** 明確な
☐ 名 **definition** 定義

0305
evolve
2級
[ɪvá:lv]
☐☐☐

進化する

☐ 名 **evolution** 進化
▶長い時間をかけて徐々に進化することを表す

0306
destroy
準2級
[dɪstrɔ́ɪ]
☐☐☐

～を破壊する

☐ 名 **destruction** 破壊
☐ 形 **destructive** 破壊的な

0307
marry
準2級
[méri]
☐☐☐

～と結婚する

☐ 名 **marriage** 結婚

イギリスで起こった「うんこロック」のブームが世界中に<u>拡大して</u>いった。

The "unko rock" boom that occurred in the U.K. <u>**expanded**</u> around the world.

1
1

うんこがぎゅうぎゅうに詰まったコンテナを隣の倉庫に<u>移す</u>。

We will <u>**shift**</u> the container packed full of unko to the neighboring warehouse.

1
2

渋谷駅に，額縁に入ったうんこがずらりと<u>展示されて</u>いた。

A line of framed pieces of unko was <u>**displayed**</u> in Shibuya Station.

1
3

「うんこ」と「恋愛」は<u>定義する</u>のが難しい。

"Unko" and "love" are difficult to <u>**define**</u>.

1
4

ついこの間まで，うんこが<u>進化する</u>ということを誰も信じていなかった。

Until very recently, no one believed that unko is <u>**evolving**</u>.

1
5

そのうんこは，1つの文明を<u>破壊する</u>ほどの威力を持っていた。

That unko had the power to <u>**destroy**</u> an entire civilization.

1
6

うんこと<u>結婚し</u>たい。

I want to <u>**marry**</u> unko.

1
7

1
8

0308 準2級

aim
[éim]
□□□

向ける, ねらいをつける
名 ねらい, 的
語法 aim at ~ ~をねらう

0309 準2級

stick
[stík]
□□□

くっつく
□ 形 sticky ねばねばする
▶活用は stick-stuck-stuck となる。

0310 準2級

select
[səlékt]
□□□

~を選ぶ
□ 名 selection 選ぶこと

0311 2級

appreciate
[əprí:ʃièit]
□□□

~の価値を認める, 感謝する
□ 名 appreciation 十分な理解
▶通常進行形にはしない。

0312

pull
[púl]
□□□

~を引く
▶反意語は push。

0313 2級

adopt
[ədá:pt]
□□□

~を採用する
□ 名 adoption 採用, 採択
▶方法・方針などを取り入れる際に使う。

0314 準2級

copy
[ká:pi]
□□□

~を写す
名 写し, 複写
▶文書や作品などをそっくり写すという意味。

0315 準2級

flow
[flóu]
□□□

流れる
名 流れ
▶液体・気体などが流れることを表す。

凄腕のハンターがうんこにねらいを定めてから，丸2日が経った。

Two whole days have passed since the highly-skilled hunter began to **aim at** the unko.

このうんこは平らなガラスにくっつきます。

This unko **sticks** to flat glass panel.

たくさんの武器が並んでいる中からその戦士が選んだのはうんこだった。

From among the large variety of weapons lined up, it was unko that the warrior **selected**.

弊社の社長も貴殿のうんこの価値を認めております。

Our company president also **appreciates** the value of your unko.

今からうんこをするのでカーテンを引いておいてください。

I'm about to do unko, so **pull** the curtains, please.

彼の意見を採用して，脱出にはうんこを使うことになった。

We **adopted** his suggestion and decided to use unko for the escape.

ここにうんこのやり方を書いておいたので，ノートに写しておきなさい。

I wrote down how to do unko here, so **copy** it in your notebook.

父は，穴から流れ出る水をうんこでふさいだ。

My father plugged the hole that water was **flowing** from with unko.

97

動詞

0316 準2級	
relax [rɪlǽks] □□□	〜をリラックスさせる □ 名 **relaxation** くつろぎ, 息抜き

0317 2級	
acquire [əkwáɪər] □□□	〜を得る, 習得する □ 名 **acquisition** 獲得, 入手 ▶知識などを得たり, 技能を身につけたりするときに使う。

0318 2級	
demonstrate [démənstrèɪt] (アクセント) □□□	〜を証明する, 実演する □ 名 **demonstration** デモ, 示威運動 ▶理論・学説などを証明する際に用いる。

0319 2級	
purchase [pə́:rtʃəs] (発音) □□□	〜を購入する 名 購入 ▶主に大きなものや高額なものを購入する際に使われる。

0320 2級	
operate [á:pərèɪt] □□□	〜を操作する, 手術する □ 名 **operation** 手術, 操作 □ 名 **operator** オペレーター

0321 準2級	
translate [trǽnsleɪt] □□□	〜を翻訳する □ 名 **translation** 翻訳 □ 名 **translator** 翻訳者

0322 準2級	
handle [hǽndl] □□□	〜を取り扱う, 処理する 名 取っ手, ハンドル

0323 準2級	
hide [háɪd] □□□	〜を隠す ▶活用は hide-hid-hidden となる。

彼，緊張しているみたいだからうんこでも見せてリラックスさせておいて。

He looks nervous, so why don't you show him some unko to **relax** him?

この雑誌を読んでおけば，うんこに関する最先端の情報が得られる。

If you read this magazine, you can **acquire** the most cutting-edge information on unko.

フィンランドの学者が，うんこにも知性があることを証明した。

A scholar from Finland **demonstrated** that unko has intelligence.

ペットショップに行って，うんこ用のガラスケースを購入してきてください。

Please go to a pet shop and **purchase** a glass case for unko.

彼は巨大な機械を操作してうんこをつまみ上げた。

He **operated** an enormous machine to pick up the unko.

このリストは「うんこ」という言葉を世界各国の言葉に翻訳したものです。

This list has the word "unko" **translated** into the languages of each of the world's countries.

生半可な気持ちでうんこを取り扱うからこういうことになるんだ。

Things like this happen because you try to **handle** unko with that half-baked attitude.

靴下の中にうんこを隠して敵のアジトに乗り込んだ。

I **hid** unko in my socks and snuck into the enemy base.

動詞

0324 2級

refuse
[rɪfjúːz]
☐☐☐

~を拒絶する

☐ 名 **refusal** 拒絶
▶ refuse to ~ で「~することを断る」という意味になる。

0325 準1級

spot
[spάt]
☐☐☐

~を見つける

名 斑点, まだら

0326 準2級

belong
[bəlɔ́(ː)ŋ]
☐☐☐

所属する

語法 **belong to ~** ~に属する
☐ 名 **belonging** 所有物

0327 準2級

deliver
[dɪlívər]
☐☐☐

~を配達する

☐ 名 **delivery** 配達, 送付

0328 2級

expose
[ɪkspóuz]
☐☐☐

~をさらす

☐ 名 **exposure** さらすこと
▶ふつう風雨・危険などにさらす際に使う。

0329 準1級

emerge
[ɪmə́ːrdʒ]
☐☐☐

現れる, 出てくる

語法 **emerge from ~** ~から現れる

0330 2級

combine
[kəmbáin]
☐☐☐

~を組み合わせる

名 (企業などの) 合同, 連合
語法 **combine ~ with ...**
~と…を組み合わせる
☐ 名 **combination** 結合, 組み合わせ

0331 準2級

名詞

technique
[tekníːk] (アクセント)
☐☐☐

技術

☐ 形 **technical** 工業技術の, 技術上の
▶科学・芸術などの技巧を表す。

口ではうんこを拒絶しているが，どんどんうんこに近づいているね。

You may be **refusing** the unko verbally, but you keep getting closer to it.

プロに頼めば，ものの 5 分でうんこを見つけてくれるよ。

If you ask a professional, they can **spot** unko in five minutes.

ライオンはネコ科に属するが，うんこは何科に属するのだろう。

Lions **belong to** the cat family, but what family does unko **belong to**?

毎朝 7 時ちょうどに，よく冷えたうんこが配達されてくる。

Every morning at exactly 7 o'clock, thoroughly chilled unko is **delivered** to my door.

うんこ 3 キログラムをベランダで日光にさらしています。

I have three kilos of unko **exposed** to the sunlight on my balcony.

ビルとビルの間から巨大なうんこが姿を現した。

A gargantuan piece of unko **emerged from** between the buildings.

彼は，ボクシングとうんこを組み合わせた新しい格闘技を生み出した。

He created a new martial art by **combining** boxing **with** unko.

わが国にはうんこのクローンを作る技術がある。

Our country possesses the **technique** needed to make clones of unko.

1 1

1 2

1 3

1 4

1 5

1 6

1 7

1 8

101

名詞

0332	準2級	
signal [sígnl] □□□		合図, 信号 動 ～に合図する

0333	2級	
carbon [káːrbən] □□□		炭素 □ 形 **carbonless** 炭素を含まない ▶ carbon dioxide で「二酸化炭素」という意味。

0334	準2級	
doubt [dáut] 発音 □□□		疑い, 疑惑 動 ～を疑う, 疑問に思う □ 形 **doubtful** 疑っている □ 副 **doubtless** 確かに

0335	準2級	
fuel [fjúːəl] 発音 □□□		燃料

0336	準1級	
immigrant [ímɪɡrənt] □□□		移民 □ 動 **immigrate** 移住する □ 名 **immigration** 移住

0337	準2級	
freedom [fríːdəm] □□□		自由 □ 形 **free** 自由な ▶言動や思想などの自由を指す。

0338	準1級	
consequence [káːnsəkwèns] アクセント □□□		結果 □ 形 **consequent** 結果として起こる ▶類義語は result などがある。

0339	準2級	
passenger [pǽsəndʒər] □□□		乗客

102

いいか, クラクションを 2 回鳴らしたら,「うんこをせよ」の合図だ。

Listen up. When I honk the horn twice, that's your **signal** to do unko.

分析の結果, このうんこの成分は 99% 炭素でした。

The results of our analysis have revealed that this unko is 99% **carbon**.

彼はいまだにこれが本物のうんこかどうかを疑っているようだ。

He still has **doubts** about whether this is real unko or not.

燃料は分けてあげられないが, 代わりにこのうんこを持っていくといい。

I can't share my **fuel** with you, but please take this unko instead.

移民の子とうんこの話で盛り上がった。

I had a lively conversation with an **immigrant** kid about unko.

うんこをする自由は絶対に守らなければならない権利だ。

The **freedom** to do unko is a right that must be preserved.

あなたのうんこがどういう結果を招いたか, 自分の目で見てみなさい。

See the **consequences** of your unko with your own eyes.

乗客の皆様, 機長がうんこに行っているためもう少々お待ちください。

Attention **passengers**. As the captain is doing unko, we ask that you be patient a little longer.

名詞

0340 背景
準2級

background
[bǽkgràund]
□□□

背景

▶状況などの背景も指す。

0341
準2級

birth
[bɔ́ːrθ]
□□□

誕生

▶date of birth で「生年月日」という意味。

0342
準2級

conclusion
[kənklúːʒən]
□□□

結論

□ 動 conclude 〜と結論を下す
▶reach the conclusion で
「結論に達する」という意味。

0343
準1級

strategy
[strǽtədʒi]
□□□

戦略, 戦術

□ 形 strategic 戦略の, 戦略上の
□ 副 strategically 戦略的に
□ 名 strategist 戦略家

0344
2級

poverty
[pάːvərti]
□□□

貧困

0345
準2級

security
[sɪkjúərəti]
□□□

警備, 安全保障

□ 形 secure 不安のない

0346
2級

responsibility
[rɪspὰːnsəbíləti] (アクセント)
□□□

責任

語法 responsibility for 〜
〜に対する責任
□ 形 responsible 責任がある

0347
2級

debate
[dɪbéɪt]
□□□

討論, 論争

動 〜について討論する
▶賛成派と反対派に分かれて行う討論をいう。

背景をもっと暗い色にすると手前のうんこが引き立つよ。

If you make the **background** darker, the unko will stand out better.

このロボットの誕生には，博士のうんこが深く関わっている。

The doctor's unko is intimately related to the **birth** of this robot.

うんこがもれそうなので結論を先に言ってもらえますか？

I'm about to do unko in my pants, so can you tell me the **conclusion** first?

いきなりうんこを敵地に送りつけてくるとは，何という奇抜な戦略だ。

To abruptly flood enemy territory with unko— what a brilliant **strategy**.

うんこの軽視を生む原因となっているのは文化の貧困だ。

Cultural **poverty** is the cause of the disparagement of unko.

彼は自分のうんこにも厳重な警備をつけている。

He has assigned heavy **security** to his own unko.

市内のうんこに対する責任は全て私にあります。

Responsibility for the city's unko is entirely mine.

討論が白熱しすぎてほぼ全員うんこをもらしている。

The **debate** was so intense that nearly all of the participants did unko in their pants.

0348 2級	
interaction [ìntərǽkʃən] □□□	やり取り, 相互作用
0349 2級	
profit [prɑ́ːfət] 発音 □□□	利益, もうけ □ 形 **profitable** 利益をもたらす
0350	
mile [máil] □□□	マイル （1 マイルは約 1.6km） ▶複数形 miles で,「かなりの距離」 という意味もある。
0351 準1級	
status [stéitəs] □□□	地位, 身分
0352 準2級	
literature [lítərətʃər] アクセント □□□	文学 □ 副 **literally** 文字どおりに □ 形 **literal** 文字どおりの
0353 2級	
conflict [kɑ́ːnflɪkt] □□□	争い 動 矛盾する ▶紛争なども指す。
0354 準2級	
lecture [léktʃər] □□□	講義, 講演 動 講義する, 講演する □ 名 **lecturer** 演演者 ▶「講義をする」は give a lecture という。
0355 準2級	
skin [skín] □□□	皮膚, 肌

名詞

うんこをしながらのやり取りはあまり効率が良くなさそうだね。

Interaction between people while doing unko seems to be inefficient.

私がここでうんこ屋を営んでいるのは，利益のためではない。

I'm not running an unko shop here to get a **profit**.

スナイパーが 2 マイル先のうんこを見事撃ちぬいた。

The sniper shot clean through a piece of unko two **miles** away.

この国では，耳につけているうんこが大きい人の方が地位が高い。

In this country, people with larger pieces of unko attached to their ears have a higher **status**.

日本文学を語る上で，うんこは避けて通れないモチーフだ。

Unko is a motif that cannot be avoided when discussing Japanese **literature**.

たった 1 つのうんこが，長年にわたる紛争を終結させた。

A single piece of unko brought an end to a **conflict** of many years.

教授は講義の合間にいつも 40 分以上うんこに行ってしまう。

The professor always does unko for over 40 minutes between **lectures**.

うんこに皮膚はない。

Unko has no **skin**.

0356 準1級

spite

[spáit]

□□□

悪意

語法 in spite of ~
~にもかかわらず

0357 準2級

crime

[kráim]

□□□

犯罪

□ 形 **criminal** 犯罪となる
▶特に法律上の違法とされる行為を指す。

0358 準2級

discussion

[dɪskʌ́ʃən]

□□□

議論

□ 動 **discuss** ～を話し合う

0359 準2級

basis

[béisis]

□□□

基礎

▶ on the basis of ~ で「～をもとに」
という意味になる。

0360 準2級

competition

[kà:mpətíʃən] (アクセント)

□□□

競争

□ 動 **compete** 競争する
□ 形 **competitive** 競争的な

0361 2級

series

[síəri:z]

□□□

連続

語法 series of ~ 一連の～
▶単複同形であることに注意する。

0362 2級

household

[háushòuld]

□□□

家族, 世帯

形 家庭の, 家族の

0363 準2級

symbol

[símbl]

□□□

象徴, シンボル

□ 形 **symbolic** 象徴的な
□ 動 **symbolize** ～を象徴する
□ 副 **symbolically** 象徴的に

試合は優勢だったにもかかわらず，うんこをもらしただけで判定負けになった。

In spite of the fact that I was leading in the game, I lost by decision just because I did unko in my pants.

犯罪現場に残された３つのうんこが，解決のカギとなった。

The three pieces of unko that were left at the **crime** scene became the keys to solving the case.

進行役がちょくちょくうんこに行ってしまうので，議論が進まない。

The moderator keeps going off to do unko, so the **discussion** isn't getting anywhere.

この本は，うんこを学ぶときの基礎となる書物だ。

This book serves as a **basis** for learning about unko.

すでにうんこ業界では激しい競争が始まっている。

Fierce **competition** has already begun in the unko industry.

今週ご紹介した一連のうんこは，ホームページでお買い求めいただけます。

The **series of** unko introduced this week can be purchased on our official webpage.

なるほど，これは大家族ならではのうんこの仕方ですね。

I see. This way of doing unko is unique to large **households**.

我々の信念の象徴として，旗のデザインにうんこを入れよう。

As a **symbol** of our beliefs, let us include unko in our flag's design.

0364 準2級

childhood
[tʃáıldhùd]
☐☐☐

子ども時代, 幼少期

☐ ⑧ child 子ども
▶ふつう infancy と youth の間の年代を指す。

0365 準2級

reaction
[riækʃən]
☐☐☐

反応

☐ ⑩ react ～に反応する

0366 準2級

bone
[bóʊn]
☐☐☐

骨

☐ ⑱ boneless 骨のない

0367 準2級

judge
[dʒʌ́dʒ]
☐☐☐

裁判官
⑩ ～を裁く

☐ ⑧ judgment 判断
▶肩書としても使用する。

0368 2級

wage
[wéıdʒ]
☐☐☐

賃金

0369 準1級

gender
[dʒéndər]
☐☐☐

性, ジェンダー

0370 準2級

teenager
[tí:nèıdʒər]
☐☐☐

ティーンエイジャー
(13 ～ 19 歳の若者)

0371 準1級

threat
[θrét] 発音
☐☐☐

脅迫, 脅威

☐ ⑩ threaten ～を脅す
▶類義語は menace などがある。

子ども時代のぼくにとってうんこは親友のようなものだった。

In my **childhood**, unko was like a best friend to me.

うんこに強力な酸を垂らして反応を見てみよう。

Let's drip some powerful acid on unko and watch the **reaction**.

先生，うんこにも骨はありますか？

Teacher, does unko have **bones**?

裁判官がうんこから帰ってくるのを，もう2時間も待っている。

We've already been waiting for two hours for the **judge** to return from doing unko.

賃金はうんこではなく現金でいただきたいのですが。

I'd like to receive my **wages** in cash, not unko.

最近の研究で，うんこにも性別があることがわかってきた。

Recent research has revealed that unko has **gender**.

この町のティーンエイジャーはみんなうんこを腰にぶら下げている。

The **teenagers** in this town all hang unko from their waists.

どのような脅迫があっても，私はうんこをやめない。

No matter what **threats** I may receive, I won't stop doing unko.

111

0372 準2級

atmosphere

[ǽtməsfiər]
□□□

雰囲気, 大気

▶場所や状況の雰囲気を指す。

0373

element

[éləmənt]
□□□

要素, 元素

0374 準2級

campaign

[kæmpéin]
□□□

運動, 組織的活動

動 キャンペーンをする, 運動を行う

▶主に社会的・政治的な一連の社会運動を指す。

0375 準2級

trust

[trʌ́st]
□□□

信頼, 信用

動 ～を信頼する, 信用する

▶「～に対する信用」は trust in ～ という。

0376 2級

artificial

[à:rtəfíʃəl]
□□□

人工の, 人工的な

□ 副 artificially 人工的に

▶反意語は natural。

0377 準2級

elderly

[éldərli]
□□□

年配の

□ 形 elder 年上の

▶old より遠回しでていねいな表現。

0378

digital

[dídʒətl]
□□□

デジタル（式）の

▶a digital watch で「デジタル腕時計」
という意味になる。

0379 準2級

familiar

[fəmíljər] (アクセント)
□□□

よく知られた, なじみのある

語法 familiar to ～
～によく知られた

□ 名 familiarity よく知られていること

▶反意語は unfamiliar。

さあ，雰囲気を変えてうんこの話でもしよう！

OK, let's change the **atmosphere** and talk about unko!

うんこは彼の芸術作品を構成する大切な要素の1つだ。

Unko is an important **element** in forming his works of art.

彼女は「うんこ反対」運動のリーダー格だ。

She is a leader in the anti-unko **campaign**.

このうんこを見てもらえれば，あなたからの信頼を回復できると思っています。

If you look at this unko, I think I can gain back your **trust**.

どちらが人工のうんこかわかりますか？

Do you know which piece of unko is **artificial**?

うんこについて，年配の人の意見も聞いてみよう。

Let's ask an **elderly** person for their opinion on the matter of unko.

デジタルの世界にもうんこは存在するのですよ。

Unko also exists in the **digital** world.

うんこサッカーは世界中で最もよく知られている遊びの1つだ。

Unko soccer is a game which is **familiar to** the whole world.

0380 2級

urban
[ə́:rbən]
□□□

都市の

▶反意語は rural。

0381 準2級

entire
[ɪntáɪər]
□□□

全体の

□ 副 **entirely** 完全に, まったく
▶類義語は whole などがある。

0382 準2級

fat
[fǽt]
□□□

太った, 肥満の

▶反意語は thin などがある。

0383 準2級

valuable
[vǽljuəbl]
□□□

価値の高い

□ 副 **valuably** 高価に
□ 名 **value** 価値
▶反意語は valueless, worthless などがある。

0384 2級

religious
[rɪlídʒəs]
□□□

宗教の

□ 名 **religion** 宗教

0385 準2級

tiny
[táɪni]
□□□

ごく小さい

▶反意語は huge などがある。

0386 準2級

secret
[síːkrət]
□□□

秘密の
名 秘密

□ 副 **secretly** 秘密に

0387 準2級

unusual
[ʌnjúːʒuəl]
□□□

ふつうでない, 異常な

□ 副 **unusually** 異常に, 珍しく
▶類義語は uncommon などがある。

いなかのうんこよりも都市部のうんこの方が好きだ。

I like **urban** unko better than rural unko.

いいえ，この島全体がうんこでできているのです。

No, the **entire** island is made of unko.

両手にうんこを持った太った男がこちらへ向かって走ってきた。

A **fat** man with unko in both hands came running toward me.

この棚にあるのは全て，非常に価値の高いうんこでございます。

All the specimens on this shelf are highly **valuable** pieces of unko.

ぼくは宗教上の理由で1日に必ず6回うんこをします。

I do unko six times every day for **religious** reasons.

今日のうんこは虫眼鏡で見ないとわからないほど小さかった。

Today's unko was so **tiny** I had to use a magnifying glass to see it.

秘密のボタンを押すと，四方の壁から一斉にうんこが発射されます。

If you push the **secret** button, unko is launched from all four walls.

ふつうでない量のうんこが校庭を埋め尽くしていた。

An **unusual** amount of unko completely covered the schoolyard.

0388 準2級

equal
[íːkwəl] (アクセント)
☐☐☐

等しい

語法 be equal to ~ ～と等しい
☐ 名 equality 等しいこと
☐ 副 equally 等しく, 同様に

0389 2級

overall
[óuvərɔ̀ːl]
☐☐☐

全体の

0390 2級

obvious
[áːbviəs] (アクセント)
☐☐☐

明白な

☐ 副 obviously 明らかに
▶見てすぐわかるという意味がある。

0391 2級

solar
[sóulər]
☐☐☐

太陽の

▶「月の」は lunar という。

0392 準1級

genetic
[dʒənétɪk]
☐☐☐

遺伝子の, 遺伝学の

☐ 副 genetically 遺伝子的に

0393 2級

extreme
[ɪkstríːm]
☐☐☐

極端な

☐ 副 extremely 極度に, 極端に

0394 準2級

increasingly
[ɪnkríːsɪŋli]
☐☐☐

ますます, いよいよ

▶形容詞を修飾することが多い。

0395 準1級

relatively
[rélətɪvli]
☐☐☐

比較的

☐ 形 relative 比較上の

うんこ A の重さはパイナップル B の重さと等しい。

The weight of Unko A **is equal to** that of Pineapple B.

このうんこは巨大すぎて未だに全体の構造がわかっていないそうだ。

This piece of unko is so gargantuan that its **overall** structure is still unknown.

ぼくのうんこと君たちのうんこには，明らかな違いがある。

There is an **obvious** difference between my unko and yours.

太陽のエネルギーをこのうんこに取り込めないものだろうか。

I wonder if we can infuse **solar** energy into this unko.

このうんこに近づくと遺伝子の損傷を引き起こす可能性があります。

There is a risk of **genetic** damage if you get too close to this unko.

社長はもっと極端なうんこを見たいとおっしゃっている。

The president says that he wants to see more **extreme** examples of unko.

うんこに関する言論はますます活発になってきた。

The debate on unko has grown **increasingly** intense.

今日は比較的涼しいのでベランダでうんこでもするか。

Today, it's **relatively** cool outside, so maybe I'll do unko on the balcony.

0396 mostly 準2級

[móus*t*li]
☐☐☐

たいてい（は）, だいたいは

☐ 形 most 最も多くの
▶類義語は mainly などがある。

0397 immediately 準2級

[imí:diətli]
☐☐☐

ただちに, すぐに

☐ 形 immediate 即座の
▶ right away, at once などと
言い換えられる。

0398 mainly 準2級

[méinli]
☐☐☐

主に, たいてい

☐ 形 main 主な, 主要な
▶類義語は primarily などがある。

0399 otherwise 準2級

[ʌ́ðə*r*wàiz]
☐☐☐

もしそうでなければ

▶この意味では接続詞のように使う。

0400 fully 準2級

[fúli]
☐☐☐

完全に

☐ 形 full いっぱいの

彼は自分のミスを指摘されるとたいてい「うんこ!」と叫んでごまかす。

When someone points out his mistake, he **mostly** screams "Unko!" to evade the issue.

全員, そのうんこからただちに 200 メートル以上離れてください。

Everyone, get 200 meters away from that unko **immediately**.

こちらのうんこのファン層は主に 10 代〜 30 代の男性です。

The fans of this unko are **mainly** males somewhere in their teens to their thirties.

私のうんこから手を離してください。さもなければ警察を呼びます。

Take your hand off my unko. **Otherwise**, I'll call the police.

彼女はうんこが完全に湖底に沈むまでじっと見つめていた。

She watched on until her unko **fully** sank to the bottom of the lake.

動詞

0401

準2級

admit
[ədmít]
□□□

～を認める

□ 名 **admission** 認めること, 入れること
□ 副 **admittedly** 人々が認めるとおり

0402

2級

satisfy
[sǽtəsfàɪ] (アクセント)
□□□

～を満足させる

□ 名 **satisfaction** 満足
□ 形 **satisfactory** 満足な, 十分な
□ 形 **satisfied** 満足した

0403

2級

organize
[ɔ́:rgənàɪz]
□□□

～を組織する, 準備する

□ 名 **organization** 組織体
□ 名 **organizer** 主催者

0404

準2級

steal
[stí:l]
□□□

～を盗む

□ 名 **stealth** ひそかなやり方
▶こっそり盗むことを表す。

0405

準2級

divide
[dɪváɪd]
□□□

～を分割する, 分ける

語法 **divide ~ into ...** ～を…に分ける
□ 名 **division** 分割

0406

準2級

delay
[dɪléɪ]
□□□

～を延期する

名 遅れ, 延期

0407

2級

preserve
[prɪzə́:rv]
□□□

～を保存する

□ 名 **preservation** 保護, 保存

彼はうんこをもらしていることを最後まで認めなかった。

He never **admitted** that he had done unko in his pants.

いったいどんなうんこを持っていけば彼は満足してくれるのだろう。

Exactly what sort of unko should I bring to **satisfy** him?

10 代のリアルなうんこをもっと社会に知ってもらいたかったから、この団体を組織しました。

I **organized** this group to make the real unko of teenagers better known to the general populace.

ギュスターヴは，美術館からうんこの絵を盗む計画を立てた。

Gustav plotted to **steal** a painting of unko from the art museum.

うんこをバターナイフで 3 つに分割しておいて。

Divide the unko **into** three pieces using a butter knife.

ニコラスが風邪をひいたため，うんこのお披露目会は延期するそうだ。

The unveiling of the unko will be **delayed** because Nicolas has caught a cold.

偉人のうんこは国が保存しておくべきだ。

Countries should **preserve** the unko of great individuals.

0408

perceive
[pərsíːv]
□□□
2級

〜を知覚する，〜と気づく

□ 名 **perception** 知覚

0409

recall
[rikɔ́ːl]
□□□
2級

〜を思い出す

▶ふつう進行形にはしない。

0410

encounter
[ɪnkáʊntər]
□□□
2級

〜に遭遇する

▶困難・問題などに
遭遇する際に使う。

0411

imply
[ɪmplái]
□□□
2級

〜をほのめかす

□ 名 **implication** 影響, 含意

0412

escape
[ɪskéɪp]
□□□
2級

逃げる
名 逃亡

0413

ensure
[ɪnʃúər]
□□□
2級

〜を確実にする

▶成功などの良い要素について用いる。

0414

board
[bɔ́ːrd]
□□□
2級

〜に搭乗する
名 板, 委員会

□ 副 **aboard** 乗って, 乗船して
▶ on board で「搭乗して」という意味。

0415

analyze
[ǽnəlàɪz]
□□□
2級

〜を分析する

□ 名 **analysis** 分析
▶情報や原因などを分析するという意味。

私は目をつむっていてもうんこが近づいたことを知覚できる。

I can **perceive** the approach of unko even with my eyes closed.

昨年いくつのうんこをしたか思い出せますか？

Can you **recall** how many pieces of unko you did last year?

無人島で，顔面にうんこを塗りたくった男と遭遇した。

I **encountered** a man on a deserted island who had painted his face with unko.

うんこをちらちら見せて，彼は何をほのめかしているんだ？

What is he trying to **imply**, flashing his unko here and there?

敵からは無事逃げられたが，うんこは完全にもらしてしまった。

I was able to **escape** from the enemy, but I did every last bit of my unko in my pants.

ジャンプの前に，うんこが身体にしっかり固定されているかどうか確かめてください。

Before jumping, **ensure** that the unko is securely fastened to your body.

うんこを持った紳士たちが豪華客船に乗船する。

Some gentlemen with unko will **board** a luxury cruiser.

人の精神を分析するには，うんこの話をしてもらうのが一番いい。

To **analyze** a person's psyche, it's best to have them talk about their unko.

0416
repeat
[rɪpíːt]
☐☐☐

～を繰り返し言う

☐ 名 **repetition** 繰り返すこと

0417
2級
extend
[ɪksténd]
☐☐☐

～を延長する

☐ 名 **extension** 拡大, 延長
☐ 形 **extensive** 大規模な, 広い
☐ 名 **extent** 範囲, 程度

0418
準2級
complain
[kəmpléɪn]
☐☐☐

不平 [不満] を言う

☐ 名 **complaint** 不平, 不満

0419
2級
confirm
[kənfɔ́ːrm]
☐☐☐

～を確認する

☐ 名 **confirmation** 確認, 承認
▶予約を確認する際にも使われる。

0420
準2級
afford
[əfɔ́ːrd]
☐☐☐

～の余裕がある

語法 **can't afford to ~**
～する余裕がない
☐ 形 **affordable** 手頃な

0421
準2級
consist
[kənsíst]
☐☐☐

成り立つ

語法 **consist of ~** ～から成る
☐ 形 **consistent** 一貫した
☐ 副 **consistently** 一貫して

0422
準2級
transport
[trænspɔ́ːrt]
☐☐☐

～を輸送する
名 輸送

☐ 名 **transportation** 輸送手段

0423
準2級
label
[léɪbl] 発音
☐☐☐

ラベルを貼る, レッテルを貼る
名 ラベル, 札

「うんこ」という言葉を 65,535 回繰り返すと，天使が現れる。

If you repeat the word "unko" 65,535 times, an angel will appear.

うんこがもっと遠くまで運べるように，線路を延長いたします。

In order to transport unko to places further away, we will extend the train line.

彼はいつもうんこの配分について不平を言っている。

He's always complaining about how much unko he is allotted.

うんこを受け取りに来た人の身元は必ず確認すること。

Be absolutely sure to confirm the identity of the person who comes to collect the unko.

すまないけど，きみのうんこをゆっくり見ている余裕はない。

I'm sorry, but I can't afford to spend time leisurely looking at your unko.

国際うんこ委員会は，193 か国の代表者から成る。

The International Unko Committee consists of representatives from 193 countries.

この地域でうんこを輸送するときは厳重な警備を付ける必要がある。

When transporting unko in this region, heavy security is necessary.

自分のうんこを持っていかれたくないなら，ラベルでも貼っておきなよ。

If you don't want someone to take your unko, label it.

1

2

3

4

5

6

7

8

0424 2級	**ban** [bǽn] ☐☐☐	**〜を禁止する** ▶類義語は forbid, prohibit などがある。 ▶反意語は allow。
0425 準1級	**interact** [ìntərǽkt] ☐☐☐	**交流する** 語法 interact with ~ **〜と関わり合う** ▶コミュニケーションをとるという ニュアンスがある。
0426 準2級	**reject** [rɪdʒékt] ☐☐☐	**〜を拒絶する** ☐ 名 rejection 拒絶, 却下 ▶反意語は accept。
0427 準2級	**announce** [ənáuns] ☐☐☐	**〜を公表する** ☐ 名 announcer アナウンサー ☐ 名 announcement 発表, 公表

0428 2級	**capacity** [kəpǽsəti] 発音 ☐☐☐	**収容能力, 容量** ▶コンピュータの容量の意味もある。
0429 2級	**principle** [prínsəpl] ☐☐☐	**規範, 原理** ▶行動, 思考の規範という意味がある。
0430 準2級	**request** [rɪkwést] ☐☐☐	**要請, 依頼** 動 〜を頼む, 要請する ▶正式な依頼というニュアンス。
0431 2級	**ancestor** [ǽnsestər] アクセント ☐☐☐	**祖先** ▶反意語は descendant。

人のうんこへの誹謗中傷は禁止されています。

The slandering of other people's unko is banned.

彼と関わり合うと必ずうんこのビジネスに誘われる。

If you interact with him, you will no doubt be invited to join his unko business.

最初は拒絶されるかもしれないが、誠意をもってうんこを届け続けなさい。

You may be rejected at first, but continue delivering unko in good faith.

そろそろ今週のうんこランキングが公表される時間だ。

It's almost time for this week's unko ranking to be announced.

コンテナの収容能力ギリギリまでうんこを詰め込んでください。

Please keep loading unko into the container until it has reached maximum capacity.

ちゃんと自分なりの規範を持ってうんこをしていますか?

Do you maintain your own principles when you do unko?

私がうんこの話をしたのは、生徒から要請があったからだ。

The reason I talked about unko was because of a student's request.

我々の祖先はうんこを信仰の対象としていたという説がある。

Some people say that our ancestors revered unko as an object of worship.

1 1

1 2

1 3

1 4

1 5

1 6

1 7

1 8

127

0432 準2級

disaster

[dizǽstər]
□□□

災害

□ 形 **disastrous** 悲惨な

0433 2級

property

[prá:pərti]
□□□

財産, 所有物

□ 形 **proper** 適切な
▶ public property で「公有財産」という意味。

0434 準2級

guest

[gést] 発音
□□□

客

▶主に招待客のことを指す。

0435 準2級

boss

[bó:s]
□□□

上司

▶呼びかけにも用いる。

0436 2級

master

[mǽstər]
□□□

支配者, 名人

動 ~を習得する

0437 準2級

version

[vá:rʒən]
□□□

~版, バージョン

▶ソフトウェアなどのバージョンを指す。

0438 準2級

target

[tá:rgət]
□□□

達成目標, 標的

▶「目標を達成する」は
meet a target という。

0439 準2級

vehicle

[ví:əkl] 発音
□□□

乗り物

▶主に陸上の乗り物を指す。

彼のうんこはもう災害として指定されるべきレベルだ。

His unko is at a level where it should be deemed a **disaster**.

財産といえるものはうんこしかありません。

The only thing I have that I could call **property** is unko.

家に客を呼ぶときは，ふつううんこくらい片付けるものでしょう？

Most people would at least clean up the unko before inviting **guests** over.

そんなうんこが上司に見られたら大変なことになるぞ。

You'll be in big trouble if your **boss** sees unko like that.

彼こそが通称「うんこの支配者」と呼ばれる男だ。

He is the one known as the "**Master** of Unko".

今日は，最新版のうんこを皆様にお見せできます。

Today, I can show you the latest **version** of the unko.

本気でうんこを集めるなら，達成目標を設定したほうがいい。

If you're seriously considering collecting unko, you should set a **target** amount.

父はうんこの上を走行するための乗り物を開発しています。

My father is developing a **vehicle** that can run on unko.

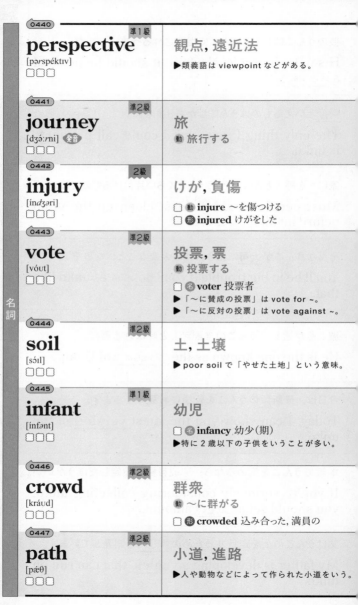

名詞

0440 準1級

perspective

[pərspéktɪv]
□□□

観点, 遠近法

▶類義語は viewpoint などがある。

0441 準2級

journey

[dʒə́ːrni] 発音
□□□

旅

動 旅行する

0442 2級

injury

[índʒəri]
□□□

けが, 負傷

□ 動 injure ～を傷つける
□ 形 injured けがをした

0443 準2級

vote

[vóut]
□□□

投票, 票

動 投票する

□ 名 voter 投票者
▶「～に賛成の投票」は vote for ～。
▶「～に反対の投票」は vote against ～。

0444 準2級

soil

[sóɪl]
□□□

土, 土壌

▶ poor soil で「やせた土地」という意味。

0445 準1級

infant

[ínfənt]
□□□

幼児

□ 名 infancy 幼少(期)
▶特に 2 歳以下の子供をいうことが多い。

0446 準2級

crowd

[kráud]
□□□

群衆

動 ～に群がる

□ 形 crowded 込み合った, 満員の

0447 準2級

path

[pǽθ]
□□□

小道, 進路

▶人や動物などによって作られた小道をいう。

彼ほどさまざまな観点からうんこを論じられる人物は他にいない。

There is no one who can discuss unko from as many **perspectives** as him.

うんこをもらしたぼくは，あてのない旅に出た。

After doing unko in my pants, I set off on a **journey** with no destination.

このうんこを当てておけば，たいていのけがは 1 日で治るよ。

Most **injuries** will heal in a day if you apply this unko to them.

教室にうんこを飾るかどうか，投票で決めよう。

Let's take a **vote** to decide whether to decorate the classroom with unko.

良い土で育てたうんこは見ただけでわかる。

I can tell when unko has been raised on quality **soil** just by looking.

あなたが手に持っているのはスライムではなく幼児のうんこです。

The substance you're holding is not slime but the unko of an **infant**.

群衆などうんこ 1 個あればいかようにもコントロールできる。

If you have a piece of unko, you can completely control the actions of a **crowd**.

この小道を抜けたところに，あなたの探しているうんこがあるでしょう。

The unko you seek is at the end of this **path**.

1
1

2

3

4

5

6

7

8

名詞

0448	2級	
scale [skéɪl] ☐☐☐		規模, 目盛り

0449	2級	
phenomenon [fɪnáːmənàːn] ☐☐☐		現象 ▶複数形は phenomena。

0450	2級	
mass [mǽs] ☐☐☐		大きなかたまり 語法 a mass of ~ 多量の~ ☐ 形 **massive** 巨大な

0451	準2級	
error [érər] ☐☐☐		誤り

0452	準1級	
creativity [krìːeɪtívəti] ☐☐☐		創造性

0453	準2級	
harm [háːrm] ☐☐☐		害 動 ~を害する ☐ 形 **harmful** 有害な ☐ 形 **harmless** 害のない

0454	2級	
facility [fəsíləti] ☐☐☐		施設 ▶ leisure facilities で「娯楽施設」という意味。

0455	準2級	
favor [féɪvər] ☐☐☐		親切な行為, 支持 語法 ask ~ a favor ~に頼みごとをする ☐ 形 **favorable** 好意的な ☐ 形 **favorite** お気に入りの

ただうんこを流してくれと言っただけなのに，話の規模が大きくなりすぎだ。

I only asked them to flush the unko, but now the **scale** is growing to beyond control.

世界各地で，うんこが突然自然発火する現象が報告されている。

There are reports from around the world of a **phenomenon** where unko spontaneously combusts.

多量のうんこが屋根を突き破って部屋の中に落ちてきた。

A mass of unko broke through the roof and came falling into the room.

うんこをがまんしていて，プログラムの誤りに気づかなかった。

I was busy holding in my unko and didn't notice the **error** in the program.

何て創造性にあふれるうんこをする子だ。

This child's manner of doing unko is full of **creativity**.

このうんこは人に無害なのでご安心ください。

This unko is of no **harm** to people, so rest assured.

こちらの施設は，うんこを持ったままご利用になれます。

You may use this **facility** with unko on your person.

人に頼みごとをするときくらいはうんこを置きなさい。

You should at least put your unko down when you're **asking** someone **a favor**.

名詞

0456 準2級

collection

[kəlékʃən]
□□□

収集, コレクション

□ 動 collect ～を集める
▶博物館などの収蔵品という意味もある。

0457 準2級

instruction

[ɪnstrʌ́kʃən]
□□□

指示

□ 動 instruct ～に教える
□ 名 instructor 指導者, 教師
▶「取扱説明書」という意味もある。

0458 準2級

strength

[stréŋkθ] 発音
□□□

力, 強さ

□ 形 strong 力が強い
□ 動 strengthen ～を強くする, 強化する

0459 準2級

sight

[sáɪt]
□□□

視力

▶ have good sight で「目がよい」という意味。

0460

stranger

[stréɪndʒər]
□□□

見知らぬ人, 初めて来た人

□ 形 strange 奇妙な, 変な

0461

journal

[dʒə́ːrnl]
□□□

専門雑誌, 日誌

□ 名 journalism ジャーナリズム
□ 名 journalist ジャーナリスト, 報道記者

0462 2級

improvement

[ɪmprúːvmənt]
□□□

改善, 改良

□ 動 improve ～を改良する

0463 準1級

institution

[ɪnstət(j)úːʃən]
□□□

組織, 協会

▶ふつう大規模な組織のことをいう。

うんこの<u>コレクション</u>を持っている友だちがいるので，今度紹介しますよ。

I have a friend who has an unko **collection**, so I'll introduce him to you sometime.

ちゃんと<u>指示</u>通りにうんこを持って待っていたのに誰も来なかった。

I held unko in my hands while waiting, in accordance with the **instructions**, but no one came.

大男が異様な<u>力</u>でうんこを握りつぶした。

A large man crushed the unko in his hands with great **strength**.

うんこ探しで大事なのは<u>視力</u>よりも経験だ。

Experience is more important than **sight** when it comes to finding unko.

酒場に現れた<u>見知らぬ人</u>から，1つのうんこを渡された。

I was handed a piece of unko by a **stranger** in a bar.

父の夢はうんこの<u>専門雑誌</u>を創刊することでした。

My father's dream was to start an academic unko **journal**.

適切な<u>改善</u>を重ねれば，誰でもこういううんこができるようになる。

If they make the proper **improvements**, anyone will be able to do unko like this.

ぼくのうんこについて，聞いたこともない<u>組織</u>から問い合わせがあった。

I received an inquiry about my unko from an **institution** I'd never heard of.

0464 popularity 準2級

[pə̀:pjəlérəti]

人気

☐ 形 popular 人気のある

0465 outcome 2級

[áʊtkʌ̀m]

結果, 成果

▶類義語は result などがある。

0466 percentage 2級

[pərséntɪdʒ] 発音

パーセンテージ, 割合

☐ 名 percent パーセント

0467 cycle 準2級

[sáɪkl]

周期, サイクル

▶ the cycle of the seasons で「季節の移り変わり」という意味。

0468 pilot

[páɪlət]

パイロット, 操縦士

形 試験的な

▶ chief pilot で「機長」という意味。

0469 smoke

[smóʊk]

煙, タバコ

動 タバコを吸う

0470 symptom 2級

[símptəm]

症状; 兆候

▶病気などの症状をいう。

0471 construction 準2級

[kənstrʌ́kʃən]

建設

☐ 動 construct ～を建設する
☐ 形 constructive 建設的な
▶ under construction で「建設中」という意味。

彼のうんこの人気は中国にも広がっている。

The popularity of his unko is spreading throughout China, too.

うんこのありなしで結果が変わるのですか？

Will the outcome be different depending on whether there's unko or not?

1か月以内にうんこをもらしたことのある生徒のパーセンテージを調べよう。

I'll investigate the percentage of students who have done unko in their pants within the past month.

どうやらこのうんこは一定の周期で大きさが変化するようだ。

It seems that this unko changes size in a constant cycle.

パイロットがうんこをもらしたらしく，飛行が不安定だ。

The pilot has apparently done unko in his pants, and the flight is unstable.

父がうんこに葉巻の煙を吹きかけている。

My father is blowing cigar smoke onto unko.

3か月うんこをがまんすると，どんな症状が現れますか？

What kind of symptoms do you get if you hold in your unko for three months?

建設中のビルを何者かがうんこ置き場に使っている。

Someone is using a building under construction as an unko depot.

137

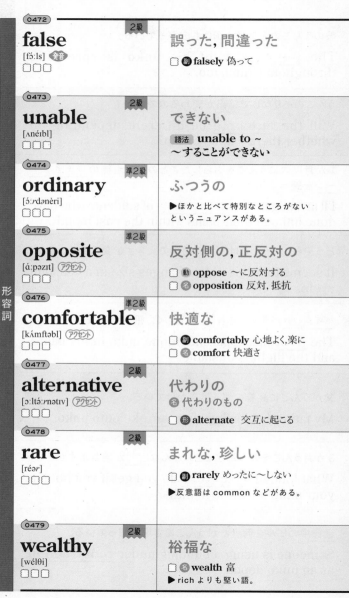

形容詞

0472 | 2級
false
[fɔ́:ls] 発音

誤った, 間違った

☐ 副 **falsely** 偽って

0473 | 2級
unable
[ʌnéibl]

できない

語法 **unable to ~**
~することができない

0474 | 準2級
ordinary
[ɔ́:rdənèri]

ふつうの

▶ほかと比べて特別なところがない
というニュアンスがある。

0475 | 準2級
opposite
[ɑ́:pəzit] アクセント

反対側の, 正反対の

☐ 動 **oppose** ~に反対する
☐ 名 **opposition** 反対, 抵抗

0476 | 準2級
comfortable
[kʌ́mftəbl] アクセント

快適な

☐ 副 **comfortably** 心地よく, 楽に
☐ 名 **comfort** 快適さ

0477 | 2級
alternative
[ɔ:ltə́:rnətiv] アクセント

代わりの

名 代わりのもの

☐ 形 **alternate** 交互に起こる

0478 | 2級
rare
[réər]

まれな, 珍しい

☐ 副 **rarely** めったに~しない
▶反意語は common などがある。

0479 | 2級
wealthy
[wélθi]

裕福な

☐ 名 **wealth** 富
▶ rich よりも堅い語。

138

どうもあなた方はうんこに対して誤った印象を持っているようだ。

It seems that you have some **false** assumptions about unko.

うんこがいくつもはさまっていて,ドアを閉じることができない。

There is some unko jammed in there, so I'm **unable to** close the door.

最初に見たときは, 正直, ふつうのうんこにしか見えなかった。

Honestly, when I first saw it, I thought it was just an **ordinary** piece of unko.

湖の反対側から誰かが「うんこ!」と叫んでいる。

Someone is shouting "Unko!" from the **opposite** side of the lake.

実に快適な客室だが, ベッドになぜかうんこが置いてある。

This is a truly **comfortable** guestroom, but for some reason there's unko on the bed.

うんこを使った代わりのアイデアをすぐに考えます。

I'll think of an **alternative** idea that uses unko right away.

うんこをもらしたあとも最後まで授業を受け続けたというのはかなりまれなケースだ。

It is a very **rare** case for someone to have continued taking the lesson until the end even after doing unko in their pants.

裕福な家庭だからと言って, うんこに困らないわけではない。

Just because it's a **wealthy** household doesn't mean it doesn't lack for unko.

1
1
1
2
1
3
1
4
1
5
1
6
1
7
1
8

0480 準2級

historical

[hɪstɔ́:rɪkl]
□□□

歴史の

- □ 名 history 歴史
- □ 形 historic 歴史的な
- □ 名 historian 歴史学者

0481 準1級

firm

[fə́:rm]
□□□

堅い

- □ 名 firmness 堅さ
- □ 副 firmly 堅く, しっかりと

0482 準2級

double

[dʌ́bl]
□□□

2倍の

▶数量・大きさなどに使う。

0483 2級

moral

[mɔ́:rəl]
□□□

道徳(上)の

- □ 副 morally 道徳上
- □ 名 morality 道徳性, 倫理性

0484 準2級

central

[séntrəl]
□□□

中心の, 主要な

- □ 名 center 中心

0485 準2級

former

[fɔ́:rmər]
□□□

以前の, 前の

- □ 副 formerly 以前は

0486 2級

rural

[rúərəl]
□□□

いなかの

▶反意語は urban。

0487 2級

efficient

[ɪfíʃənt]
□□□

効率的な

- □ 名 efficiency 効率, 能率
▶反意語は inefficient。

歴史映画だと聞いて見始めたが，もう2時間うんこの話ばかりだ。

I heard it was a **historical** movie, but it has dealt with nothing but unko for two hours now.

このうんこには堅い部分ともろい部分がある。

This piece of unko has **firm** parts and soft parts.

木星の2倍の大きさのうんこが見つかったらしい。

A piece of unko **double** the size of Jupiter was discovered.

ガラルダ教授はうんこを使った道徳の講義で有名だ。

Professor Garralda is famous for his **moral** lessons using unko.

ある朝,町の中心部に突然大量のうんこが積み上げられていた。

One morning, a large pile of unko was suddenly found in the **central** area of the town.

以前のきみはもっとうんこについて寛容だった気がするよ。

I have the impression that your **former** self was more tolerant toward unko.

都会よりもいなかのうんこのほうが高額で買い取ってもらえる。

You can get a higher price for **rural** unko than urban unko.

もっと効率よくうんこを集める方法はないものだろうか。

I wonder if there isn't a more **efficient** way to collect unko.

0488 準1級

vast

[væst]

□□□

広大な

□ 副 **vastly** 広大に, 大いに
▶ 場所などが広大なことを表す。

0489 準2級

harmful

[háːrmfl]

□□□

有害な

□ 名 **harm** 害
▶ 反意語は harmless。

0490 準1級

biological

[bàiəláːdʒɪkl]

□□□

生物の

□ 名 **biology** 生物学
□ 副 **biologically** 生物学的に

0491 準2級

mobile

[móubl]

□□□

動かしやすい

▶ 固定されていないという意味。

0492 準1級

multiple

[mʌ́ltəpl]

□□□

多数の, 多様の

▶ many よりも堅い語。

0493 準2級

frequently

[fríːkwəntli]

□□□

しばしば

□ 形 **frequent** たびたびの
□ 名 **frequency** 頻度, しばしば起こること
▶ often より堅い語。

0494 準2級

moreover

[mɔːróuvər]

□□□

そのうえ

▶ in addition などと言い換えられる。

0495 準2級

gradually

[grǽdʒuəli]

□□□

だんだんと

□ 形 **gradual** 徐々の

この広大なマップのどこかに，伝説のうんこが隠されている。

The legendary unko is hidden somewhere in this **vast** map.

このうんこは人体に有害な電磁波を発しています。

This unko emits electromagnetic waves which are **harmful** to the human body.

生物の歴史をひっくり返す可能性があるうんこが見つかった。

A piece of unko with the potential to change **biological** history was discovered.

動かしやすいように，うんこにキャスターを付けておいたよ。

I put wheels on the unko to make it more **mobile**.

多数の要素が影響し合った結果，うんこが大統領選に勝ち残った。

As a result of the interplay of **multiple** factors, the unko won the presidential election.

兄はしばしば洋楽を聞きながらうんこをしている。

My brother **frequently** listens to Western music while doing unko.

あこがれの選手がサインをくれて，そのうえ，うんこまでくれた。

My favorite athlete gave me his autograph and, **moreover**, a piece of his unko.

よく見ててごらん。うんこの色がだんだんと変化してくるよ。

Look closely. The color of this unko is **gradually** changing.

143

副詞	**0496** 2級 **typically** [típɪkli] ☐☐☐	典型的に ☐ 形 **typical** 典型的な ▶類義語は generally などがある。
副詞	**0497** 準2級 **apart** [əpά:rt] ☐☐☐	離れて 語法 **apart from ~** ～から離れて ▶特に距離，時間的に離れているという 意味がある。
	0498 準1級 **regardless** [rɪgɑ́:rdləs] ☐☐☐	それにも関わらず 語法 **regardless of ~** ～にも関わらず
接続詞	**0499** 2級 **whereas** [weərǽz] 発音 ☐☐☐	～であるのに… ▶ while より堅い語。
前置詞	**0500** 準2級 **unlike** [ʌnláɪk] ☐☐☐	～と違って 形 似ていない ▶ not unlike とすると similar to と似た意味になる。

これは西ヨーロッパで**典型的に**見られるうんこですね。

This unko is **typically** seen in Western Europe.

ふるさと**から遠く離れた**けど，あのうんこのことを忘れたことはない。

I am far **apart from** my hometown, but I never forget the unko there.

校長の注意**にも関わらず**，エディ先生は教室でうんこを続けた。

Regardless of the warning from the principal, Mr. Eddy continued to do unko in the classroom.

兄はうんこに肯定的**であるのに**，姉は否定的だ。

My brother approves of unko **whereas** my sister disapproves of it.

君**と違って**みんなはうんこを部屋に飾ったりしないんだよ。

Unlike you, other people don't decorate their rooms with unko.

動詞

0501

準2級

propose
[prəpóuz]
☐☐☐

～を提案する

☐ 名 proposal 提案
☐ 名 proposition 提案

0502

準2級

hire
[háɪər]
☐☐☐

～を雇う

0503

2級

launch
[lɔ́ːntʃ]
☐☐☐

～を始める, 発射する

▶組織的な活動を始める場合に
用いることが多い。

0504

2級

intend
[ɪnténd]
☐☐☐

～するつもりである

語法 intend to ~ ～するつもりである
☐ 名 intention 意図, 意向
☐ 形 intentional 意図された

0505

準1級

capture
[kǽptʃər]
☐☐☐

～を捕える

☐ 形 captive 捕えられた

0506

準2級

overcome
[òuvərkʌ́m]
☐☐☐

～を克服する

▶特に困難・問題などに用いる。

0507

2級

inspire
[ɪnspáɪər]
☐☐☐

～を奮い立たせる

語法 inspire ~ to ...
～を…するよう奮起させる
☐ 名 inspiration 霊感, インスピレーション

146

彼は「まず全員のうんこを一列に並べてみよう」と提案した。

He **proposed** that we start by lining up all our unko.

1

もっとうんこに対して熱意のある新人を雇おう。

Let's **hire** newcomers with more passion for unko.

2

このたび我々は，うんこの宅配サービスを始めます。

We will be **launching** an unko home delivery service in the coming days.

3

たとえ途中でうんこをもらしたとしても，最後まで歌いきるつもりです。

I **intend to** sing it through to the end even if I do unko in my pants in the middle.

4

ジャンはうんこを使って珍しい昆虫を捕える。

Jan uses unko to **capture** unusual insects.

5

多くの困難を克服した者だけが手にできるうんこがある。

Some unko can only be attained by people who have **overcome** a great deal of difficulty.

6

きみのうんこがぼくに「また戦おう」という気持ちを起こさせてくれた。

Your unko **inspired** me **to** fight again.

7

8

0508 2級

appeal
[əpíːl]
☐☐☐

訴える
❷ 訴え, 魅力
語法 appeal to ~ ~に訴える

0509 準2級

warn
[wóːrn] 発音
☐☐☐

~に警告する
☐ ❷ warning 警告
▶危険などの注意・警告に用いる。

0510 2級

convince
[kənvíns]
☐☐☐

~を納得させる
☐ ❷ conviction 信念

0511 準2級

import
[impɔ́ːrt]
☐☐☐

~を輸入する
❷ 輸入
▶名詞だと第1音節にアクセントがくる。

0512 準2級

recover
[rikʌ́vər]
☐☐☐

回復する
☐ ❷ recovery 回復, 復旧
▶ get better よりも堅い語。

0513 2級

deny
[dinái] 発音
☐☐☐

~を否定する
☐ ❷ denial 否定, 拒絶

0514 2級

emphasize
[émfəsàiz]
☐☐☐

~を強調する
☐ ❷ emphasis 強調
▶事実や重要性を強調するときに使う。

0515 準2級

arrange
[əréindʒ]
☐☐☐

~を取り決める, 手配する
☐ ❷ arrangement 準備, 手はず

彼は，うんこをもらしたシーンを放送しないようスタッフに訴えた。

He **appealed to** the staff not to broadcast the scene where he did unko in his pants.

警告しておこう。それ以上父のうんこを侮辱すればただではおかない。

I'm **warning** you. If you shame my father's unko any more, you won't get away with it.

社長を納得させるにはその程度のうんこでは不十分だろう。

That level of unko is not sufficient to **convince** the president.

エジプトから輸入したうんこに，ある日目玉のようなものができていた。

One day, the unko we **imported** from Egypt sprouted something similar to an eyeball.

父は，うんこコレクションを全て紛失したショックからまだ回復していない。

My father has not yet **recovered** from the shock of losing his entire unko collection.

私はうんこが感情を持っている可能性を否定しない。

I don't **deny** the possibility that unko has feelings.

もう少しうんこのくびれを強調したイラストにしてもらえますか？

Can you draw it to **emphasize** the curves of the piece of unko more?

あのうんこの扱いは，放送前に取り決めた話と違うじゃないですか。

That treatment of the unko is different from what we **arranged** before the broadcast.

0516 準2級	
lower [lóuər] ☐☐☐	～を低くする 形 下の［低い］方の ☐ 形 **low** 低い
0517 2級	
concentrate [ká:nsəntrèit] アクセント ☐☐☐	集中する 語法 **concentrate on ~** ～に集中する ☐ 名 **concentration** 集中, 集中力
0518 2級	
distinguish [dıstíŋgwıʃ] ☐☐☐	～を区別する 語法 **distinguish ~ from ...** ～と…を区別する ☐ 形 **distinct** はっきりわかる, 異なった ☐ 名 **distinction** 区別
0519 準2級	
award [əwɔ́:rd] ☐☐☐	～を与える, 授与する 名 賞, 賞品 ▶賞などを与える場合に用いる。
0520 準2級	
reply [rıplái] ☐☐☐	返事をする 名 返事, 返答 語法 **reply to ~** ～に返信する
0521 2級	
inform [ınfɔ́:rm] ☐☐☐	～に通知する 語法 **inform ~ of ...** ～に…を知らせる ☐ 名 **information** 情報
0522 2級	
rush [rʌ́ʃ] ☐☐☐	急ぐ ▶類義語は hurry などがある。
0523 2級	
transform [trænsfɔ́:rm] ☐☐☐	～を変える, 一変させる 語法 **transform ~ from ... into —** ～を…から—に変身させる ☐ 名 **transformation** 変化, 変形

動詞

祖父が剣道場で体を<u>低く構えて</u>うんこをしている。

My grandfather is doing unko with his body **lowered** toward the ground in the *kendo* hall.

いいからうんこに<u>集中し</u>なさい。

Alright already, just **concentrate on** your unko.

本物のうんこと<u>区別がつか</u>ないほどそっくりな虫がいる。

There is a bug that resembles unko so much that you can't **distinguish** it **from** a real piece of unko.

委員会から優勝選手にライオンのうんこ一年分が<u>与え</u>られた。

The winning athlete was **awarded** a year's supply of lion unko by the committee.

大統領はすべてのメールに「うんこ」とだけ<u>返信</u>なさる。

The president **replies to** all emails with simply, "unko."

国に納めるうんこの量を<u>通知する</u>書類が来た。

I got correspondence **informing** me **of** the amount of unko I need to submit to the government.

<u>急が</u>ないとせっかく凍らせたうんこが全部融けてしまう。

You need to **rush**, or the unko you froze will melt.

この薬は，うんこを一瞬で固体<u>から</u>気体に<u>変化させ</u>ます。

This chemical **transforms** unko **from** a solid **into** gas instantly.

0524 2級

arise
[əráɪz]
□□□

起こる, 生じる

語法 arise from [out of] ~
~から生じる

0525 準2級

hunt
[hʌ́nt]
□□□

狩る
名 狩り, 狩猟

□ 名 hunter 狩猟家
□ 名 hunting 狩猟, 狩り

0526 2級

detect
[dɪtékt]
□□□

~を見つけ出す

□ 名 detective 刑事, 探偵

0527 2級

strike
[stráɪk]
□□□

~を襲う, 打つ
名 ストライキ

□ 形 striking 著しい
▶活用は strike-struck-struck となる。

0528 2級

interpret
[ɪntə́ːrprət] アクセント
□□□

通訳する, 解釈する

□ 名 interpretation 解釈
□ 名 interpreter 通訳者

0529 準2級

praise
[préɪz]
□□□

賞賛
動 ~を賞賛する

▶反意語は criticism などがある。

0530 準2級

grammar
[grǽmər]
□□□

文法

□ 形 grammatical 文法(上)の
▶個人の「言葉遣い」という意味もある。

0531 2級

anxiety
[æŋzáɪəti] 発音
□□□

不安, 心配

□ 形 anxious 心配して
▶類義語は concern などがある。

うんこへの悪感情は偏見から生じる。

Negative sentiments toward unko **arise from** prejudice.

うんこハンターとは，世界中の珍しいうんこを狩る職業のことだ。

"Unko hunter" is a profession where people **hunt** for rare unko around the world.

刑事がうんこの闇取引きに使われるアジトを見つけ出した。

The detective **detected** the base where the illegal unko transactions take place.

お気に入りのうんこが勝手に流されたと聞き，悲しみが私を襲った。

When I heard that my favorite piece of unko got flushed down the toilet, I was **struck** with sorrow.

彼女が通訳してくれたので，無事に欲しかったうんこが買えた。

She **interpreted** for me, so I was able to get the unko I wanted.

小学生が撮った1枚のうんこの写真が世界中の賞賛を集めている。

A picture of unko taken by an elementary schooler is gathering **praise** from around the world.

うんこについて話しているうちに，日本語の文法が身についた。

I somehow learned Japanese **grammar** in the process of talking about unko.

うんこの絵を5時間描き続けていたら，不安が全てなくなった。

After drawing unko for five hours straight, all of my **anxiety** disappeared.

0532		
chain [tʃéɪn] □□□		鎖, 連鎖 ▶ a chain of ~ で「〜の連鎖」という意味になる。
0533 準2級		
lifestyle [láɪfstàɪl] □□□		生活様式
0534 準2級		
credit [krédɪt] □□□		信用, 称賛 ▶「クレジットカード」の credit。
0535 2級		
manner [mænər] □□□		方法, 態度 ▶ way よりも堅い語。
0536 2級		
agriculture [ǽgrɪkÀltʃər] (アクセント) □□□		農業 □ 形 **agricultural** 農業の
0537 準2級		
equipment [ɪkwípmənt] □□□		装備 □ 動 **equip** 〜を備えつける ▶ a piece of equipment で「1台の装置」という意味。
0538 2級		
tourism [túərìzm] □□□		観光業
0539 2級		
document [dáːkjəmənt] □□□		文書, 書類 ▶ official document で「公文書」という意味。

彼が首からかけている鎖，よく見るとうんこでできている。

If you look closely, the **chain** around his neck is actually made from unko.

お客様の生活様式にあったうんこをご提案いたします。

We will suggest unko that matches the **lifestyles** of our customers.

人から信用を得るためには，うんこの話を避けてはいけない。

If you want to gain **credit** with the people around you, you mustn't avoid talking about unko.

うんこを正しく扱う方法を身につけるため，パリに留学する。

I'm going to study abroad in Paris to learn the correct **manner** of handling unko.

私は農業，兄はうんこに，人生をささげた。

I dedicated my life to **agriculture**, and my brother to unko.

なぜか私の装備だけ全てうんこまみれなのですが。

For some reason, all and only my **equipment** is completely smeared with unko.

うんこを使って観光業を活性化するアイデアを思いついた。

I came up with an idea to revive the **tourism** industry using unko.

亡くなった祖父の引き出しから，うんこに関する重大な文書が見つかった。

An important **document** about unko was found in my late grandfather's drawer.

名詞

0540 2級

authority

[əθɔ́:rəti]
□□□

権威, 当局

□ 動 authorize ～に権限を与える

0541 2級

physician

[fɪzíʃən]
□□□

内科医

▶「外科医」は surgeon という。

0542 準2級

vision

[víʒən]
□□□

視力, 視野

▶類義語は sight などがある。

0543 2級

comment

[ká:ment] (アクセント)
□□□

コメント, 論評

▶類義語は remark などがある。

0544 2級

vocabulary

[voukǽbjəlèri] (アクセント)
□□□

語彙

▶個人が知っている語の全体を指す。

0545 2級

definition

[dèfəníʃən]
□□□

定義

□ 形 definite 明確な
□ 動 define ～を定義する

0546 準2級

campus

[kǽmpəs]
□□□

構内, キャンパス

▶特に大学の構内を指す。

0547 準2級

root

[rú:t]
□□□

根, 根本

▶動詞として「応援する」などの意味もある。

彼が権威に媚びない男だということは，うんこを見ればわかる。

You can tell that he is a man that doesn't submit to **authority** by looking at his unko.

ある内科医は「うんこは適度にもらす方が健康に良い」と言う。

There is a **physician** who claims that doing a moderate amount of unko in your pants is good for you.

うんこを 1 日 14 時間以上見つめていたら，視力が上がった。

After spending 14 hours a day gazing at unko, my **vision** improved.

このうんこが気に入ってくれたっていう人，どんどんコメントください。

Anyone who likes this unko, we're anxiously waiting for your **comments**.

私の乏しい語彙では，あなたのうんこの魅力を表現できない。

I can't give proper expression to the great appeal of your unko with my poor **vocabulary**.

今夜，うんこの定義が変わる。

Tonight, the **definition** of unko will change.

大学の構内にうんこの売店ができていた。

They opened an unko shop on the college **campus**.

庭にうんこを置いておいたら根が生えてきた。

After the unko had been left in the yard for a while, it sprouted **roots**.

名詞

0548 準2級

sample
[sǽmpl]
□□□

見本

▶類義語は example などがある。

0549 2級

brand
[brǽnd]
□□□

銘柄, ブランド
動 ～に烙印を押す

0550 準1級

depression
[dɪpréʃən]
□□□

憂うつ, 不景気

□ 動 depress ～を悲しませる
▶「うつ病」という意味もある。

0551 2級

aid
[éɪd]
□□□

援助
動 ～を助ける

▶食料などの「救援物資」という意味もある。

0552 準2級

plenty
[plénti]
□□□

たくさん

語法 plenty of ～ たくさんの～
□ 形 plentiful 豊富な

0553 準2級

review
[rɪvjúː]
□□□

見直し, 批評
動 ～を再検討する

□ 名 reviewer 評論家, 批評家

0554 準2級

civilization
[sìvələzéɪʃən]
□□□

文明

□ 動 civilize ～を文明化する

0555

software
[sɔ́ːftwèər]
□□□

ソフトウェア

▶「ハードウェア」は hardware。

当店のうんこの見本です。手に取ってご覧ください。

This is a sample of our unko. Please pick it up and feel it for yourself.

うんこにもさまざまな銘柄があるのをご存じですか?

Were you aware that there are several brands of unko?

「うんこ」と 1,000 回以上叫んでいたら、憂うつが全て吹き飛んだ。

After I screamed "unko" over 1,000 times, all my depression vanished.

皆さんの援助のおかげで、うんこ専門学校を設立できました。

Thanks to your aid, we were able to open the unko vocational school.

うんこの上にたくさんのレンガが積み重ねてある。

There are plenty of bricks stacked on top of the unko.

反対の声が多いので、うんこを使った広告戦略は見直しが必要だ。

There are many people against the idea, so the marketing idea using unko is in need of review.

文明の発達の陰には必ずうんこがあった。

There has been unko behind the scenes of all of civilization's developments.

ただいまソフトウェアの故障で、ディスプレイに私のうんこが表示されております。

Currently, due to a software malfunction, my unko is being displayed on the screen.

1
1

1
2

1
3

1
4

1
5

1
6

1
7

1
8

0556 準2級

talent
[tǽlənt]
□□□

才能

語法 talent for ~ 〜の才能

▶特に生まれつきの才能を表す。

0557 2級

length
[léŋkθ]
□□□

長さ

□ 形 **long** 長い
▶「幅」は width, breadth などとなる。

0558 2級

ingredient
[ɪngríːdiənt]
□□□

材料

▶特に料理などに用いる。

0559 準1級

disorder
[dɪsɔ́ːrdər]
□□□

混乱, 障害

▶反意語は order。

0560 2級

revolution
[rèvəlúːʃən]
□□□

革命

□ 動 **revolve** 回転する
□ 形 **revolutionary** 革命の

0561 準2級

mystery
[místri]
□□□

謎

□ 形 **mysterious** 謎めいた

0562 準2級

conference
[kɑ́ːnfərəns]
□□□

会議

0563 2級

mood
[múːd]
□□□

気分, 機嫌

▶一時的な気分を意味する。

ぼくにはダンスの才能はないが，うんこの才能ならある。

I may not have a **talent for** dance, but I do have one for unko.

では，この用紙にご自分の生年月日とうんこの長さをご記入ください。

Then, please fill in your date of birth and the **length** of your unko on this form.

料理の材料を買いに行ったと思ったら，うんこをしに行っていたのか。

I thought you had gone to buy **ingredients** for the meal, but I guess you were doing unko.

社内の混乱を収めるためにはうんこがもっと必要です。

More unko is needed to calm the **disorder** in the office.

リーダーがうんこをもらしたため，革命は失敗に終わった。

As the leader did unko in his pants, the **revolution** ended in failure.

このうんこにはあまりにも謎が多すぎる。

There are just too many **mysteries** concerning this unko.

何度会議を重ねても，うんこの新しい呼び名は決まらなかった。

No matter how many **conferences** we held, we couldn't decide on the new name for unko.

うんこという字をノート 10 冊分書いたら，暗い気分が全て消えていた。

After writing the letters "unko" enough times to fill 10 notebooks, my dark **mood** disappeared.

0564

rent

準2級

[rént]
□□□

賃貸料

動 〜を賃貸する

▶部屋・建物・土地などに用いる。

0565

route

準2級

[rúːt] **発音**
□□□

道筋, ルート

語法 route from 〜 to ...
〜から…への道筋

▶ bus route で「バス路線」という意味になる

0566

universe

2級

[júːnəvə̀ːrs] **アクセント**
□□□

宇宙

□ **形** universal 全世界の

0567

quantity

2級

[kwάːntəti]
□□□

量

▶よく quality「質」と対で使われる。

0568

bottom

準2級

[bάːtəm]
□□□

底

▶反意語は top。

0569

therapy

準1級

[θérəpi]
□□□

治療, 療法

▶ふつう, 薬や手術によらない治療を指す。

0570

agreement

準2級

[əgríːmənt]
□□□

協定

□ **動** agree 意見が一致する

0571

fiction

2級

[fíkʃən]
□□□

創作, フィクション

▶架空の人物やできごとを描いたもののこと。

名詞

賃貸料はうんこではなく現金でお支払いください。

Please pay the rent in cash, not unko.

ここから港への道筋に，うんこができるところはありますか？

Is there anywhere you can do unko on the route from here to the port?

宇宙はうんこでできているという説がある。

There are claims that the universe is made of unko.

私が注文した量の 100 倍以上のうんこが自宅の前に届いているのですが。

More than one hundred times the quantity of unko that I ordered has arrived at my doorstep.

底の方に沈んだうんこは，こちらの棒でお取りください。

Use this stick to get the unko that has sunk to the bottom.

うんこを使ったセラピーが若い女性の間で人気だ。

Therapy via unko is popular among young women.

きみは「うんこの話をしない」という協定を破ったね。

You've broken our agreement not to talk about unko.

うんこを題材にした創作小説でお勧めはどれですか？

Which book of fiction can you recommend that uses unko as a theme?

名詞

0572
準1級

tip
[típ]
☐☐☐

先端, ヒント

▶ tip of the iceberg で
「氷山の一角」という意味になる。

0573
準2級

victim
[víktɪm]
☐☐☐

犠牲者

▶ a crime victim で「犯罪被害者」
という意味になる。

0574
2級

scholar
[skáːlər]
☐☐☐

学者

☐ 形 scholarly 学識のある
☐ 名 scholarship 奨学金

0575
2級

psychological
[sàɪkəláːdʒɪkl] 発音
☐☐☐

心理的な

☐ 名 psychology 心理学
☐ 副 psychologically 心理的に
☐ 名 psychologist 心理学者

形容詞

0576
2級

willing
[wílɪŋ]
☐☐☐

〜するのをいとわない

語法 be willing to 〜 進んで〜する
☐ 副 willingly 快く

0577
2級

primary
[práɪmèri]
☐☐☐

第一の

☐ 副 primarily 主に

0578
2級

visual
[víʒuəl]
☐☐☐

視覚の

☐ 副 visually 視覚的に

0579
2級

fundamental
[fÀndəméntl]
☐☐☐

基本的な

☐ 名 fund 基金, 資金
▶ fundamental human rights で
「基本的人権」という意味になる。

あごの先端にうんこが付いているよ。

There's unko stuck to the **tip** of your chin.

しかし彼がうんこを持っていなかったら、犠牲者はもっと増えていただろう。

However, if he hadn't had unko on him, there would have been even more **victims**.

ローマの学者がうんことの対談を配信している。

A Roman **scholar** is streaming a discussion with unko.

突然うんこの話を禁止されたことが、彼に心理的な影響を与えている。

The sudden ban on talking about unko is having a **psychological** effect on him.

うんこに関する相談なら進んで受けさせていただきます。

If it's advice on unko that you need, we **are** very **willing to** help.

机の横にフックがある第一の意味は、うんこを引っかけておくためだ。

The **primary** purpose of the hook on the side of my desk is to hang unko on.

看板にうんこを使用して視覚的なインパクトを狙いましょう。

Let's aim for a **visual** effect by using unko on the sign.

うんこをおでこにのせて走るのは、プロうんこ選手の基本的な訓練の１つだ。

Running with unko on your forehead is **fundamental** training for professional unko athletes.

0580 準2級
worldwide
[wə́ːrldwáid]
□□□

世界的な

0581 2級
practical
[prǽktɪkl]
□□□

実践的な, 現実的な

□ 名 practice 実行
□ 副 practically ほとんど, 実際には

0582 2級
capable
[kéɪpəbl]
□□□

有能な

語法 be capable of ~
~の能力がある

□ 名 capability 能力, 才能

0583 2級
severe
[sɪvíər]
□□□

厳しい

□ 副 severely ひどく, 深刻に

0584 準2級
commercial
[kəmə́ːrʃəl]
□□□

商業の

□ 名 commerce 商業, 貿易

0585 2級
bilingual
[baɪlíŋgwəl]
□□□

2 か国語を話す

▶ multilingual は「多言語を話す」
という意味の単語。

0586 準2級
tough
[tʌf] 発音
□□□

難しい, たくましい

▶ difficult より口語的な語。

0587 準2級
electric
[ɪléktrɪk]
□□□

電気の, 電気で動く

□ 形 electrical 電気の, 電気に関する
□ 名 electricity 電気, 電力

もうすぐうんこの世界的な権威が成田空港にやってくる。

Soon the **worldwide** authority on unko will arrive at Narita Airport.

うんこの話ばかりでなく，もう少し実践的な話をしてもらえますか？

Could you stop talking about unko and talk about something a little more **practical**?

きみにはもっと高度なうんこをする能力があるはずだ。

You should **be capable of** doing more advanced unko.

国王のうんこを見て笑った者には最も厳しい罰が与えられた。

The most **severe** punishment was levied on those who laughed when they saw the king's unko.

うんこにも商業的なうんこと芸術的なうんこがある。

There are **commercial** types of unko and artistic types of unko.

彼女が2か国語を話せるからと言って，うんこの通訳は無理でしょう。

She may be **bilingual**, but there's no way she can interpret for unko.

実に難しい状況ではあるが，私のうんこを使えば解決は容易です。

It is a truly **tough** situation, but if you use my unko, the solution is simple.

国民のうんこを使用した電気事業が進められていると聞いた。

I heard that an **electric** service that uses the populace's unko is under development.

0588 independent 2級

[ìndɪpéndənt]
□□□

独立した

語法 independent of [from] ~
～から独立している

□ 名 independence 独立, 自立
□ 副 independently 独立して

0589 nearby 準2級

[níərbái]
□□□

すぐ近くの

▶ near と by が組み合わさってできた語。

0590 rapid 準2級

[rǽpɪd]
□□□

速い, 急な

□ 副 rapidly 速く, 急速に

0591 military 2級

[mílətèri] 発音
□□□

軍（隊）の

名 軍隊

0592 electronic 準2級

[ɪlèktrá:nɪk]
□□□

電子の

□ 名 electron 電子
□ 副 electronically 電子的に

0593 accurate 2級

[ǽkjərət]
□□□

正確な

□ 名 accuracy 正確さ, 的確さ
□ 副 accurately 正確に(は)

0594 ideal 準2級

[aɪdí:əl] アクセント
□□□

理想的な

▶類義語は perfect などがある。

0595 closely 準2級

[klóusli]
□□□

綿密に, 密接に

□ 形 close 近い, 接近した

彼は会社から独立してたった一人でうんこショップを開店した。

He opened an unko shop all on his own, **independent of** the company he worked for.

私は集めたうんこを近くの倉庫で保管している。

I store the unko I've collected in a **nearby** warehouse.

うんこがとんでもなく素早い動きで飛び回っている。

The unko is flying around with incredibly **rapid** movements.

このうんこはもはや軍の管轄にしてもらうしかない。

There's no longer any choice but to put this unko under **military** supervision.

先生が電子オルガンを弾きながらうんこをしている。

The teacher is playing an **electronic** organ while doing unko.

ですから, このうんこの正確なグラム数をお聞きしているのです。

Listen, what I wish to know is the **accurate** weight in grams of this unko.

私にとって理想的なうんことは, うんこであると誰も気づかないうんこだ。

For me, the **ideal** unko is unko that no one realizes is unko.

報告書を綿密に調査したところ, 原因はうんこにあることがわかった。

After **closely** reviewing the report, we discovered that unko was the cause.

0596
necessarily
準2級

[nèsəsérəli] アクセント
☐☐☐

必然的に

☐ 形 necessary 必要な, なくてはならない
▶否定文で使うと「必ずしも〜でない」という意味になる。

0597
strongly
準2級

[strɔ́(:)ŋli]
☐☐☐

強く

☐ 形 strong (力が)強い, 強力な

0598
nevertheless
準2級

[nèvərðəlés] アクセント
☐☐☐

それにも関わらず

▶文を修飾する。

0599
greatly
準2級

[gréɪtli]
☐☐☐

大いに

☐ 形 great 大きい

0600
besides
準2級

[bɪsàɪdz]
☐☐☐

〜のほかに

副 そのうえ

うんこを否定することは，必然的に自己否定になりますよ。

To reject unko is **necessarily** to reject yourself.

私のうんこを扱うときは，ゴーグルの着用を強くお勧めします。

I **strongly** recommend goggles when handling my unko.

注意するよう何度も言ったにも関わらず，彼はうんこを全部こぼした。

I warned him many times, but he spilled all the unko **nevertheless**.

私はうんこ税には大いに賛成だよ。

I **greatly** agree with the tax on unko.

うんこのほかにもいろいろと楽しいことはあるよと説得された。

I was convinced that there are many fun things **besides** unko.

0601 準2級 **permit** [pərmít] ▢▢▢	**〜を許可する** ▢ 名 **permission** 許可 ▶しばしば公的な許可というニュアンスを含む。
0602 準2級 **insist** [ɪnsíst] ▢▢▢	**強く主張する, 要求する** 語法 **insist on 〜** **〜を強く主張する** ▢ 名 **insistence** 強い主張, 要求
0603 準2級 **stretch** [strétʃ] ▢▢▢	**〜を伸ばす** ▢ 名 **stretcher** 担架, ストレッチャー
0604 2級 **transfer** [trænsfɔ́:r] ▢▢▢	**〜を移転する** 名 移転 ▶物や拠点などを移すという意味。
0605 2級 **settle** [sétl] ▢▢▢	**〜を解決する, 定住する** ▢ 名 **settlement** 解決, 合意 ▶争い・問題などの解決に用いる。
0606 準2級 **quit** [kwít] ▢▢▢	**〜を辞める** ▶ふつう, 仕事・学校などをやめる場合に用いる。
0607 準2級 **advise** [ədváɪz] 発音 ▢▢▢	**〜に助言する** ▢ 名 **advice** 忠告, 助言 ▢ 名 **adviser** 助言者

動詞

▶共通テストレベル 800 語

彼女は，大統領のうんこの撮影を許可された唯一の日本人だ。

She is the sole Japanese person to be **permitted** to photograph the president's unko.

1

今後も私たちはうんこの自由を強く主張していきます。

We will continue to strongly **insist on** freedom of unko.

2

堅くて曲がったうんこをペンチを使って伸ばす。

I use pliers to **stretch** hard, curved pieces of unko.

3

父が持っているうんこの権利を息子に移転する。

The father will **transfer** all of his unko privileges to his son.

4

彼はうんこ1つで2か国間の紛争を解決してみせた。

He **settled** the conflict between the two countries with one piece of unko.

5

会社を辞めた彼は，うんこを代行するベンチャー企業を作ったそうだ。

After **quitting** the company, he created his own start-up company representing unko.

7

あの監督は選手にうんこのやり方まで助言する。

That coach even **advises** his players how to do unko.

8

動詞

0608 2級

absorb

[əbzɔ́ːrb]
□□□

～を吸収する

▶液体・気体などに用いる。

0609 準2級

switch

[swítʃ]
□□□

～を切り替える

名 (電気器具の) スイッチ

0610 2級

puzzle

[pʌ́zl]
□□□

～を困らせる

名 パズル

0611 準2級

lay

[léi]
□□□

～を横たえる

▶水平に横たわるように置くことを表す。

0612 2級

eliminate

[ɪlímənèit]
□□□

～を除去する

語法 eliminate ~ from ...
…から～を除外する

0613 準2級

cure

[kjúər]
□□□

～を治療する

名 治療

▶薬や医者などが病気を治すことを指す。

0614 準2級

reserve

[rɪzɔ́ːrv]
□□□

～を予約する, 取っておく

□ 名 reservation 予約
▶ book にも「予約する」という意味がある。

0615 準2級

hang

[hǽŋ]
□□□

～を掛ける, つるす

▶活用は hang-hung-hung となる。

このうんこ 1 個でバスタブ 20 杯分の水を吸い取ります。

This single piece of unko can **absorb** 20 bathtubs' worth of water.

敵は手に持ったうんこを次々に切り替えながら攻撃してくる。

The enemy launches his attack while **switching** the unko back and forth between his hands.

彼は唐突にうんこの話を始めるので部下を困らせています。

He always **puzzles** his subordinates when he abruptly starts talking about unko.

キーパーが体を横たえて転がってきたうんこを止めた。

The keeper **laid** his body down and stopped the unko that came rolling toward him.

ざるを使えば，全体の中から小さなうんこだけを除外できる。

If you use a strainer, you can **eliminate** the small pieces of unko **from** the whole.

このうんこは治療するために必要なものなので捨てないように。

This unko is necessary to **cure** it, so do not throw it away.

ちゃんと予約していたのに，どうして私の分のうんこがないんですか。

I **reserved** my share of the unko, so why isn't it here?

細長いうんこは壁のフックに掛けておくとよい。

You should **hang** long, thin pieces of unko on the hook on the wall.

動詞

0616　2級
blame
[bléɪm]
◻︎◻︎◻︎

～を責める
名 責任

0617　2級
export
[ɪkspɔ́ːrt]
◻︎◻︎◻︎

～を輸出する
名 輸出
▶名詞では第1音節にアクセントがくる。

0618　準2級
confuse
[kənfjúːz]
◻︎◻︎◻︎

～を混乱させる,
困惑させる
◻︎ 名 confusion 混乱
◻︎ 形 confused 混乱した
◻︎ 形 confusing 混乱させるような

0619　2級
tear
[téər] 発音
◻︎◻︎◻︎

～を引き裂く
▶「涙」という意味の同じつづりの
単語があるので注意する。
▶活用は tear-tore-torn となる。

0620　2級
adjust
[ədʒʌ́st]
◻︎◻︎◻︎

～を調節する
◻︎ 名 adjustment 調節, 調整

0621　準1級
grant
[grǽnt]
◻︎◻︎◻︎

～に…を与える
▶特に権利・金品などを与える
場合に用いる。

0622　準1級
evaluate
[ɪvǽljuèɪt]
◻︎◻︎◻︎

～を評価する
◻︎ 名 evaluation 評価, 査定

0623　準1級
alter
[ɔ́ːltər] 発音
◻︎◻︎◻︎

～を変える

自宅のどこでうんこをしようと，人に責められるいわれはない。

I shouldn't be **blamed** no matter where I do unko in my own house.

もっとうんこを輸出して経済を活性化させるべきだ。

We should **export** more unko to revitalize the economy.

確かにいきなりうんこをしたが，混乱させる意図はなかった。

I did suddenly do unko, but it wasn't my intention to **confuse** you.

成長という名のナイフが，ぼくとうんこの間を引き裂いた。

The knife known as "growing up" has **torn** my relationship with unko.

うんこが目の前に来るように椅子の高さを調節する。

I'll **adjust** the height of the chair so the unko is at eye level.

大学側は，彼にうんこ部を設立する許可を与えた。

The university **granted** him permission to start an unko club.

皆さん，どうかぼくのうんこを率直に評価してもらえますか。

Everyone, I ask that you please **evaluate** my unko honestly.

うんこは彼の人格をまるっきり変えてしまった。

Unko **altered** his personality completely.

177

0624 準2級

upset
[ʌpsét]
□□□

〜をうろたえさせる
形 うろたえた, あわてた
▶活用は upset-upset-upset となる。

0625 準2級

cancel
[kǽnsl]
□□□

〜を中止する

0626 準2級

protection
[prətékʃən]
□□□

保護
□ 動 protect 〜を保護する

0627 準2級

metal
[métl]
□□□

金属
□ 形 metallic 金属製の
▶medal「メダル」と同じ語源である。

0628 2級

motivation
[mòutəvéiʃən]
□□□

意欲
□ 動 motivate 〜を動機づける

0629 2級

virus
[váirəs] 発音
□□□

ウイルス
▶日本語の「ウイルス」と発音が大きく
異なるので注意する。

0630 準2級

instrument
[ínstrəmənt] アクセント
□□□

道具, 器具
□ 形 instrumental 役立つ
▶tool よりも精密なものを指す。

0631 2級

quarter
[kwɔ́ːrtər]
□□□

4 分の 1
▶fourth と言い換えられることもある。

彼は周囲をうろたえさせないようこっそりとうんこを処分した。

He secretly disposed of the unko to avoid **upsetting** those around him.

必要な数のうんこが手配できないと、イベントが中止となってしまう。

If you can't arrange for the necessary number of pieces of unko, the event will be **canceled**.

うんこに関するデータの保護だけは完璧にお願いします。

We ask only for perfect **protection** of the data concerning unko.

リチャードのうんこは金属のような質感だ。

Richard's unko has a texture like **metal**.

勉強への意欲が落ちてきたなと思ったら、うんこのことを考えます。

When I start losing **motivation** to study, I think about unko.

パソコンがウイルスに感染し、画面にうんこしか映らなくなった。

My computer is infected with a **virus** and it will only show me unko on the screen.

これは隙間に落ちたうんこを取り出すとき専用の道具です。

This is an **instrument** specifically for retrieving unko that has fallen in cracks.

このうんこは高価だけど、4分の1くらいならあげてもいいよ。

This unko is highly valuable, but I'm willing to give you up to a **quarter** of it.

名詞

0632 準2級

shortage
[ʃɔ́:rtidʒ] 発音
□□□

不足

□ 形 short 短い, 不足して
▶ food shortage で「食糧不足」という意味になる。

0633 2級

economist
[ɪkɑ́:nəmɪst]
□□□

経済学者

0634 2級

trial
[tráɪəl]
□□□

裁判, 試み

□ 動 try ~を試みる
▶ stand trial で「裁判を受ける」という意味になる。

0635 準2級

introduction
[ìntrədʌ́kʃən]
□□□

紹介, 導入

□ 動 introduce ~を紹介する

0636 2級

engineering
[èndʒəníərɪŋ]
□□□

工学, エンジニアリング

□ 名 engineer 技師
▶ electrical engineering で「電気工学」という意味になる。

0637 2級

destination
[dèstənéɪʃən]
□□□

目的地

□ 動 destine ~を運命づける

0638 準2級

soldier
[sóʊldʒər] 発音
□□□

軍人

▶ふつう陸軍の軍人を指す。

0639 準1級

category
[kǽtəgɔ̀:ri] アクセント
□□□

種類, カテゴリー

▶ class よりも堅い語である。

これ以上うんこ不足に目をつぶれば国民は黙っていないだろう。

If you disregard the unko shortage any longer, the people will not stay silent.

インドの経済学者がうんこに関する興味深い理論を発表した。

An Indian economist published an intriguing paper on unko.

何度も裁判を繰り返し，やっと自分のうんこを取り返した。

After trial upon trial, I finally got my unko back.

うんこの紹介映像が長すぎて，一向に本編が始まらない。

The unko introduction is dragging on and on, and the actual movie just won't start.

彼女は電気工学の技術を駆使してうんこを青く光らせた。

She made masterful use of electrical engineering to make unko glow blue.

そんな計画では，目的地に着く前に全員がうんこをもらしますよ。

With a plan like that, everyone will do unko in their pants before we get to our destination.

軍人たちがうんこを取り囲んで合図を出し合っている。

The soldiers have surrounded the unko and are sending one another signals.

うんこを種類別に分けていたら休日が終わっていた。

I was dividing unko by category and my day off was over before I knew it.

0640 alcohol 準2級

alcohol

[ǽlkəhɔ̀(:)l] (アクセント)

□□□

アルコール

□ 形 **alcoholic** アルコールの

▶ alcohol abuse で「アルコール乱用（依存症）」
という意味になる。

0641 pace 準2級

pace

[péis]

□□□

歩調, 速度

▶ ふつう人や物が移動する速度を指す。

0642 spirit 準2級

spirit

[spírət]

□□□

精神

□ 形 **spiritual** 精神的な

□ 副 **spiritually** 精神的に

0643 height 準2級

height

[háit] 発音

□□□

高さ

□ 形 **high** 高い

▶「高度」や「海抜」を指すこともある。

0644 substance 2級

substance

[sʌ́bstəns]

□□□

物質

□ 形 **substantial** 相当な

▶ material よりも堅い語。

0645 tongue 2級

tongue

[tʌ́ŋ] 発音

□□□

舌

▶ click one's tongue で
「舌打ちをする」という意味。

0646 laboratory 2級

laboratory

[lǽbərətɔ̀:ri]

□□□

実験室

▶ lab と略して表記することもある。

0647 philosophy 2級

philosophy

[fəlá:səfi] (アクセント)

□□□

哲学

□ 名 **philosopher** 哲学者

こちらが，うんこを2年間<u>アルコール</u>に漬けておいたものです。

This unko has been pickled in **alcohol** for two years.

そりゃあうんこをがまんしているんですから<u>歩調</u>も上がりますよ。

Well yeah, I'm holding in unko, so of course my **pace** is going to speed up.

彼の高潔な<u>精神</u>はうんこにもよく表れている。

His noble **spirit** also appears in his unko.

まさかジャッキーはあんな<u>高さ</u>からうんこをするつもりか？

Jacky can't really be planning to do unko from such a **height**, can he?

父のうんこから，地球上に存在しない<u>物質</u>が検出された。

A **substance** that doesn't exist on earth was discovered in my father's unko.

うんこにあそこまで<u>舌</u>を近づけられる男は，今後出てこないだろう。

There will never be another man that can get his **tongue** as close to unko as him.

<u>実験室</u>のうんこを勝手に持ち出さないでください。

Please do not take unko from the **laboratory** without asking.

かつて，うんこは<u>哲学</u>が扱う題材だった。

In the past, unko was a problem for **philosophy**.

名詞

0648　準1級

era

[íərə] 発音

□□□

時代

▶類義語に age などがある。

0649

dozen

[dʌ́zn]

□□□

ダース，12 個

▶1 ダースは 12 個を指す。

0650　2級

surgery

[sə́ːrdʒəri]

□□□

手術

▶ major surgery で「大手術」
という意味になる。

0651　準2級

stuff

[stʌ́f]

□□□

（漠然と）もの，こと

動 ～を詰める

▶名前を知らない場合や
名前が重要でない場合などに用いる。

0652　2級

confidence

[kάːnfədəns]

□□□

自信，信頼

□ 動 confide ～を打ち明ける
□ 形 confidential 秘密の
▶ with confidence で「自信をもって」
という意味になる。

0653　準1級

executive

[ɪgzékjətɪv] 発音

□□□

重役，経営陣

▶ a top executive で「最高経営幹部」
という意味になる。

0654　準1級

innovation

[ìnəvéɪʃən]

□□□

革新

▶ technical innovation で「技術革新」
という意味になる。

0655　準1級

storm

[stɔ́ːrm]

□□□

嵐

□ 形 stormy 嵐の

新しい時代の幕開けを感じさせるうんこだ。

This unko hints of the start of a new era.

うんこ 4 ダースとニトログリセリン 20mg を用意してくれ。

Prepare four dozen pieces of unko and 20 mg of nitroglycerin.

天才医師がうんこの手術に挑戦する。

The prodigy surgeon will try his hand at unko surgery.

この家のものはうんこ以外だったらなんでも持って行っていいよ。

You're free to take any of the stuff in this house except for the unko.

彼のうんこなら自信をもって推薦できる。

I can recommend his unko with confidence.

重役会議に初めて参加したが, うんこの話しかしていなかった。

I attended the executive committee meeting for the first time, but all they were talking about was unko.

ビルがうんこにもたらした革新は1つや2つではない。

Bill brought more than one or two innovations to unko.

吹き荒れる嵐の中, うんこをしている男を見た。

Within the blustering storm, I saw a man doing unko.

0656 2級		
court [kɔ́:rt] 発音 ◻︎◻︎◻︎	法廷	◻︎ 形 courteous 礼儀正しい ◻︎ 名 courtesy 礼儀正しさ
0657 準1級		
ape [éip] ◻︎◻︎◻︎	類人猿	▶ふつうゴリラやオランウータンなどの尾のない大型のサルを指す。
0658 2級		
means [mí:nz] ◻︎◻︎◻︎	手段	
0659 準1級		
workplace [wə́:rkplèis] ◻︎◻︎◻︎	職場	
0660 2級		
volume [vá:ljəm] アクセント ◻︎◻︎◻︎	容積	▶「音量」という意味もある。
0661 2級		
mission [míʃən] ◻︎◻︎◻︎	任務	◻︎ 名 missionary 宣教師 ▶「使節団」という意味もある。
0662 2級		
extinction [ɪkstíŋkʃən] ◻︎◻︎◻︎	絶滅	▶動物・植物などの絶滅に対して使う。
0663 2級		
ecosystem [ékousìstəm] ◻︎◻︎◻︎	生態系	

これ以上法廷でうんこを侮辱し続けるならば退廷を命じます。

If you continue to insult unko in **court**, I will order you to leave the **court**.

そちらは類人猿のうんこではなく，私のうんこです。

That is not **ape** unko, but mine.

彼らはうんこを手に入れるためならば手段を選ばないだろう。

They will go to any **means** to get unko.

うんこの話が絶えない和気あいあいとした職場です。

It's a friendly **workplace** where talk of unko never stops.

プールの容積を測るのにどうしてうんこを使ったんですか。

Why did you use unko to measure the **volume** of the pool?

彼は大統領の携帯電話をうんことすり替えるという任務を見事遂行した。

He successfully completed his **mission** to swap out the president's cell phone for unko.

あなたのうんこが人類を絶滅から救ったんだ。

Your unko saved humanity from **extinction**.

こんなうんこを持ち込まれたら，ジャングルの生態系を破壊しかねない。

If someone brought unko like this to the jungle, the whole **ecosystem** could be destroyed.

1

2

3

4

5

6

7

8

名詞

0664 準2級

ceremony
[sérəmòuni]
□□□

儀式

▶ a wedding ceremony で
「結婚式」という意味になる。

0665 準1級

awareness
[əwéərnəs]
□□□

気づいていること, 認識

□ 形 aware 気づいている
▶ environmental awareness で
「環境に対する意識」という意味になる。

0666 2級

regulation
[règjəléɪʃən]
□□□

規則

□ 動 regulate 〜を規制する
▶ rules and regulations で
「規約」という意味になる。

0667 準2級

flavor
[fléɪvər]
□□□

風味

0668 2級

salary
[sǽləri]
□□□

給料

▶ふつう常に雇われている従業員に
支払われる月給や年俸のことを指す。

0669 準1級

infection
[ɪnfékʃən]
□□□

感染

□ 動 infect 〜に伝染する
□ 形 infectious 感染性の
▶ふつう病気の感染や伝染に用いる。

0670 準2級

branch
[bræntʃ]
□□□

枝, 支部

0671 準1級

vaccine
[væksíːn] 発音
□□□

ワクチン

▶日本語の「ワクチン」と発音が大きく
異なるので注意する。

うんこをまつる儀式がもう 72 時間も続いている。

The **ceremony** celebrating unko has been going for 72 hours now.

うんこの大事さに誰よりも気づいているからこそ，彼はあんなことを言うのだ。

He says things like that precisely because of his unrivaled **awareness** of the significance of unko.

プロうんこの世界には多くの規則があります。

There are a great many **regulations** in the world of professional unko.

私はミントの風味を感じると猛烈にうんこがしたくなる。

Whenever I taste the **flavor** of mint, I get an intense urge to do unko.

夫が給料を全額つぎ込んでうんこを買ってきた。

My husband spent his whole **salary** on unko.

うんこを使えば感染の拡大を止められるかもしれない。

We might be able to stop the **infection** if we use unko.

小さな枝の先にうんこを挿して，窓辺に飾りましょう。

Stick a piece of unko on the end of a small **branch** and use it as decoration by the window.

あとはきみのうんこさえあれば，ワクチンが完成するんだぞ。

Now all we need to complete the **vaccine** is your unko.

0672 2級

politics

[pá:lətɪks] (アクセント)
☐☐☐

政治

☐ 形 political 政治の
☐ 名 politician 政治家

0673 2級

election

[ɪlékʃən]
☐☐☐

選挙

☐ 動 elect ～を選ぶ
▶「選挙を行う」は call an election という。

0674 2級

agency

[éɪdʒənsi]
☐☐☐

代理店

☐ 名 agent 代理人
▶「行政上の機関」という意味もある。

0675 準2級

strict

[stríkt]
☐☐☐

厳しい

☐ 副 strictly 厳しく
▶規則や制限などが厳しいという意味がある。

0676 2級

senior

[síːnjər]
☐☐☐

年上の
名 年長者

▶反意語は junior。

0677 準2級

constant

[káːnstənt]
☐☐☐

絶え間ない

☐ 副 constantly 絶えず

0678 準2級

legal

[líːgl]
☐☐☐

法律の, 合法の

☐ 副 legally 法律的に, 合法的に
▶反意語は illegal。

0679 準2級

unknown

[ʌnnóun]
☐☐☐

知られていない

▶known「知られている」に否定の
接頭辞 un がついた形。

政治とうんこは関係ない，と誰もが思いがちです。

We all tend to think that **politics** and unko have nothing to do with each other.

選挙で選ばれれば，うんこでも国会議員になれますか？

If it won the **election**, could even a piece of unko become a member of the National Diet?

ぼくのうんこについての話ならば，代理店を通してください。

If you have business with my unko, go through the **agency**.

父は厳しい人だが，うんこをしているときだけは優しかった。

Although my father is a **strict** man, he's kind when he does unko.

年上の人の意見を取り入れると，もっと良いうんこができるはずだよ。

If you implement the ideas of your **senior** workmates, you should be able to do better unko.

うんこを使った絶え間ない訓練で彼は強くなった。

He grew strong after **constant** training using unko.

彼は法律の本を読むふりをしてうんこの本を読んでいます。

He is pretending to read **legal** books, but is actually reading unko books.

うんこにはまだまだ知られていない使い方があるのですよ。

There are ways to use unko still **unknown** to us.

0680 準1級

widespread

[wáɪdspréd]
□□□

広範囲にわたる

▶ wide「広い」と spread「広げられた」が合わさった単語。

0681 2級

enormous

[ɪnɔ́ːrməs]
□□□

非常に大きい

▶類義語は huge や immense などがある。

0682 準1級

crucial

[krúːʃəl]
□□□

決定的な

□ 圖 **crucially** 決定的に

0683 2級

nuclear

[n(j)úːkliər]
□□□

核の, 原子力の

▶ nuclear weapon で「核兵器」という意味になる。

0684 2級

reliable

[rɪláɪəbl]
□□□

信頼できる

▶反意語は unreliable。

0685 準2級

reasonable

[ríːznəbl]
□□□

理にかなった, リーズナブルな

□ 圖 **reasonably** 適度に
▶反意語は unreasonable。

0686 2級

domestic

[dəméstɪk]
□□□

国内の

□ 圖 **domestically** 国内で
▶反意語は foreign などがある。

0687 準2級

empty

[émpti]
□□□

からの

▶類義語は vacant などがある。

広範囲にわたる山火事が，貴重なうんこを焼き払ってしまった。

The **widespread** mountain fire burned up valuable unko.

アメリカの市場においてうんこが占める割合は非常に大きい。

Unko occupies an **enormous** part of the American market.

申し訳ないが，君のうんこには決定的な欠陥がある。

I'm sorry, but your unko has a **crucial** flaw.

宇宙から飛来した巨大うんこを核エネルギーで粉砕した。

We pulverized the gargantuan unko that fell from outer space with **nuclear** energy.

ジェイクは善人ではないが，うんこに関しては信頼できる。

Jake isn't a nice guy, but he's **reliable** when it comes to unko.

彼がうんこをするときの奇妙な姿勢は，実は理にかなっているのだ。

The strange posture he takes when he does unko is actually very **reasonable**.

君のうんこがいかにすごいと言っても，所詮は国内での話にすぎない。

No matter how amazing they say your unko is, in the end it's only at the **domestic** level.

からのペットボトルにうんこを詰め込んで3か月が経ちました。

Three months have passed since I stuffed unko into an **empty** plastic bottle.

0688
convenient
準2級

[kənvíːnjənt]
□□□

便利な

- □ 名 convenience 便利さ
- □ 副 conveniently 都合よく

0689
proper
2級

[prάːpər]
□□□

適切な

- □ 副 properly 適切に
- □ 名 property 財産, 資産

0690
complicated
2級

[kάːmpləkèitid] アクセント
□□□

複雑な

▶類義語は complex などがある。

0691
annual
2級

[ǽnjuəl]
□□□

年1回の, 毎年の

- □ 副 annually 毎年
▶類義語は yearly などがある。

0692
asleep
準2級

[əslíːp]
□□□

眠って

- □ 名 sleep 睡眠
▶反意語は awake。

0693
contrary
準1級

[kάːntrèri]
□□□

反対の

語法 contrary to ~ ～に反して

▶意見などが対立していることを表す。

0694
intellectual
2級

[intəléktʃuəl] アクセント
□□□

知性の, 知的な

名 知識人

0695
calm
準2級

[kάːm] 発音
□□□

冷静な

動 ～を静める

- □ 副 calmly 静かに

最近はうんこを持ち運べる便利なグッズがたくさんある。

Recently, there are a lot of **convenient** items for carrying unko around.

うんこをもらしたときに適切な行動がとれるよう普段から訓練しています。

I train regularly to ensure that I can take the **proper** action when I do unko in my pants.

とても複雑なドラマだけど，うんこに注目しているとわかりやすいよ。

It's a highly **complicated** drama, but you can follow it if you focus on the unko.

年に1度のうんこフリーマーケットが今年も開かれた。

The **annual** unko flea market opened again this year.

彼は眠っていてもうんこを手放さない。

He won't let go of the unko even when he's **asleep**.

大方の予想に反して，うんこがトップ当選した。

Contrary to the odds, unko came out on top in the election.

知的なうんこだなと思ったら，やはりあなたのうんこでしたか。

It did seem like **intellectual** unko—so it was yours after all.

うんこをもらしても，彼は冷静な態度を崩さなかった。

He didn't lose his **calm** attitude even after doing unko in his pants.

1
1

1
2

1
3

1
4

1
5

1
6

1
7

1
8

0696 2級		
definitely	明確に	
[défənətli]	□ 形 **definite** 明確な	
□□□	▶類義語は certainly などがある。	
0697 2級		
effectively	有効に	
[ɪféktɪvli]	□ 形 **effective** 有効な	
□□□	▶反意語は ineffectively。	
0698 準1級		
roughly	およそ, だいたい	
[ráfli]	□ 形 **rough** 大まかな	
□□□	▶類義語は approximately などがある。	
0699 2級		
seriously	まじめに	
[síəriəsli]	□ 形 **serious** 重大な, まじめな	
□□□		
0700 2級		
partly	部分的に	
[pá:rtli]	□ 名 **part** 部分	
□□□	▶反意語は wholly などがある。	

副詞

はい。これは確かに父のうんこです。

Yes. This is **definitely** my father's unko.

ぼくならこれらのうんこをもっと有効に使うことができます。

I could use these pieces of unko more **effectively**.

厚さおよそ 10cm の鉄の壁を貫いて，うんこが飛んできた。

A piece of unko penetrated an iron wall **roughly** 10 cm thick and came flying at us.

彼は一見まじめに話を聞いているように見えるが，両手にうんこを持っている。

He may seem to be listening **seriously** at first, but he's holding unko in both hands.

部分的に塗料がはがれているので，うんこでも塗っておこう。

The paint is **partly** coming off, so let's paint over it with unko.

動詞

0701	2級	
tire [táiər] □□□		**〜を疲れさせる** □ 形 tired 疲れた □ 形 tiresome いやな, めんどうな

0702	2級	
disagree [dìsəgríː] □□□		**意見が合わない** 語法 disagree with 〜 〜と意見が合わない □ 名 disagreement (意見の)不一致

0703	2級	
monitor [má:nətər] □□□		**〜を監視する** 名 モニター

0704	2級	
commit [kəmít] □□□		**〜を犯す, 約束する** □ 名 commission 委員会 □ 名 commitment 献身, 約束 □ 名 committee 委員会, 委員

0705	準2級	
beat [bíːt] □□□		**〜を打ち負かす, 打つ** ▶活用は beat-beat-beaten となる。

0706	2級	
persuade [pərswéid] 発音 □□□		**〜を説得する** □ 名 persuasion 説得

0707	準2級	
lift [líft] □□□		**〜を持ち上げる**

うんこの相談ばかりで君を疲れさせてしまい，申し訳ない。

I apologize for **tiring** you out with all this talk about unko.

1
1

先輩たちと，うんこについて全然意見が合いません。

I completely **disagree with** my seniors concerning unko.

1
2

人工衛星が私のうんこを監視している。

An artificial satellite is **monitoring** my unko.

1
3

うんこには，あなたが過去に犯した罪まではっきりと浮かび上がる。

Even crimes that you **committed** in the past appear clearly in your unko.

1
4

彼女はうんこ 1 つで次々と敵を打ち負かしていった。

She **beat** one enemy after the other with a single piece of unko.

1
5

メアリーを説得するには，もうあのうんこを持ってくるしかないわね。

To **persuade** Mary, we're going to have to resort to that unko.

1
6

1
7

ぼくがうんこを持ち上げるから下をくぐって先へ行け。

I'll **lift** the unko up, so duck under it and keep going.

1
8

0708 2級

resemble
[rɪzémbl]
□□□

～に似ている

□ 名 resemblance 類似
▶ take after と言い換えられる。

0709 2級

suspect
[səspékt]
□□□

～ではないかと思う, 疑う

名 容疑者

□ 名 suspicion 疑い
□ 形 suspicious 疑い深い

0710 準1級

stimulate
[stímjəlèɪt]
□□□

～を刺激する

□ 名 stimulus 刺激

0711 2級

regret
[rɪgrét]
□□□

～を後悔する

名 後悔

0712 2級

approve
[əprúːv]
□□□

認める, ～を承認する

語法 approve of ~ ～を認める
□ 名 approval 承認

0713 準2級

retire
[rɪtáɪər]
□□□

引退する, 退職する

語法 retire from ~
～から引退する
□ 名 retirement 引退, 退職

0714 2級

abandon
[əbǽndən]
□□□

～を見捨てる

□ 形 abandoned 見捨てられた

0715 2級

bore
[bɔ́ːr]
□□□

～をうんざりさせる

▶ 長話などでうんざりさせる場合に用いる。

私と君は，うんこに対する考え方がよく似ているね。

We **resemble** each other quite a bit in our thoughts on unko.

モーガンはうんこを破壊した犯人がケヴィンではないかと思った。

Morgan **suspected** that the culprit who destroyed the unko was Kevin.

脳の一部を刺激すると，本来そこにないはずのうんこが見える。

If you **stimulate** a certain part of the brain, you see unko that's not actually there.

あの時君のうんこを受け取れなかったこと，ずっと後悔しています。

I've always **regretted** that I didn't accept your unko then.

彼が認めるとは，きみはよほど素敵なうんこをするのだろうね。

If he **approved of** it, you must have done some excellent unko.

昨日うんこをもらしたため，サッカー界を引退します。

I will be **retiring from** the soccer world due to my having done unko in my pants yesterday.

おまえはたった1個のうんこのために仲間を見捨てるのか。

You're going to **abandon** your friends for one piece of unko?

彼の説教にうんざりしたので，思わず「うんこ」と叫びました。

His preaching was **boring** me, so I unconsciously yelled, "Unko."

1

1

2

1

3

1

4

1

5

1

6

1

7

1

8

0716 attach 2級

[ətǽtʃ]

〜をつける, 添付する

語法 attach 〜 to [on] ...
〜を…に取りつける

□ 名 attachment 付属品

0717 bother 2級

[bάːðər]

〜を困らせる

▶ I'm sorry to bother you, で
「申し訳ありませんが,」と丁寧に
依頼するときなどに使える。

0718 cope 準1級

[kóup]

対処する

語法 cope with 〜 〜にうまく対処する

0719 assist 2級

[əsíst]

〜を助ける

名 助力, アシスト

□ 名 assistance 援助
□ 名 assistant 助手

0720 lock 準2級

[lάːk]

〜に鍵をかける

名 錠

0721 chew 2級

[tʃúː]

〜をかむ

名 かむこと

▶特に食べ物などをかむ場合に用いる。

0722 enhance 準1級

[ɪnhǽns]

〜を高める

□ 形 enhanced 強化された
□ 名 enhancement 向上

▶ふつう, 質・価値・地位などに用いる。

0723 stare 準2級

[stéər]

じっと見る

名 じっと見つめること

語法 stare at 〜 〜をじっと見つめる

次に，うんこを肘と膝にしっかりと取りつけます。

Next, firmly **attach** the unko **to** your elbows and knees.

1

ただうんこをみんなに見せたかっただけで，困らせるつもりはありませんでした。

I just wanted to show everyone some unko. I didn't mean to **bother** you.

2

私の上官はどんなうんこにもうまく対処する。

My superior can **cope with** any type of unko.

3

うんこを背負って山を登っていたら，若い人たちが助けてくれた。

I was climbing up the mountain carrying unko on my back when some young people **assisted** me.

4

そんなに大事なうんこなら，金庫に入れて鍵をかけておきなさい。

If the unko is that important to you, **lock** it in the safe.

5

彼がガムをかみながらうんこを次々に踏みつぶしているのを見た。

I saw him repeatedly stomping on pieces of unko when he was **chewing** gum.

6

うんこまみれであるということが逆にこの作品の価値を高めている。

Being smeared in unko serves to **enhance** the value of this work.

7

祖父が正座して目の前のうんこをじっと見つめている。

My grandfather is sitting in the *seiza* position, **staring at** unko.

8

動詞

0724 2級

calculate
[kǽlkjəlèɪt]
□□□

〜を計算する

□ 名 **calculation** 計算

0725 準2級

exhibit
[ɪgzíbɪt] 発音
□□□

〜を展示する

名 展示品

□ 名 **exhibition** 展示会, 展覧会

名詞

0726 準1級

assignment
[əsáɪnmənt]
□□□

任務, 仕事

□ 動 **assign** 〜を割り当てる

▶特に割り振られた仕事などを指す。

0727 2級

candidate
[kǽndədèɪt]
□□□

候補者

▶職・地位などに対する候補に用いる。

0728 2級

circumstance
[sə́ːrkəmstæns]
□□□

事情, 状況

語法 **under the circumstances**
そういう事情なので

0729 2級

rank
[rǽŋk]
□□□

階級

動 〜を位置づける

▶「上位の階級」は senior rank という。

0730 2級

flood
[flʌ́d] 発音
□□□

洪水

▶ふつう河川の氾濫による洪水を指す。

0731 準2級

pack
[pǽk]
□□□

包み, 荷物

動 〜を荷造りする

□ 名 **package** 小包

204

彼は飛んでくるうんこの軌道を計算し，ビニール袋でキャッチした。

He **calculated** the trajectory of the flying unko and caught it in a plastic bag.

今日から2週間，講堂の前で校長のうんこを展示します。

Starting today, we will **exhibit** the principal's unko in front of the auditorium for two weeks.

私の任務はうんこに対する偏見をなくすことだ。

My **assignment** is to do away with prejudice against unko.

市長選の候補者がうんこに関する公約を熱弁している。

The **candidate** in the mayoral election is speaking passionately on unko policy.

そういう事情なので，もう一緒にうんこをできなくなってしまったよ。

Under the circumstances, we can no longer do unko together.

祖父はうんこに独自の階級を付けて管理している。

My grandfather oversees the unko, giving it its own **rank**.

洪水を防ぐため，大量のうんこで堤防が造られた。

A large quantity of unko was used to build a dike to prevent **floods**.

うんこをしているとき，黒いスーツの男に小さな包みを手渡された。

When I was doing unko, a man in a black suit handed me a small **pack**.

1
1

1
2

1
3

1
4

1
5

1
6

1
7

1
8

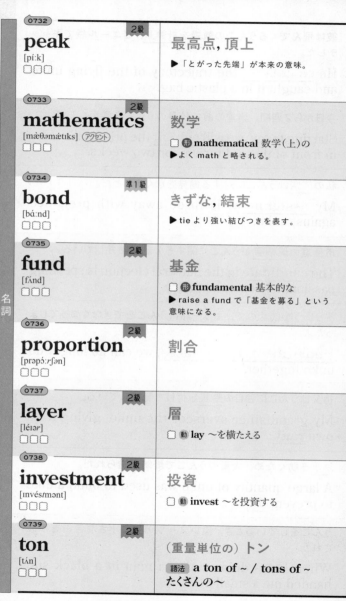

名詞

0732　peak　2級
peak
[píːk]
□□□

最高点, 頂上
▶「とがった先端」が本来の意味。

0733　mathematics　2級
mathematics
[mæ̀θəmǽtıks]（アクセント）
□□□

数学
□ 形 **mathematical** 数学(上)の
▶よく math と略される。

0734　bond　準1級
bond
[bάːnd]
□□□

きずな, 結束
▶ tie より強い結びつきを表す。

0735　fund　2級
fund
[fʌ́nd]
□□□

基金
□ 形 **fundamental** 基本的な
▶ raise a fund で「基金を募る」という意味になる。

0736　proportion　2級
proportion
[prəpɔ́ːrʃən]
□□□

割合

0737　layer　2級
layer
[léıər]
□□□

層
□ 動 **lay** 〜を横たえる

0738　investment　2級
investment
[ınvés*t*mənt]
□□□

投資
□ 動 **invest** 〜を投資する

0739　ton　2級
ton
[tʌ́n]
□□□

(重量単位の) トン
語法 a ton of 〜 / tons of 〜
たくさんの〜

彼のキャリアの最高点は，ロックフェスのステージでうんこをもらしたときだ。

The **peak** of his career was when he did unko in his pants on stage at a rock festival.

うんこにたとえるだけで，数学がすいすいわかるようになりました。

I understood **mathematics** easily by thinking of the problems in terms of unko.

ぼくたちのきずなを忘れないために，一緒にうんこをしよう。

Let's do unko together so as not to forget our **bonds**.

一人の少年の大切なうんこを守るための基金が設立された。

A **fund** was created to protect the precious unko of a certain boy.

うんこと火薬を適切な割合で混ぜることが重要です。

Mixing the correct **proportion** of unko and gunpowder is important.

よく見ると，薄いうんこが何層にも積み重ねられている。

If you look closely, it has many thin **layers** of unko.

彼はもう何年も前から自分のうんこに投資を続けている。

He's been continually making **investments** in his unko for years now.

毎朝，山頂からたくさんのうんこが転がり落ちてきます。

Every morning, **tons of** pieces of unko come rolling down from the peak of the mountain.

0740 2級

youth
[jú:θ]
□□□

青春時代, 青年期

□ 形 young 若い
□ 形 youthful 若々しい

0741 2級

wheel
[wí:l]
□□□

車輪

▶ toothed wheel で「歯車」という意味になる。

0742 準1級

organism
[ɔ́:rgənizm]
□□□

有機体, 生物

0743 2級

cotton
[ká:tn]
□□□

綿, 綿花

0744 2級

landscape
[lǽndskèɪp]
□□□

景色, 風景

□ 名 landscaper 造園家, 庭師
▶主に陸地の風景を指す。

0745 2級

editor
[édətər]
□□□

編集者

□ 動 edit ～を編集する
□ 形 editorial 編集上の

0746 準2級

unit
[jú:nɪt]
□□□

単位, 集団

□ 名 unity 単一(性)

0747 準2級

pound
[páʊnd]
□□□

ポンド(重量の単位。1ポンドは約0.45kg),
ポンド(イギリスの通貨単位)
動 ～をドンドンたたく

ぼくらの青春時代はいつもうんこと共にあった。

Unko was always around during our youth.

うんこに車輪を2つ付けて，坂道を転がした。

I put two wheels on the piece of unko and rolled it down the hill.

うんこは有機体ですか？

Is unko an organism?

綿のように軽いうんこがふわふわ舞っている。

Pieces of unko as light as cotton delicately flutter around in the breeze.

ここから見える景色全てがうんこでできております。

The landscape visible from here is all made of unko.

編集者がうんこ好きだったらしく，ぼくのうんこ漫画が採用された。

Apparently, the editor was an unko fan, and my unko *manga* was accepted.

うんこの数を数える専用の単位「ゼグ」を知っていますか？

Are you familiar with "zeg", the unit specifically for counting unko?

あの店にうんこを10個持っていくと，牛肉1ポンドと交換してくれる。

If you bring 10 pieces of unko to that store, they'll exchange them for a pound of beef.

0748

comparison 2級

[kəmpǽrəsn]
□□□

比較

□ 動 **compare** ～を比較する
▶ beyond comparison で「比類なく」
という意味になる。

0749

budget 準1級

[bʌ́dʒət]
□□□

予算

▶ annual budget で「年間予算」
という意味。

0750

tissue 2級

[tíʃuː]
□□□

(細胞からなる) 組織,
ティッシュペーパー

▶動植物の細胞の組織を意味する。

0751

crash 準2級

[krǽʃ]
□□□

衝突 (音)
動 衝突する

▶飛行機の「墜落」という意味もある。

0752

employer 準2級

[implɔ́iər]
□□□

雇い主

□ 動 **employ** ～を雇う

0753

trait 準1級

[tréit]
□□□

特徴, 特質

0754

insurance 2級

[inʃúərəns] アクセント
□□□

保険

□ 動 **insure** ～に保険をかける

0755

theme 準2級

[θíːm] 発音
□□□

主題, テーマ

▶日本語の「テーマ」とは発音が大きく
異なるので注意する。

他人のうんことの比較はやめて，自分のうんこに集中した方がいい。

Stop making **comparisons** with other people's unko and concentrate on your own.

彼は限られた予算の中で毎回素晴らしいうんこを用意してくれる。

He prepares wonderful unko every time despite the limited **budget**.

このうんこには神経組織のようなものが見られる。

This unko displays something resembling nerve **tissue**.

とんでもない衝突音がしたと思ったら，うんこが壁に当たった音だった。

All the sudden, there was a loud **crash**, which turned out to be a piece of unko hitting the wall.

我々の雇い主はたまにうんこで給料を払おうとしてくる。

Our **employer** tries to pay us in unko sometimes.

では犯人の特徴をまとめると，「うんこに似ている」ということですね。

To sum up the culprit's **traits**, basically, he resembles unko.

私はうんこをもらしたときのための保険に入っています。

I have **insurance** for when I do unko in my pants.

次の小説の主題はずばり「うんこ」です。

The **theme** of my next novel is, to be upfront, unko.

名詞

0756 準2級
vitamin
[váitəmin] (アクセント)
□□□
ビタミン
▶日本語の「ビタミン」とは発音が大きく異なるので注意する。

0757 2級
disadvantage
[dìsədvǽntidʒ]
□□□
不利
▶反意語は advantage。

0758 2級
occasion
[əkéiʒən] (発音)
□□□
場合, 時
□ 形 occasional 時折の
□ 副 occasionally 時々

0759 2級
myth
[míθ] (発音)
□□□
神話
▶ Greek myth で「ギリシア神話」という意味になる。

0760 2級
minimum
[mínɪməm]
□□□
最小限
形 最小（限）の
▶反意語は maximum。

0761 2級
habitat
[hǽbətæt]
□□□
生息地
▶動物の生息地, 植物の自生地などを指す。

0762 2級
god
[gáːd]
□□□
神
▶一神教の「神」という意味の場合, 大文字始まりで示す。

0763 2級
grain
[gréin]
□□□
穀物
▶砂や塩などの「1 粒」という意味もある。

ビタミンを十分とるとこんな素晴らしいうんこが出せるのですね。

So if you get enough **vitamins**, you can do wonderful unko like this.

1
1

今の状況は我々にとって不利だが，彼のうんこが届けばまだ逆転可能だ。

We are at a **disadvantage** as things stand, but if his unko gets here, we can still make a comeback.

1
2

さまざまな場合に応じて適切なうんこをご用意しております。

We have unko ready for many different **occasions**.

1
3

この神話にはやたらとうんこが登場するな。

Unko sure makes a lot of appearances in this **myth**.

1
4

うんこをもらすのは仕方ないが，回数は最小限にしたいものだ。

Doing unko in your pants sometimes is unavoidable, but I want to keep it to a **minimum**.

1
5

そのうんこを手に入れるには毒蛇の生息地を通らねばならない。

You have to pass through a poison snake **habitat** to get your hands on that type of unko.

1
6

彼のうんこを見た人は全員が一言「神」とだけつぶやく。

Everyone who sees his unko utters the same word: "**God**."

1
7

穀物倉庫への道が巨大うんこでふさがれてしまった。

The road to the **grain** silo has been blocked by a giant piece of unko.

1
8

0764　2級

cave
[kéɪv]
□□□

洞窟

▶ cavern より小さい洞窟を指す。

0765　2級

slave
[sléɪv]
□□□

奴隷

□ 图 slavery 奴隷制度

0766　2級

specialist
[spéʃəlɪst]
□□□

専門家, スペシャリスト

□ 形 special 特別な
▶類義語は expert などがある。

0767　準2級

edge
[édʒ]
□□□

端, ふち

0768　準2級

coast
[kóust]
□□□

沿岸

□ 形 coastal 沿岸の
▶ふつう陸地から見た海外線のことを指す。

0769　準2級

battery
[bǽtəri] アクセント
□□□

電池, バッテリー

▶日本語の「バッテリー」と発音が
異なるので注意する。

0770　準1級

trigger
[trígər]
□□□

引き金

動 〜を引き起こす
▶比ゆ的に「きっかけ」という意味もある。

0771　準2級

cash
[kǽʃ]
□□□

現金

▶「紙幣」は bill, 「硬貨」は coin という。

洞窟の中からかすかに「うんこ…」とささやく声が聞こえる。

A faint whisper of "Unko..." can be heard from within the **cave**.

私はうんこの奴隷じゃない!

I'm not a **slave** to unko!

ぼくのうんこを専門家に見せたところ絶句していた。

When I showed my unko to a **specialist**, he was speechless.

あそこで屋根の端にぶら下がってうんこをしているのが,父です。

The person hanging from the **edge** of the roof doing unko over there is my father.

ある朝,沿岸警備隊が波打ち際で奇妙なうんこを発見した。

One morning, the **Coast** Guard discovered a strange unko by the edge of the surf.

このおもちゃは電池ではなくうんこで作動します。

This toy runs not on **batteries** but on unko.

引き金がうんこまみれで銃が撃てなかったのが敗因だ。

The reason for the defeat is that I couldn't shoot the gun because the **trigger** was smeared with unko.

世界は現金経済からうんこ経済へと移行している。

The world is shifting from a **cash** economy to an unko economy.

0772

impression
[ɪmpréʃən]
□□□

印象

- □ 動 impress ～を感動させる
- □ 形 impressive 印象的な
- □ 形 impressed 感動して

0773 準1級

pose
[póuz]
□□□

ポーズ, 姿勢

動 ポーズをとる

0774 準2級

superior
[su(:)píəriər]
□□□

上位の

語法 superior to ~ ～よりもすぐれてい

- □ 名 superiority 優越, 優勢

0775 準1級

remarkable
[rɪmáːrkəbl]
□□□

注目すべき

- □ 副 remarkably 際立って
- □ 動 remark 述べる
- ▶類義語は astonishing などがある。

0776

giant
[dʒáɪənt]
□□□

巨大な

名 巨人

0777

broad
[brɔ́ːd] 発音
□□□

広い

- □ 名 breadth 幅
- □ 動 broaden 広がる
- ▶反意語は narrow などがある。

0778 2級

illegal
[ɪlíːgl]
□□□

違法の

- □ 副 illegally 違法に
- ▶反意語は legal。

0779 準1級

numerous
[n(j)úːmərəs]
□□□

多数の

- □ 名 number 数, 数字
- □ 副 numerously おびただしく, 多数に

胸ポケットにうんこを入れておくだけでがらっと印象が変わります。

You'll give a completely different **impression** just by putting unko in your chest pocket.

彼は「うんこ賛成」と言っているが，ただのポーズだ。

He claims he agrees with unko, but it's just a **pose**.

君のうんこは，君の先生のうんこよりもすぐれている。

Your unko is **superior to** that of your teacher.

今年最も注目すべきうんこはロシアのアレクサンダーさんのうんこだ。

This year's most **remarkable** unko is that of Alexander from Russia.

巨大なうんこが地球に向かって一直線に飛んできています。

A **giant** piece of unko is flying straight at earth.

このアンテナがあればもっと広い地域にうんこの映像をお届けできる。

With this antenna, we can broadcast unko footage to a **broader** area.

新宿で違法なうんこの取引が行われているのを見た。

I saw an **illegal** unko transaction being carried out in Shinjuku.

昔はうんこの輸送において多数の困難がありました。

In the past, there were **numerous** difficulties in transporting unko.

0780 準2級

underground
[ʌ́ndərgràund]
□□□

地下の
名 地下鉄

0781 準2級

narrow
[nǽrou]
□□□

幅の狭い
□ 副 narrowly かろうじて
▶反意語は broad, wide などがある。

0782 準1級

diverse
[dəvə́:rs]
□□□

異なった, 多様な
□ 動 divert ～をそらす

0783 準1級

sufficient
[səfíʃənt] (アクセント)
□□□

十分な
□ 副 sufficiently 十分に, 足りて

0784 2級

marine
[mərí:n] (アクセント)
□□□

海の, 海洋の
名 海兵隊員

0785 準2級

concrete
[kάːnkriːt]
□□□

具体的な
名 コンクリート
□ 副 concretely 具体的に

0786 2級

sudden
[sʌ́dn]
□□□

突然の
□ 副 suddenly 突然, 急に

0787 準2級

confident
[kάːnfədənt]
□□□

自信がある
□ 動 confide ～に秘密を打ち明ける
□ 名 confidence 自信, 信頼
□ 副 confidently 自信を持って

ナンバーワンのうんこを決める地下大会が行われているのを
ご存じでしょうか。

Did you know that there is an **underground**
tournament being held to decide the number one unko?

うんこを持ったままこんな幅の狭いところを通れというのですか？

You expect me to pass through this **narrow** area
while holding unko?

自分とは異なる意見の相手でも，一緒にうんこをすればわか
りあえる。

You can easily make friends with people with
diverse backgrounds if you do unko together.

あなたにはすでに十分なうんこをお渡ししたはずですが。

I believe I've already given you **sufficient** unko.

「ビーチうんこ」という海のスポーツが流行しています。

A **marine** sport called "beach unko" is popular now.

うんこのたとえ話はもういいので，具体的なお話をお願いします。

That's enough hypothetical talk about unko, so
can you please be more **concrete**?

突然のご依頼だったので，うんこ100個は用意できません
でした。

The request was **sudden**, so I wasn't able to
prepare the full 100 pieces of unko.

どうやら彼はうんこのクイズには自信があるようだ。

It seems that he is **confident** about unko quizzes.

形容詞

0788 2級

remote
[rɪmóut]
□□□

遠く離れた

▶距離的に遠い場合に用いる。

0789 準2級

thin
[θín]
□□□

薄い

▶反意語は thick。

0790 2級

tropical
[trá:pɪkl]
□□□

熱帯（地方）の

▶ tropical fish で「熱帯魚」という意味。

0791 準1級

initial
[ɪníʃəl] （アクセント）
□□□

最初の, 初期の
❷ 頭文字

□ 動 initiate 〜を始める
□ 名 initiative 新構想, 自発性
□ 副 initially 最初は, 初めは

0792 準2級

sharp
[ʃá:rp]
□□□

鋭い

□ 動 sharpen 〜を鋭くする
□ 副 sharply 厳しく

0793 2級

conscious
[ká:nʃəs]
□□□

気づいている

語法 conscious of 〜 〜を自覚している
□ 名 conscience 良心

0794 準1級

vital
[váɪtl]
□□□

きわめて重要な

語法 vital for 〜 〜にとって不可欠な
□ 名 vitality 活気

副詞

0795 2級

furthermore
[fə́:rðərmɔ̀:r]
□□□

そのうえ

▶前に述べたことを補足するときなどに使う。

このうんこのもう半分の持ち主は，東京から遠く離れた村にいます。

The owner of the other half of this unko is in a **remote** village far away from Tokyo.

弊社の工場で，紙のように薄いうんこの開発に成功しました。

Our factory has succeeded in producing unko as **thin** as paper.

叔父は，熱帯地方の動物のうんこを専門に集めている。

My uncle is collecting unko, specializing in **tropical** animal unko.

最初の打ち合わせでは，うんこをするなんて聞いていませんでした。

No one told me that we would do unko at the **initial** meeting.

そのうんこに触れると，指に鋭い痛みが走った。

When I touched that unko, a **sharp** pain ran through my finger.

あなたはうんこの話で会議を邪魔していることを自覚していますか？

Are you **conscious of** the fact that you're disrupting the meeting with your talk about unko?

彼のうんこはもはや王国の存続にとって不可欠なものになっていた。

His unko had already become **vital for** the continued existence of the kingdom.

さらに，ひと月に何本でもうんこの動画をダウンロードできます。

Furthermore, you can download as many unko videos as you want each month.

副詞

0796 2級

merely

[míərli] 発音

□□□

単に

□ 形 **mere** ほんの

▶ふつうあとに続く語句を強調する。

0797 2級

perfectly

[pə́ːrfik/li]

□□□

完璧に

□ 形 **perfect** 完璧な, 完全な

▶類義語は completely などがある。

0798 2級

aside

[əsáid]

□□□

わきへ

0799 準2級

apparently

[əpérəntli]

□□□

どうやら～らしい

□ 形 **apparent** 明らかな

0800 準2級

totally

[tóutəli]

□□□

まったく, すっかり

□ 形 **total** 全体の

単に腹ばいの姿勢でうんこがしてみたかっただけです。

I **merely** wanted to try doing unko while lying on my belly.

彼女が唱えているうんこに関する仮説は完璧に正しい。

The hypothesis on unko that she proposes is **perfectly** correct.

今からうんこが通りますので少しわきへご移動いただけますか。

Unko will be passing through, so move **aside** please.

おとなしい顔をしているが，どうやら驚くべきうんこの持ち主らしい。

He has a gentle face, but **apparently**, he is the owner of some incredible unko.

会場にうんこを持ち込んじゃいけないなんて，まったくばかげている。

It's **totally** stupid that we can't bring our own unko.

1 1

1 2

1 3

1 4

1 5

1 6

1 7

1 8

1 彼のうんこは他の生徒に悪い**影響を与え**かねない。

His unko may ＿＿＿＿ the other students in a negative way.

① affect ② cost ③ lack ④ recognize

わからなかったら SECTION PART 1 **1** の 0018 を見返そう！

2 あんなに**感情**をこめてうんこをする人は、彼以外にいないだろう。

There's probably no one who does unko with as much ＿＿＿＿ as he does.

① device ② emotion ③ generation ④ pollution

わからなかったら SECTION PART 1 **2** の 0153 を見返そう！

3 近年、政府にとってうんこは**重要な**議題の1つになっている。

These days, unko is a ＿＿＿＿ issue for the government.

① chemical ② previous ③ significant ④ suitable

わからなかったら SECTION PART 1 **3** の 0279 を見返そう！

4 私がここでうんこ屋を営んでいるのは、**利益**のためではない。

I'm not running an unko shop here to get a ＿＿＿＿.

① conflict ② fuel ③ profit ④ threat

わからなかったら SECTION PART 1 **4** の 0349 を見返そう！

5 昨年いくつのうんこをしたか**思い出せ**ますか？

Can you ＿＿＿＿ how many pieces of unko you did last year?

① extend ② imply ③ preserve ④ recall

わからなかったら SECTION PART 1 **5** の 0409 を見返そう！

6 うんこにも**商業的な**うんこと芸術的なうんこがある。

There are ＿＿＿＿ types of unko and artistic types of unko.

① commercial ② ideal ③ nearby ④ tough

わからなかったら SECTION PART 1 **6** の 0584 を見返そう！

7 勉強への**意欲**が落ちてきたなと思ったら、うんこのことを考えます。

When I start losing ＿＿＿＿ to study, I think about unko.

① dozen ② extinction ③ motivation ④ quarter

わからなかったら SECTION PART 1 **7** の 0628 を見返そう！

8 昔はうんこの輸送において**多数の**困難がありました。

In the past, there were ＿＿＿＿ difficulties in transporting unko.

① broad ② narrow ③ numerous ④ sharp

わからなかったら SECTION PART 1 **8** の 0779 を見返そう！

必ず覚えておきたい
標準大学レベル
700語

大学入試問題頻出の単語700語じゃ。
どの大学の入試問題にも対応できるよう
に，きちんと身につけるのじゃ。

動詞	

0801 準2級

describe
[dɪskráɪb]
☐☐☐

〜を描写する

☐ 名 **description** 記述, 説明
☐ 形 **descriptive** 記述[叙述]的な

0802 準1級

modify
[má:dəfàɪ]
☐☐☐

〜を修正する

▶計画・意見などを修正・変更する場合に用いる。

0803 準1級

pursue
[pərs(j)ú:]
☐☐☐

〜を追求する, 追跡する

☐ 名 **pursuit** 追求

0804 準2級

apologize
[əpá:lədʒàɪz]
☐☐☐

わびる

☐ 名 **apology** 謝罪

0805 2級

roll
[róʊl]
☐☐☐

転がる

名 巻いた物

0806 準1級

convey
[kənvéɪ]
☐☐☐

〜を伝える, 運ぶ

0807 2級

breed
[brí:d]
☐☐☐

〜を飼育する, 繁殖する

☐ 名 **brood** 一度にかえったひな鳥
☐ 名 **breeder** ブリーダー

2
1

2
2

2
3

2
4

2
5

2
6

2
7

このうんこの美しさは言葉では描写できない。

The beauty of this unko cannot be **described** in words.

プログラムを修正し，うんこがまっすぐ発射されるようになりました。

We **modified** the program so the unko is fired in a straight line.

やはり何十年もうんこの質を追求してきた人は，格が違う。

A person who has **pursued** quality in unko for decades is at a completely different level.

彼は頭にうんこをくくりつけているが，本当にわびる気があるのか？

He's got unko fastened to his head. Does he really mean to **apologize**?

ボウリングのレーンに薄くうんこを塗っておくと球がよく転がる。

If you coat the bowling lane with a thin layer of unko, the balls **roll** much better.

祖父はうんこの素晴らしさを子供たちに伝える活動をしている。

My grandfather runs events to **convey** the value of unko to children.

私は多くの動物を飼育していますが，こんなうんこは見たことがない。

I **breed** many kinds of animals, but I've never seen unko like this.

0808 2級 **accompany** [əkámpəni] ☐☐☐	**〜に同伴する, 伴う** ▶日常では go with を使うのがふつう。
0809 準2級 **breathe** [bríːð] 発音 ☐☐☐	**呼吸する** ☐ 名 **breath** 息, 呼吸
0810 2級 **possess** [pəzés] 発音 ☐☐☐	**〜を所有している** ☐ 名 **possession** 所有 ☐ 形 **possessive** 所有の
0811 2級 **bury** [béri] 発音 ☐☐☐	**〜を埋葬する, 埋める** ☐ 名 **burial** 埋葬
0812 準1級 **dominate** [dá:mənèit] ☐☐☐	**〜を支配する** ☐ 形 **dominant** 支配的な ☐ 名 **dominator** 支配者
0813 2級 **rid** [ríd] ☐☐☐	**〜から取り除く** 語法 **get rid of 〜 〜を取り除く** ▶特に望ましくないものに対して用いる。
0814 2級 **resist** [rɪzíst] ☐☐☐	**〜に抵抗する** ☐ 名 **resistance** 抵抗, 反抗 ▶類義語には oppose などがある。
0815 2級 **exhaust** [ɪgzɔ́ːst] 発音 ☐☐☐	**〜を疲れさせる** 名 排出, 排気 ☐ 名 **exhaustion** 極度の疲労 ☐ 形 **exhaustive** 徹底的な

動詞

イギリスへのうんこ視察にご同伴させていただけませんか？

Could I accompany you on the unko monitoring visit to the U.K.?

リプリー，このうんこは呼吸をしているようだ。

Ripley, this unko is breathing.

私が所有している土地でうんこをするなら，挨拶くらい欲しいものだ。

I possess this land, so if you want to do unko on it, at least come and say hello first.

彼はまるで動物を埋葬するような表情でうんこを埋めた。

His expression as he buried his unko looked as if he were burying an animal.

その国では，政府が国民のうんこを支配しているらしい。

In that country, the government dominates the people's unko.

砂利の中に混じったうんこをピンセットで取り除いています。

They are getting rid of the unko in the gravel with tweezers.

デンゼルはうんこを没収しようとする警官に抵抗した。

Denzel resisted the police officer who tried to confiscate his unko.

もっと大量にうんこをばらまいて相手チームを疲れさせよう。

Let's spread more unko about and try to exhaust the other team.

229

0816 準1級

illustrate

[íləstrèit] (アクセント)
□□□

～を説明する

- □ 名 illustration 挿絵, イラスト
- □ 名 illustrator イラストレーター
- □ 形 illustrated イラスト入りの

0817 準2級

rescue

[réskju:]
□□□

～を救出する

名 救出, 救助

▶特に危険な状況・場所からの救出を指す。

0818 準2級

freeze

[frí:z]
□□□

凍る

□ 形 frozen 凍った

▶活用は freeze-froze-frozen となる。

0819 2級

chat

[tʃǽt]
□□□

おしゃべりする

名 雑談, おしゃべり

0820 準2級

disappoint

[dìsəpɔ́int]
□□□

～をがっかりさせる

- □ 名 disappointment 失望, 落胆
- □ 副 disappointingly がっかりしたことに

0821 2級

admire

[ədmáiər] (アクセント)
□□□

～に感心する, 敬服する

語法 admire ～ for ...
～の…を素晴らしいと思う
- □ 形 admirable 賞賛に値する
- □ 名 admiration 賞賛, 感嘆

0822 2級

declare

[dikléər]
□□□

～を宣言する

□ 名 declaration 宣言, 声明

0823 準1級

acknowledge

[əkná:lidʒ]
□□□

～を認める

□ 名 acknowledgment 承認, 認知

先生が年表を使ってうんこの歴史を説明してくれた。

The teacher used a timeline to **illustrate** the history of unko.

兵士たちは危険を顧みず敵地にうんこを救出しに行った。

The soldiers set off into enemy territory to **rescue** the unko, giving no thought to the danger.

今窓の外にうんこを出すと一瞬で凍ります。

If you put unko outside the window now, it would **freeze** instantaneously.

図書館の中でおしゃべりしたりうんこをしたりしないこと。

No **chatting** or doing unko inside the library.

君の「うんこなんてどうでもいい」という発言にはがっかりさせられた。

I was **disappointed** when you said you don't give a care about unko.

ぼくらは君のうんこのやり方をとても素晴らしいと思っているよ。

We greatly **admire** you **for** how you do unko.

大臣は，うんこに対する助成金を増やすと宣言した。

The minister **declared** he would increase subsidies for unko.

ついに評論家が亡き父のうんこの価値を認めた。

The critic finally **acknowledged** the value of my late father's unko.

0824

pretend
準2級

[priténd]
□□□

〜のふりをする

語法 pretend to 〜
〜するふりをする

0825

owe
2級

[óu] 発音
□□□

〜に借りている

語法 owe 〜 ...
〜に…を借りている

0826

guarantee
2級

[gèrəntí:] アクセント
□□□

〜を保証する

名 保証

▶確約するという意味がある。

0827

sentence
準2級

[séntns]
□□□

文

動 判決を下す

▶「(刑罰の) 宣告」という
意味もある。

0828

text
準2級

[tékst]
□□□

本文, 原文

動 (携帯電話で) メッセージを送る

0829

contract
2級

[ká:ntrækt]
□□□

契約

0830

license
準2級

[láisns]
□□□

免許証, 許可証

動 〜に許可を与える

0831

sex
準2級

[séks]
□□□

性別

□ 形 sexual 性の, 性的な
□ 形 sexy セクシーな

問題ない。彼はうんこをするふりをしているだけだ。

No problem. He's just <u>pretending to</u> do unko.

確かにあなたから大金を借りているが，このうんこは渡せない。

I know I <u>owe</u> you a large sum of money, but I will not hand over this unko.

わが社のうんこ枕は，皆様の安眠を保証いたします。

Our unko pillow will <u>guarantee</u> you a sound night's sleep.

短い文の中に「うんこ」という言葉が 4 回も出てくる。

The word "unko" appears four times in the short <u>sentence</u>.

アニーは本文を読まないでうんこのイラストばかり見ている。

Annie is just looking at the pictures of unko without reading the <u>text</u> at all.

自分のうんこを自分で流せないという契約をしてしまった。

I signed a <u>contract</u> that says I'm not allowed to flush my own unko.

実はうんこを扱うには免許が必要だということをご存じですか？

Did you know that you actually need a <u>license</u> to handle unko?

うんこに関する意見は性別によってやや違いがある。

There are some differences in opinions on unko according to <u>sex</u>.

0832 準2級

entertainment

[èntərtéinmənt]
□□□

娯楽

□ 動 **entertain** 〜を楽しませる

0833 準2級

harvest

[háːrvəst]
□□□

収穫

動 〜を収穫する

▶ good harvest で「豊作」という
意味になる。

0834 準2級

code

[kóud]
□□□

暗号

□ 形 **coded** 暗号化された
▶ break a code で「暗号を解く」
という意味になる。

0835 2級

nutrition

[n(j)u(ː)tríʃən]
□□□

栄養

□ 形 **nutritional** 栄養の, 栄養上の
□ 副 **nutritionally** 栄養学的に

0836 準2級

tablet

[tǽblət]
□□□

錠剤, タブレット PC

0837 2級

duty

[d(j)úːti]
□□□

義務

▶ do one's duty で「義務を果たす」
という意味になる。

0838 2級

guideline

[gáidlàin]
□□□

指針, ガイドライン

▶ draw up guidelines で
「ガイドラインを作成する」という意味。

0839 2級

portion

[pɔ́ːrʃən]
□□□

一部

語法 **portion of 〜** 〜の一部

▶食べ物をよそった「一人前分」という意味もある。

今やうんこは立派な娯楽の1ジャンルだ。

Unko is a perfectly good **entertainment** genre right now.

父は満足するうんこが出ると「いい収穫だ!」と叫ぶ。

When my father does a satisfactory piece of unko, he yells, "Good **harvest**!"

うんこに刻まれた文字列は CIA が使う暗号だった。

The string of characters carved into the unko was a **code** used by the CIA.

博士がうんこに栄養を与えて巨大化させる実験を行っている。

The scientist is conducting an experiment to enlarge unko by giving it **nutrition**.

彼がうんこに錠剤のようなものを埋め込んでいるのを見た。

I saw him implanting some **tablets** into a piece of unko.

君はぼくのうんこを最後まで見届ける義務がある。

You have a **duty** to see my unko through to the end.

社長が指針を示さないので,社員たちは思い思いの場所でうんこをしています。

The president won't give **guidelines**, so the employees all do unko wherever they want to.

今回の放送では,貴重なうんこの一部を特別にお見せします。

On today's broadcast, we will make an exception and show a **portion of** our valuable unko.

0840 2級

stock

[stá:k]
□□□

在庫, 株

▶ stock prices で「株価」という
意味になる。

0841 2級

debt

[dét] 発音
□□□

借金, 負債

▶ b は発音しないので注意する。

0842 2級

motion

[móuʃən]
□□□

運動, 動作

□ 動 move ～を動かす
▶ move より堅い語。

0843 準1級

reduction

[rɪdʌ́kʃən]
□□□

減少

□ 動 reduce ～を減らす
▶ armament reduction で「軍縮」
という意味。

0844 準1級

component

[kəmpóunənt]
□□□

構成要素

▶ key components で「主要部分」
という意味。

0845 準1級

notion

[nóuʃən]
□□□

考え, 観念

0846 2級

minority

[mənɔ́:rəti]
□□□

少数

□ 形 minor 小さいほうの
▶反意語は majority。

0847 2級

greenhouse

[grí:nhàus]
□□□

温室

▶ greenhouse gas で「温室効果ガス」
という意味になる。

236

そろそろうんこの在庫が切れるから，電話で注文しておいて。

Our **stock** of unko is about to run out, so call and order some more.

ショーンは毎日うんこばかりしているが，借金を返す気があるのだろうか。

All Sean does all day is unko. Does he really plan to pay off his **debt**?

君はうんこをする前に毎回その妙な動きをはさむのかね？

Do you make that weird **motion** every time you do unko?

うんこを使って人口の減少を食い止める策が存在します。

There is a plan which uses unko to stop the **reduction** of the population.

うんこは豊かな文化の大事な構成要素なのです。

Unko is a valuable **component** of any rich culture.

姉は両手にうんこを持っていると人の考えが読める。

My sister can understand the **notions** in people's minds when she holds unko in both hands.

つい 10 年前までは，頭にうんこを乗せている人は少数派だった。

Until only 10 years ago, people who wore unko on their heads were a **minority**.

彼はうんこを温室で管理している。

He raises unko in a **greenhouse**.

名詞

0848　2級
migration
[maɪgréɪʃən]
□□□

移住

□ 動 migrate 移住する
▶鳥や魚などの移動も指す。

0849　2級
session
[séʃən]
□□□

集まり, セッション

0850　準2級
enemy
[énəmi]
□□□

敵

▶ make an enemy of ~ で
「~を敵にまわす」という意味になる。

0851　準2級
arrival
[əráɪvl]
□□□

到着

□ 動 arrive 到着する
▶反意語は departure。

0852　準2級
anger
[ǽŋɡər]
□□□

怒り

□ 形 angry 怒った
□ 副 angrily 怒って

0853　2級
violence
[váɪələns]
□□□

暴力

□ 形 violent 暴力的な, 乱暴な
□ 副 violently 激しく, 乱暴に

0854　準1級
procedure
[prəsí:dʒər]
□□□

手続き

□ 動 proceed 続ける
□ 名 process 過程

0855　準1級
obstacle
[á:bstəkl]
□□□

障害（物）

来月海外への移住が決定したので，うんこを処分しなければならない。

My **migration** overseas next month was confirmed, so I need to dispose of my unko.

何度も集まりを繰り返して，うんこについて話し合った。

We had **session** after **session** to discuss unko.

敵は金属をうんこに変える能力を使うようだ。

It seems the **enemy** has the ability to turn metal into unko.

では飛行機の到着を待つ間，みんなでうんこの話でもしましょうか。

While we're waiting for the **arrival** of the plane, why don't we talk about unko?

彼は怒りにまかせてうんこをめちゃくちゃに引きちぎった。

He was overcome with **anger** and tore the unko into pieces.

暴力に対抗する最も有効な手段はうんこである。

The most effective manner of resisting **violence** is unko.

ただうんこをするだけでどうしてこんなに多くの手続きが必要なんですか？

Why do I have to go through so many **procedures** just to do unko?

うんこが障害物をよけてすいすい飛んでいく。

The unko is dodging **obstacles** and flying along quickly.

名詞

0856 準2級
package
[pǽkɪdʒ]
□□□

小包

□ 動 pack ～を荷造りする
▶ 商品のパッケージという意味もある。

0857 準2級
comfort
[kʌ́mfərt] (アクセント)
□□□

快適さ

動 ～を慰める

□ 形 comfortable 快適な
▶ live in comfort で
「快適な暮らしをする」という意味。

0858 準1級
priority
[praɪɔ́:rəti]
□□□

優先事項

□ 形 prior 前の, 事前の
▶ high priority で「優先度が高い事項」。

0859 2級
stereotype
[stériətàɪp]
□□□

固定観念

▶ cultural stereotype で
「文化による固定観念」という意味。

0860 準2級
garbage
[gá:rbɪdʒ]
□□□

ごみ, 生ごみ

0861 2級
zone
[zóun]
□□□

地帯

▶ 特別な目的のために設けられた
地域のことを指す。

0862 準2級
weapon
[wépən] (発音)
□□□

武器

▶ carry a weapon で「武器を携帯する」。

0863 2級
expense
[ɪkspéns]
□□□

支出

□ 動 expend ～を費やす
□ 形 expensive 高価な

240

こちらのうんこと同じ重さの小包までは無料で配送いたします。

We will deliver **packages** up to the weight of this unko for free.

部屋の中にいくつかうんこを置いたら，快適さが増しました。

I'm living in **comfort** now that I've placed several pieces of unko around my room.

うんこ以外を優先事項の1位にしている人の気が知れない。

I don't understand people who put something other than unko as their first **priority**.

彼のうんこ論は固定観念にしばられすぎていてとてもつまらない。

His unko theory is tied up in **stereotypes** and is very boring.

うんこをごみ置き場に捨てないでください。

Don't throw unko away in the **garbage** area.

安全地帯へ逃げ込みたいが，周りがうんこで囲まれている。

I want to flee to the safe **zone**, but it's surrounded by unko.

その男の武器は身長よりも大きいうんこだったそうだ。

The man's **weapon** was reported to be a piece of unko longer than he was tall.

今月の支出を計算したが，ほとんどがうんこの購入費だった。

I calculated my **expenses** for this month, but they were almost all unko purchases.

名詞

0864
economics 2級

[èkənáːmɪks]
□□□

経済学

□ 名 economy 経済

0865
stem 準1級

[stém]
□□□

茎, 幹

▶草木などの茎や幹を指す。

0866
advertisement 準2級

[ædvərtáɪzmənt]
□□□

広告

□ 動 advertise ～を広告する
□ 名 advertising 広告すること
▶ ad と略されることがある。

0867
client 2級

[kláɪənt]
□□□

依頼人

0868
cloud 準2級

[kláud]
□□□

雲

□ 形 cloudy 曇った
▶ thick cloud で「厚い雲」という意味。

0869
foreigner 準2級

[fɔ́ːrənər]
□□□

外国人

□ 形 foreign 外国の

0870
chief 2級

[tʃíːf]
□□□

長, チーフ

形 主要な
□ 副 chiefly 主に, 主として

0871
globe 2級

[glóub]
□□□

地球, 世界

□ 形 global 世界的な
□ 副 globally 世界的に

経済学の講義を聴きに来たのに，ずっとうんこの話を聞かされている。

I came to hear a lecture on **economics**, but all I've heard about so far is unko.

この植物の茎を切ると，中からうんこが出てきます。

If you clip the **stem** of this plant, unko comes out.

ぼくのうんこの良さをもっと知ってもらいたいので，広告を出そう。

I want people to understand the appeal of my unko better, so I'll put out an **advertisement**.

私のうんこが長すぎて，依頼人は帰ってしまったようだ。

I took too long doing unko and my **client** went home on me.

うんこの形の雲を探していたら日曜日が終わっていた。

I spent my whole Sunday looking for an unko-shaped **cloud**.

外国人ともうんこの話がしたいので，英語を勉強しています。

I want to talk about unko with **foreigners**, so I'm studying English.

今月号の付録は編集長のうんこです。

The appendix of this month's issue is the **chief** of editing's unko.

この地球のどこかに，ぼくと全く同じ形のうんこをする人がいる。

Somewhere on the **globe**, there is someone who does unko the same exact shape as mine.

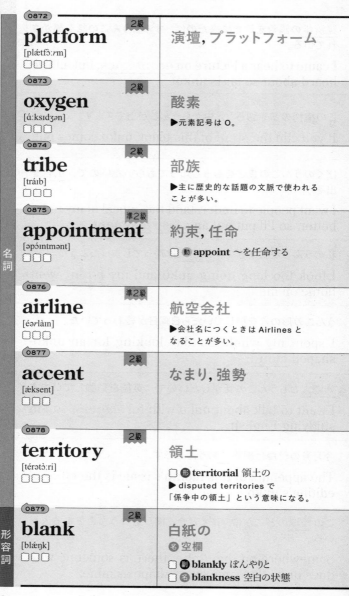

0872 2級

platform
[plǽtfɔ̀ːrm]
□□□

演壇, プラットフォーム

0873 2級

oxygen
[ɑ́ːksɪdʒən]
□□□

酸素
▶元素記号は O。

0874 2級

tribe
[tráɪb]
□□□

部族
▶主に歴史的な話題の文脈で使われる
ことが多い。

0875 準2級

appointment
[əpɔ́ɪntmənt]
□□□

約束, 任命
□ 動 appoint 〜を任命する

0876 準2級

airline
[éərlàɪn]
□□□

航空会社
▶会社名につくときは Airlines と
なることが多い。

0877 2級

accent
[ǽksent]
□□□

なまり, 強勢

0878 2級

territory
[térətɔ̀ːri]
□□□

領土
□ 形 territorial 領土の
▶ disputed territories で
「係争中の領土」という意味になる。

0879 2級

blank
[blǽŋk]
□□□

白紙の
名 空欄

□ 副 blankly ぼんやりと
□ 名 blankness 空白の状態

名詞

形容詞

244

突然何者かが演壇に上がり，うんこを始めた。

Suddenly, someone got up on the **platform** and began to do unko.

うんこにこの薬を1滴垂らすと大量の酸素が発生します。

If you put a drop of this chemical on unko, it releases a large amount of **oxygen**.

彼らは部族間で争いが起きるとうんこを投げ合って解決した。

When they had a conflict with other **tribes**, they threw unko at each other to settle it.

本日社長と一緒にうんこをする約束をしております，中澤と申します。

My name is Nakazawa, and I have an **appointment** to do unko with the president today.

彼はうんこに関するトラブルで航空会社から訴えられている。

He is being prosecuted by an **airline** concerning some unko-related trouble.

なまりが強すぎて彼がうんこをしたがっていることにしばらく気づけなかった。

His **accent** was quite strong, so it took a while for me to realize that he wanted to do unko.

指令通り，敵国の領土に大佐のうんこを置いてきました。

As per orders, I deposited the colonel's unko in enemy **territory**.

白紙のノートを見ると「うんこ」と書きたくなる。

Whenever I see a **blank** piece of paper, I always want to write "unko" on it.

2 1

2 2

2 3

2 4

2 5

2 6

2 7

245

0880 準2級

novel

[nάvl]
□□□

斬新な, 新しい

□ 名 **novelty** 目新しさ
▶名詞で「小説」という意味の同じ
つづりの語もあるので文脈に気をつける。

0881 準2級

thick

[θík]
□□□

厚い

□ 動 **thicken** ～を濃くする
□ 名 **thickness** 厚さ

0882 準1級

unexpected

[ʌ̀nıkspéktıd]
□□□

思いがけない

□ 副 **unexpectedly** 思いがけなく
▶反意語は expected。

0883 準2級

productive

[prədʌ́ktıv]
□□□

生産的な

□ 動 **produce** ～を生産する
□ 副 **productively** 生産的に

0884 2級

odd

[άːd]
□□□

奇妙な

□ 名 **oddness** 奇妙さ
□ 副 **oddly** 妙なことに

0885 2級

virtual

[və́ːrtʃuəl]
□□□

実質上の, 仮想の

□ 副 **virtually** 実質的には

0886 準2級

technical

[téknıkl] (アクセント)
□□□

技術上の

□ 副 **technically** 技術[専門]的に
□ 名 **technique** 技術

0887 2級

curious

[kjúəriəs]
□□□

好奇心の強い

語法 **curious about ~**
～について知りたがって

□ 名 **curiosity** 好奇心

何て斬新なうんこの使い方なんだ！

What a **novel** method of using unko!

2 1

毎晩，厚い壁ごしに「うんこ！」と叫ぶ声が聞こえてきます。

Every evening, I hear a voice yelling "Unko!" through the **thick** wall.

2 2

うんこを集めていたら，思いがけない大物から連絡が来た。

When I was collecting unko, I got a call from an **unexpected** bigwig.

2 3

やはりうんこをしながらだと生産的な会話ができますね。

You can have more **productive** conversations while you're doing unko.

2 4

ある晩ジェシーが庭を見ると，奇妙なうんこがもぞもぞ動いていた。

One evening, when Jessie looked out at the yard, there was an **odd** piece of unko creeping about.

2 5

彼のうんこは実質上世界一のうんこと言っていいだろう。

His unko is **virtually** the number one unko in the world.

2 6

技術上の問題が起き，テレビ画面にうんこしか映らなくなった。

Due to a **technical** issue, the TV screen only shows unko.

2 7

総理大臣がぼくのうんこについて詳しく知りたがっているそうだ。

It seems the prime minister is **curious about** my unko.

形容詞

0888 準1級

conventional

[kənvénʃənl]
□□□

月なみな, 伝統的な

□ 名 convention 慣習, しきたり
□ 副 conventionally 慣例的に
▶反意語は unconventional。

0889 2級

nutrient

[n(j)úːtriənt]
□□□

栄養になる

名 栄養素

0890 準2級

ill

[il]
□□□

病気の

□ 名 illness 病気の状態

0891 2級

internal

[intə́ːrnl]
□□□

内部の

□ 副 internally 内部に
▶反意語は external。

0892 準1級

beneficial

[bènəfíʃəl]
□□□

有益な

□ 副 beneficially 有益に
□ 名 benefit 利益, 恩恵

0893 2級

flexible

[fléksəbl]
□□□

融通のきく, 曲げやすい

□ 副 flexibly 柔軟に
▶反意語は inflexible。

0894 準2級

honest

[áːnəst] 発音
□□□

正直な

□ 名 honesty 正直さ
□ 副 honestly 正直に, 率直に

0895 2級

ethnic

[éθnik]
□□□

民族の

□ 副 ethnically 民族的には
▶ ethnic food で「エスニック料理」。

きみはうんこに関しては月なみなことしか言わないね。

When it comes to unko, you don't say anything but **conventional** things, do you?

うんこを植木鉢に埋めて，栄養になる水を与えてみよう。

Let's try planting unko in a pot and giving it **nutrient** water.

ジャックは病気で寝ていると聞いていたが，道でうんこをしているぞ。

I heard that Jack was <u>ill</u> in bed, but he's doing unko in the road.

部長に会社の内部資料と間違えてうんこを渡してしまった。

I mistook unko for our company's **internal** paperwork and accidentally handed it to the section chief.

うんこに関する有益な情報をあなただけにお教えしましょう。

I'll share some **beneficial** unko-related information exclusively with you.

先生は融通のきく人で，ぼくのうんこを預かってくれた。

My teacher is a **flexible** person and agreed to take my unko.

さあ，ぼくのうんこへの正直な感想を聞かせてください。

So, please let me hear your <u>honest</u> impression of my unko.

とある少数民族は，うんこを使って獣を狩るそうだ。

Apparently, there is a certain minority **ethnic** group that hunts wild beasts using unko.

0896	**2級**	
classical		古典的な
[klǽsɪkl]		☐ **名 classic** 一流の作品, 古典
☐☐☐		☐ **副 classically** 古典的に

0897	**準1級**	
sophisticated		洗練された
[səfístɪkèɪtɪd]		▶反意語は unsophisticated。
☐☐☐		

0898	**2級**	
stable		安定した
[stéɪbl]		☐ **名 stability** 安定性
☐☐☐		▶類義語は steady などがある。

0899	**2級**	
surely		間違いなく
[ʃʊ́ərli]		☐ **形 sure** 確信している
☐☐☐		▶文を修飾する。

0900	**準2級**	
fortunately		幸運にも
[fɔ́ːrtʃənətli]		☐ **形 fortunate** 幸運な
☐☐☐		☐ **名 fortune** 富, 財産
		▶文を修飾する。
		▶反意語は unfortunately。

形容詞

副詞

君は若いのに古典的なうんこのことをよく知っておるね。

You know quite a bit about **classical** unko even though you're young, it seems.

彼の洗練されたうんこのスタイルに一同はうっとりと見とれた。

We all gazed in admiration at his **sophisticated** unko style.

もう少し安定した場所でうんこをさせてもらえませんか？

Could I please do unko in a **stabler** location?

信じてもらえないかもしれないが，間違いなくうんこがしゃべったんだ。

You might not believe me, but I **surely** saw a piece of unko talk.

うんこをもらしたが，幸運にもズボンの裾から全部こぼれ落ちた。

I did unko in my pants, but **fortunately** it all fell out the bottom of my pants legs.

動詞	0901 **sweat** [swét] 発音 □□□	2級	汗をかく 名 汗
	0902 **wander** [wá:ndər] 発音 □□□	2級	歩き回る, さまよう
	0903 **devote** [dɪvóut] □□□	2級	〜をささげる □ 名 **devotion** 深い愛情, 忠誠 ▶時間・精力・注意などについて用いる。
	0904 **discourage** [dɪskə́:rɪdʒ] □□□	準1級	〜のやる気を失わせる □ 形 **discouraged** がっかりした □ 形 **discouraging** がっかりさせるような ▶反意語は encourage。
	0905 **register** [rédʒɪstər] □□□	2級	〜を登録する 名 記録簿 □ 名 **registration** 登録, 登記 ▶register a marriage で 「結婚を届け出る」という意味になる。
	0906 **annoy** [ənɔ́ɪ] □□□	2級	〜をいらいらさせる □ 名 **annoyance** いらだち, 腹立たしさ ▶類義語は irritate, bother などがある。
	0907 **distribute** [dɪstríbju:t] アクセント □□□	2級	〜を配布する □ 名 **distribution** 配布, 分配

父は1回のうんこでだいたい8リットルくらい汗をかく。

My father **sweats** about eight liters' worth each time he does unko.

2 1

うんこを両手に持ったスーツの集団が町を歩き回っています。

A group clad in suits and holding unko in both hands is **wandering** around town.

2 2

レイモンドは10代の全てをうんこにささげた。

Raymond **devoted** his teens entirely to unko.

2 3

人がうんこをしようとしているときに，やる気を失わせるようなことを言うな。

I'm trying to do unko, so don't say anything that might **discourage** me.

2 4

会員に登録していただいた方に，毎月うんこのカタログをお送りします。

We send an unko catalog each month to those people who have **registered** for membership.

2 5

うんこに集中したいので，あまりいらいらさせないでください。

I want to concentrate on unko, so don't **annoy** me.

2 6

必ず市民の皆さん全員にうんこを配布いたします。

I will definitely **distribute** unko to each and every citizen.

2 7

0908 準2級

bite
[báit]
□□□

かむ
图 かむこと

▶活用は bite-bit-bitten となる。

0909 準1級

boost
[búːst]
□□□

～を増やす, 押し上げる
图 後押し

▶ boost *one's* morale で
「～の士気を高める」という意味になる。

0910 準1級

manufacture
[mǽnjəfǽktʃər] (アクセント)
□□□

～を生産する
图 生産

□ 图 manufacturer 製造業者, メーカー

0911 準1級

urge
[ə́ːrdʒ]
□□□

～に強く勧める
图 強い衝動

□ 形 urgent 緊急の, 差し迫った

0912 準2級

melt
[mélt]
□□□

融ける

▶熱や圧力で融ける場合に用いる。

0913 準1級

retrieve
[rɪtríːv]
□□□

～を取り戻す, 回復する

語法 retrieve ~ from ...
～を…から取り戻す

0914 2級

submit
[səbmít]
□□□

～を提出する

□ 图 submission 提出

0915 2級

disturb
[dɪstə́ːrb]
□□□

～をじゃまする

□ 图 disturbance 騒動, 妨害

▶特に仕事・睡眠などのじゃまをする
場合に用いる。

祖父は竹の棒をかみながらうんこをする習慣がある。

My grandfather has a habit of **biting** on a bamboo stick when he does unko.

確かにうんこを添えると作品の神々しさが増す気がしますね。

Indeed, pairing the work with unko **boosts** its divine atmosphere.

この工場は，うんこにつけるためのカバーを生産しています。

This factory **manufactures** covers for unko.

彼らは私にうんこをして行けと強く勧めてきました。

They strongly **urged** me to do unko before leaving.

溶鉱炉に投げ込んだうんこが一瞬で融けた。

The unko we'd thrown into the blast furnace **melted** instantly.

ぼくのうんこを悪の組織から取り戻すため，ヒーローが集まってくれた。

The heroes gathered to **retrieve** my unko **from** the evil organization.

本当に明日までにうんこを 100 個も提出できるのですか？

Can you really **submit** 100 pieces of unko by tomorrow?

父さんのうんこの音が勉強のじゃまになっているんだよ。

The sound of Dad doing unko is **disturbing** my studies.

動詞

0916 2級 **scan** [skǽn] ☐☐☐	～をざっと見る ☐ 名 scanning X線検査
0917 準2級 **dislike** [dısláık] ☐☐☐	～を好まない, 嫌う 名 嫌悪
0918 2級 **reform** [rıfɔ́ːrm] ☐☐☐	～を改善する, 改革する 名 改善, 改革 ▶日本語の「リフォーム」とは 意味が異なるので注意する。
0919 2級 **collapse** [kəlǽps] ☐☐☐	崩壊する 名 崩壊 ▶建物や組織などがつぶれる場合に用いる。
0920 2級 **exceed** [ıksíːd] ☐☐☐	～を上回る ☐ 名 excess 超過 ☐ 形 excessive 過度の
0921 2級 **convert** [kənvɔ́ːrt] ☐☐☐	～を変える 語法 convert ~ into [to] ... ～を…に変える ☐ 名 conversion 転換, 変化
0922 2級 **relieve** [rılíːv] ☐☐☐	～を和らげる ☐ 名 relief（心配・苦痛などの）軽減 ▶特に苦痛・心配などに用いる。
0923 準1級 **yield** [jíːld] ☐☐☐	～をもたらす, 産出する 名 産出（物）

彼は人のうんこをざっと見ただけで全く同じようなうんこができる。

He can do the same type of unko as someone else just by quickly **scanning** their unko.

王はうんこの話を好まないのでくれぐれも気をつけるように。

The king **dislikes** unko topics, so tread carefully.

指摘された点を改善し，うんこが目立つようなデザインにしてみました。

I **reformed** what you pointed out and made the design so unko stands out more.

うんこの重みでコンクリートの地面が崩壊した。

The concrete floor **collapsed** under the weight of the unko.

エレンは周囲の予想を大幅に上回る個数のうんこを持って戻ってきた。

Ellen came back with a number of pieces of unko far **exceeding** what anyone expected.

あのカウンターにうんこを持っていくとドル札に変えてくれるよ。

If you take unko to that counter, they'll **convert** it **into** dollar bills for you.

うんこには恐怖を和らげる効果がある。

Unko has the effect of **relieving** fear.

今ぼくのうんこに投資しておけば必ず大きな利益をもたらします。

If you invest in my unko now, it will surely **yield** a big profit.

0924 | 2級

defeat

[dɪfíːt]
☐☐☐

～を破る

名 敗北

▶日常では beat を使うことが多い。

0925 | 2級

install

[ɪnstɔ́ːl]
☐☐☐

～を取りつける

☐ 名 installation 取りつけ

▶特に装置などの取りつけに用いる。

0926 | 準1級

sustain

[səstéɪn]
☐☐☐

～を維持する

0927 | 準2級

dig

[díg]
☐☐☐

掘る

▶「トンネルを掘って作る」という
ときにも使用する。

0928 | 準1級

summarize

[sʌ́məràɪz]
☐☐☐

要約する

▶ sum up と言い換えられる。

0929 | 2級

interrupt

[ìntərʌ́pt] (アクセント)
☐☐☐

～のじゃまをする

☐ 名 interruption じゃま(なもの)

0930 | 準1級

attribute

[ətríbjuːt] (アクセント)
☐☐☐

～のせいにする

語法 attribute ~ to ...
～を…のせいにする

0931 | 2級

deserve

[dɪzɔ́ːrv]
☐☐☐

～に値する

▶良い意味にも悪い意味にも使用する。

主人公はうんこをもらしながらも見事最後の敵を破った。

In the end, the protagonist managed to **defeat** the enemy while doing unko in his pants.

この装置を車に取りつけると，自動的に最寄りのうんこまで向かってくれます。

If you **install** this device on your car, it will automatically head for the nearest unko.

長期にわたって政権を維持するにはうんこをいかに使うかだ。

Sustaining a government administration in the long run depends on how you use unko.

この辺りの地面を掘るとうんこの化石が出てきますよ。

If you **dig** in the ground in this area, you will find unko fossils.

つまり要約すると「うんこをもらした」ということですよね？

In other words, to **summarize**, you did unko in your pants, right?

相手チームはゴール前にうんこを並べてシュートのじゃまをしている。

The other team is lining up pieces of unko in front of the goal to **interrupt** our shoots.

地球温暖化の原因までぼくのうんこのせいにしないでください。

Don't **attribute** the reason for global warming **to** my unko, too.

彼の著書『人生はうんこで変えろ！』は一読に値する良書だ。

His publication *Change Your Life With Unko!* is a good book and **deserves** a read.

動詞

0932 **prohibit** 2級
[prouhíbət]
□□□
～を禁止する
語法 prohibit ~ from ...
～が…するのを禁止する
□ 名 prohibition 禁止

名詞

0933 **liquid** 2級
[líkwɪd] 発音
□□□
液体
形 液体の

0934 **genius** 2級
[dʒíːnjəs] 発音
□□□
天才

0935 **grass** 2級
[grǽs]
□□□
草
▶ the grass として「芝生」という
意味でも使われる。

0936 **insight** 準1級
[ínsàɪt]
□□□
洞察力
□ 形 insightful 洞察力のある

0937 **rhythm** 2級
[ríðm] 発音
□□□
リズム
□ 形 rhythmic リズミカルな

0938 **laptop** 2級
[lǽptàːp]
□□□
ノートパソコン

0939 **ease** 準1級
[íːz]
□□□
たやすさ
語法 with ease 容易に
□ 形 easy 容易な

うんこの交換は教師に禁止されてしまいました。

We were **prohibited from** exchanging unko by the teacher.

ペットボトルにうんこを入れて 10 時間シェイクし続けたら液体になった。

When I put unko into a plastic bottle and shook it for 10 hours straight, it became a **liquid**.

ディアスは誰もが認めるうんこの天才だ。

Diaz is an unko **genius** by anyone's standards.

ひとまずうんこに草をかぶせてここに隠しておこう。

For now, let's cover the unko with **grass** and hide it here.

うんこをもらしていても, 彼の深い洞察力に陰りはない様子だ。

It seems his deep **insight** is unclouded even when he's doing unko in his pants.

父は足でリズムを刻みながらうんこをする習慣がある。

My father has a habit of beating out a **rhythm** with his feet when he does unko.

最新型ノートパソコンは, 何とうんこ約 1 個分の重さしかありません。

The latest **laptops** amazingly weigh only about as much as a piece of unko.

その程度のうんこなら, ジムは容易にまねてみせるだろう。

Jim can imitate unko of that level **with ease**.

名詞

0940　2級

manufacturer

[mæ̀njəfǽktʃərər]
□□□

製造業者, メーカー

□ 動 manufacture ～を生産する
▶特に大規模な製造業者などを指す。

0941　2級

trick

[trík]
□□□

計略, たくらみ

0942　2級

reputation

[rèpjətéɪʃən]
□□□

評判

▶ earn a reputation で「評判を築く」
という意味になる。

0943　準1級

molecule

[mɑ́:ləkjù:l]
□□□

分子

0944　2級

barrier

[bériər]
□□□

防壁

0945　準2級

furniture

[fɔ́:rnɪtʃər]
□□□

家具

▶「家具1つ」を指すときは
a piece of furniture となる。

0946　2級

burden

[bɔ́:rdn]
□□□

重荷

▶精神的な「重荷」のことも指す。

0947　準1級

welfare

[wélfèər] アクセント
□□□

福祉

▶ welfare services で
「福祉サービス」という意味。

拾ったうんこの裏側を見ると，製造業者の名前が刻んであった。

When I looked at the reverse side of the piece of unko, the **manufacturer**'s name was engraved on it.

きみがどんな計略を立てているか知らないが，うんこは絶対渡さない。

I don't know what kind of **tricks** you're plotting, but I will not hand over the unko.

人の評判なんて気にしていたら，うんこの話なんてできませんよ。

If you're too worried about your **reputation**, you can't talk about unko.

私のうんこには，物質の分子の配列を狂わせるパワーがある。

My unko has the power to disarrange the structure of an object's **molecules**.

村人たちは一晩にしてうんこで防壁を築いた。

The villagers built a **barrier** out of unko overnight.

当店は家具店なので申し訳ありませんがうんこは置いておりません。

This is a **furniture** store, so I'm afraid we don't have unko.

私のうんこがあなたの重荷になっていませんか？

Is my unko a **burden** on you?

姉は福祉の専門家だが，一方でうんこについてもかなりの知識を持つ。

My sister is a specialist in **welfare**, but she is also well versed in unko.

0948 準1級

sequence
[síːkwəns]
□□□

連続するもの

語法 sequence of ~ 一連の~

0949 2級

district
[dístrɪkt]
□□□

地区, 区域

▶行政などの目的で区分された地域を指す。

0950 2級

aircraft
[éərkræft]
□□□

航空機

▶飛行機やヘリコプターなどの総称。

0951 2級

core
[kɔ́ːr]
□□□

核心, 芯

▶リンゴやナシなどの「芯」も指す。

0952 準2級

dinosaur
[dáɪnəsɔ̀ːr]
□□□

恐竜

▶比ゆ的に「時代遅れのもの」という意味になることもある。

0953 準2級

chemistry
[kéməstri]
□□□

化学

□ **名 chemist** 化学者

0954 2級

loan
[lóun]
□□□

貸付金

動 ~を貸す

▶ bad loan で「不良債権」という意味になる。

0955 準1級

peer
[píər]
□□□

仲間

▶地位・年齢などが同等の場合に用いる。

一連のでき事は全て同じうんこが原因で起きているようだ。

The whole **sequence of** events was brought about by the same unko.

この先の地区に行くなら，絶対にうんこを肌身離さず持っておけ。

If you're going to go into the **district** ahead, be sure to keep your unko close to your being.

うんこをぶら下げた謎の航空機が上空を旋回している。

There is a mysterious **aircraft** with unko dangling from it flying around overhead.

核心を突いた質問をされ，イアンは思わずうんこを隠した。

Ian got a question that cut through to the **core** and hid his unko unconsciously.

恐竜の絵かと思ったらうんこの絵を描いてたんだね。

I thought you were drawing a **dinosaur**, but it was unko, wasn't it?

今，世界中の化学の専門家がきみのうんこに注目しているよ。

Currently, specialists in **chemistry** from around the world are focused on your unko.

うんこを担保に借りられる貸付金はいくらまでですか?

How much can I borrow as a **loan** using unko as collateral?

クラスの仲間たちがうんこに寄せ書きをしてくれた。

My class **peers** wrote me messages on my unko.

0956 準2級

laughter
[lǽftər]
□□□

笑い

□ 動 **laugh** 笑う
▶ laugh より連続的で大きな笑いという
ニュアンスがある。

0957 準1級

incident
[ínsədənt]
□□□

でき事

□ 形 **incidental** 付随して起こる

0958 準2級

excitement
[ıksáıtmənt]
□□□

興奮

□ 動 **excite** 〜を興奮させる

0959 2級

feedback
[fi:dbæk]
□□□

フィードバック

▶ give feedback about 〜 で「〜に
ついて意見を述べる」という意味になる。

0960 準1級

particle
[pá:rtıkl]
□□□

小さな粒

□ 形 **particular** 特定の

0961 準2級

honor
[á:nər]
□□□

名誉

動 名誉［栄誉］を与える

□ 形 **honorable** 尊敬すべき, 立派な

0962 2級

witness
[wítnəs]
□□□

目撃者

動 〜を目撃する

0963 準2級

hunger
[hángər]
□□□

空腹感

□ 形 **hungry** 空腹の

決死の覚悟でステージ上でうんこをしたが，一切笑いが起きなかった。

I put all my fear aside and did unko on stage, but no **laughter** occurred.

うんこと言えば，先日実に奇妙なでき事がありました。

Speaking of unko, there was a truly strange **incident** the other day.

彼は興奮を抑えられず，うんこを握ってリングに上がりこんだ。

Unable to suppress his **excitement**, he climbed on the ring clenching unko in his fist.

皆様からのフィードバックを全て反映した新しいうんこがこちらでございます。

This is the new unko model with all of your **feedback** incorporated.

この機械にうんこを入れると，小さな粒になるまで細かく砕いてくれます。

If you put unko in this machine, it grinds it up into small **particles**.

あなたにうんこを見てもらえるとは何と名誉なことだ。

It is an **honor** to have you look at my unko.

目撃者によれば，犯人はうんこ柄のセーターを着ていたそうだ。

According to the **witness**, the culprit was wearing an unko-patterned sweater.

空腹感で頭が朦朧となり，気づくとうんこを握りしめていた。

I felt faint from **hunger** and found myself holding unko tightly in my fist.

0964

準2級

lifetime
[láɪftàɪm]
☐☐☐

生涯

0965

cooperation
[kouɑ̀ːpəréɪʃən]
☐☐☐

協力

☐ 動 cooperate 協力する
☐ 形 cooperative 協力的な

0966

2級

minister
[mínəstər]
☐☐☐

大臣

☐ 名 ministry 省
▶ the Prime Minister で「総理大臣」。

0967

panel
[pǽnl]
☐☐☐

パネル

▶「委員会」という意味もある。

0968

準1級

refugee
[rèfjudʒíː] (アクセント)
☐☐☐

難民

▶ refugee camp で「難民キャンプ」
という意味。

0969

producer
[prəd(j)úːsər]
☐☐☐

生産者

☐ 動 produce ～を生産する
▶ 映画や番組制作の「プロデューサー」
という意味もある。

0970

2級

protest
[próutest]
☐☐☐

抗議

動 ～に抗議する

語法 protest against ~
～に対する抗議

0971

2級

companion
[kəmpǽnjən]
☐☐☐

仲間, 友達

こんなうんこには生涯で何度もお目にかかれるもんじゃあない。

You'll only encounter unko like this once or twice in a **lifetime**.

近所の皆様の協力で，息子のうんこが見つかりました。

Thanks to the **cooperation** of my neighbors, my son's unko was found.

貴様は大臣のうんこに向かって何てことを言うんだ！

How dare you say such a thing to the **minister**'s unko!

そんなパネルを何枚立てたところで，うんこは全て突き破って飛んできますよ。

Putting up a few **panels** like that isn't going to stop the unko from breaking through them and coming flying.

19 世紀，うんこを巡って戦争が起き，多数の難民を出した。

In the 19th century, there was a war over unko, which produced many **refugees**.

父はまるで野菜の生産者のように自分のうんこを持って写真を撮っている。

My father is taking pictures of himself holding his unko as if he were a vegetable **producer**.

このうんこは硬直した教育制度に対する抗議を意味しているのです。

This unko represents a **protest against** the rigid education system.

仲間のうんこをバカにされて黙っているほど落ちぶれちゃあいない。

I'm not so fallen as to look away when my **companion**'s unko is being insulted.

0972 準2級

stream
[strí:m]
□□□

小川, 流れ
動 流れる

0973 準2級

steam
[stí:m]
□□□

水蒸気, 蒸気

0974 準1級

compound
[kámpaʊnd]
□□□

化合物, 混合物

0975 準1級

manufacturing
[mæ̀njəfæktʃərɪŋ]
□□□

製造, 生産

▶ the manufacturing industry で
「製造業」という意味。

0976 2級

phase
[féɪz]
□□□

段階, 局面

▶ enter a new phase で
「新しい局面に入る」という意味になる。

0977 準1級

supplement
[sápləmənt]
□□□

補足
動 ～を補う

▶「サプリメント」という意味もある。

0978 2級

prisoner
[príznər]
□□□

囚人

□ 名 prison 刑務所

0979 準1級

highlight
[háɪlàɪt]
□□□

目玉, ハイライト
動 ～を目立たせる

▶催し物などの目玉を指す。

うんこで小川の流れをせき止めてみた。

I tried damming up the **stream** with unko.

ぼくのうんこが高温の水蒸気を発しながら巨大化していく。

My unko is emitting **steam** and growing to an enormous size.

あなたが先ほどから「有機化合物」と言っているものは，要するにうんこのことですね？

The "organic **compound**" you keep referring to is basically just unko, right?

工場長がうんこに行ったまま戻ってこず，製造がストップしている。

Since the factory manager went to do unko and hasn't come back, **manufacturing** is halted.

うんこがウルトラうんこになるには5つの段階を経ねばならない。

For unko to become ultra unko, it must go through five **phases**.

今皆様にお渡ししたうんこについて，いくつか補足事項がございます。

I have some **supplements** for the unko I just handed all of you.

囚人たちがうんこを囲んでひそひそ話している。

The **prisoners** are gathered around unko and whispering amongst themselves.

お待たせしました。本日の目玉，しゃべるうんこの登場です！

We thank you for waiting. It is now time for today's **highlight**, the talking unko!

名詞

0980 2級
architect
[á:rkətèkt] 発音
建築家

□ 名 architecture 建築
▶「立案者」という意味もある。

0981 準1級
counter
[káuntər]
反対の

動 ~に反論する

形容詞

0982 準2級
raw
[rɔ́:]
生の

▶食品などについて用いる。

0983 2級
uncomfortable
[ʌnkʌ́mftəbl]
心地の悪い

□ 副 uncomfortably 心地悪く
▶反意語は comfortable。

0984 2級
permanent
[pə́:rmənənt]
永久的な

□ 副 permanently 永久に

0985 準1級
intense
[ɪnténs]
猛烈な

□ 名 intensity 激しさ
□ 副 intensely 猛烈に
□ 動 intensify ~を強める, 激しくする

0986 2級
logical
[lá:dʒɪkl]
論理的な

□ 名 logic 論理
□ 副 logically 論理的に
▶反意語は illogical。

0987 2級
fellow
[félou]
仲間の, 同僚の

名 仲間, やつ
□ 名 fellowship 友情

私は建築家なのでうんこについて相談をされても困ります。

I'm an **architect**, so I can't do anything for you if you ask me about unko.

川の反対側からこちら側までうんこを飛ばそうというわけですね？

So you're suggesting that we throw the piece of unko from the **counter** side of the river all the way to here?

牛の生肉だと思って指でつついていたら，うんこだった。

I was poking it with my finger thinking it was **raw** beef, but it was unko.

私もプロなのでどれだけ心地の悪い場所でもうんこはできます。

I'm a professional, so no matter how **uncomfortable** the place, I can do unko.

うんこに永久歯のようなものが生えてきた。

The unko sprouted something resembling a **permanent** tooth.

この猛烈な暑さでは，屋上でうんこをする気が起きない。

In **intense** heat like this, I just can't get the motivation to do unko on the roof.

父は論理的なまちがいを指摘されると「うんこ！」と叫んでごまかす。

When someone points out a **logical** error by him, my father tries to evade it by shouting, "Unko!"

彼は仲間のギャングに頼んでうんこを取り返してもらった。

He asked his **fellow** gang members for help and got his unko back.

273

形容詞

0988 2級
extinct
[ɪkstíŋkt]
☐☐☐

絶滅した

0989 準2級
dramatic
[drəmǽtɪk]
☐☐☐

劇的な
☐ 名 drama 劇
☐ 副 dramatically 劇的に

0990 準1級
aggressive
[əgrésɪv]
☐☐☐

攻撃的な
☐ 副 aggressively 攻撃的に

0991 準2級
overweight
[óuvərwéɪt]
☐☐☐

重量超過の
▶反意語は underweight。

0992 準2級
flat
[flǽt]
☐☐☐

平らな
☐ 動 flatten 平らにする

0993 準1級
relevant
[réləvənt]
☐☐☐

関連する
語法 relevant to ~ ～に関する

0994 準1級
acid
[ǽsɪd]
☐☐☐

すっぱい
名 酸
▶類義語は sour などがある。

0995 準1級
contemporary
[kəntémpərèri] (アクセント)
☐☐☐

現代の
名 同時代の人

絶滅した種を流したうんこにたとえるのは何か違う気がする。

Comparing an **extinct** species to flushed unko is a little off the mark, I think.

あるうんことの劇的な出会いが少年の人生を変えた。

A **dramatic** encounter with a certain piece of unko brought changes to the boy's life.

どうしてきみはうんこに対して攻撃的な態度ばかりとるんだ。

Why are you always so **aggressive** toward unko?

うんこの詰め込みすぎで，重量超過の荷物として扱われた。

My suitcase was declared **overweight** because I packed too much unko in it.

2枚の平らな板の間にうんこがはさんであった。

There was a piece of unko lodged between two **flat** boards.

今夜政府がうんこに関する重大な発表をするそうだ。

The government is set to make an important announcement **relevant to** unko tonight.

祖父は，すっぱい果物を食べたときのような顔でうんこをします。

My grandfather does unko with an expression that looks like he's eaten an **acid** fruit.

現代アートの旗手たちがうんこについて対談している。

The standard-bearers of **contemporary** art are debating about unko.

0996
準1級

liberal
[líbərəl]
□□□

自由主義の, 寛大な

図 自由主義者

□ 図 liberty 自由, 解放
▶反意語は conservative。

0997
準2級

visible
[vízəbl]
□□□

目に見える

□ 副 visibly 目に見えるほど
▶反意語は invisible。

0998
2級

identical
[aɪdéntɪkl]
□□□

全く同じ

語法 be identical to [with] ~
~とそっくりだ

□ 副 identically 完全に同じように
▶ same よりも堅い語。

0999
準1級

extraordinary
[ɪkstrɔ́ːrdənèri]
□□□

異常な

□ 図 extraordinariness 異常さ
□ 副 extraordinarily 非常に

1000

via
[váɪə]
□□□

~経由で

▶ via phone「電話で」のように,
手段を表すこともできる。

彼女のうんこに対する態度を見る限り，自由主義とは思えません。

Based on her attitude toward unko, she doesn't seem to be liberal.

目に見える世界だけを信じていては，本当のうんこにはたどりつけない。

If you only believe in the visible world, you'll never arrive at true unko.

今日のうんこは 3 年前の 4 月 18 日のうんことそっくりだ。

Today's unko is identical to my unko from three years ago on April 18th.

男の子たちがうんこを取り囲んで異常な盛り上がりを見せている。

Some boys are gathered around unko and having an extraordinary time.

こちらは今朝フランスからトルコ経由で届いたうんこです。

This unko arrived this morning from France via Turkey.

動詞

1001 　準1級

bully
[búli]
□□□

〜をいじめる

名 いじめっ子

▶名詞「いじめ」は bullying となる。

1002 　準2級

memorize
[méməràɪz]
□□□

〜を暗記する

□ 名 memory 記憶

▶文章・詩句などに用いる。

1003 　準2級

forecast
[fɔ́ːrkæ̀st]
□□□

〜を予報する

名 予報, 予想

1004 　2級

accomplish
[əkɑ́ːmplɪʃ]
□□□

〜を成し遂げる

□ 名 accomplishment 業績, 成果

▶achieve よりも堅い語。

1005 　準1級

retain
[rɪtéɪn]
□□□

〜を保つ, 保有する

▶類義語は keep, preserve などがある。

1006 　2級

reverse
[rɪvə́ːrs]
□□□

〜を逆にする

名 逆, 反対

1007 　2級

reproduce
[rìːprəd(j)úːs]
□□□

〜を複製する

□ 名 reproduction 複製, 複写
□ 形 reproducible 再生できる

▶絵画や書物などを複製するという意味。

シンデレラをいじめていた姉たちが魔法でうんこに変えられた。

Cinderella's older sisters, who were **bullying** her, were turned into unko by magic.

弟は，ぼくがうんこをしている間にもう九九を暗記していた。

My brother **memorized** the times tables in the time it took me to do unko.

テレビでは今日は雪と予報していたが，うんこが降ってきた。

The news **forecasted** snow for today, but it's raining unko.

大きな仕事を成し遂げたあとのうんこは格別だ。

Doing unko after you **accomplish** a big task is something else.

小指の上にうんこをのせてバランスを保ってみましょう。

Try to put unko on your pinky finger and **retain** it there.

きみの両肩にのっているうんこ，左右を逆にしてみたらどうだろう。

Why don't you try **reversing** the sides of the two pieces of unko on your shoulders?

許諾を得ることなく私のうんこを複製することを禁じます。

I forbid you from **reproducing** my unko without my approval.

1008 准2級

arrest
[ərést]
☐☐☐

〜を逮捕する

❷ 逮捕

▶ get arrested で「逮捕される」
という意味になる。

1009 2級

occupy
[ά:kjəpàɪ]
☐☐☐

〜を占有する

☐ ❷ occupation 職業
▶土地・家などに用いる。

1010 2級

bend
[bénd]
☐☐☐

〜を曲げる

▶物や体の一部などを
曲げるときなどに用いる。

1011 准2級

sink
[síŋk]
☐☐☐

沈む

❷ (台所の) 流し

1012 准1級

complicate
[kά:mpləkèɪt]
☐☐☐

〜を複雑にする

☐ ⑱ complicated 複雑な
▶ to complicate matters, で
「やっかいなことに,」という表現になる。

1013 2級

ruin
[rú:ɪn]
☐☐☐

〜をだめにする

❷ 崩壊, 荒廃

▶類義語は spoil などがある。

1014 准1級

exclude
[ɪksklú:d]
☐☐☐

〜を除外する

☐ ⑱ exclusive 排他的な, 閉鎖的な
▶反意語は include。
▶日常では leave ~ out などを使うことが多い。

1015 准1級

impose
[ɪmpóuz]
☐☐☐

〜を課す

▶税金・義務などに用いる。

おまわりさん，あそこでうんこを振り回している男を<u>逮捕して</u>ください。

Officer, please <u>arrest</u> that man over there swinging unko around.

彼らはビルの1階を<u>占有して</u>うんこショップを開業した。

They <u>occupied</u> the first floor of that building and started an unko shop.

かなり硬いうんこだったが，万力を使ってねじ<u>曲げる</u>ことができた。

It was a very hard piece of unko, but I used a vise and managed to <u>bend</u> it.

太陽が水平線に<u>沈む</u>前に残りのうんこを見つけなければ。

We have to find the rest of the unko before the sun <u>sinks</u> into the horizon.

きみがすぐにうんこのたとえ話を始めるから，話が<u>複雑になっていく</u>んだ。

You always start giving hypothetical unko examples and <u>complicate</u> things.

取り引きは<u>だめになってしまった</u>けど，うんこでもして帰ろう。

The transaction was <u>ruined</u>, so I guess I'll do unko and head home.

「うんこ」しか書いていないアンケート用紙は<u>除外させていただきます</u>。

We will <u>exclude</u> those survey replies where only "unko" is written.

うんこを持ってくるのを忘れた生徒には3倍の宿題が<u>課される</u>。

Three times the amount of homework is <u>imposed</u> on students who forget to bring their unko.

動詞

1016 2級

neglect
[nɪglékt]
□□□

～をかまわないでおく
名 怠慢, 放っておくこと
□ 形 **neglected** 無視された

1017 準1級

cultivate
[kʌ́ltəvèit]
□□□

～を耕す
□ 名 **cultivation** 耕作
□ 名 **culture** 文化

1018 2級

broadcast
[brɔ́:dkæ̀st]
□□□

～を放送する
名 放送
□ 名 **broadcaster** アナウンサー, 出演者
▶ラジオやテレビで放送するという意味。

1019 2級

restore
[rɪstɔ́:r]
□□□

～を回復させる
□ 名 **restoration** 復元
▶ふつう元の状態に戻すことを表す。

1020 2級

grab
[grǽb]
□□□

～をつかむ
▶類義語は seize, snatch などがある。

1021 準1級

embrace
[ɪmbréɪs]
□□□

～を抱きしめる
名 抱擁

1022 2級

interfere
[ɪntərfíər] アクセント
□□□

干渉する, 口出しする
語法 **interfere in ~** ～に干渉する
□ 名 **interference** 妨害, じゃま

1023 2級

derive
[dɪráɪv]
□□□

～を引き出す, 由来する
語法 **derive ~ from ...**
…から～を引き出す

あなたはうんこに熱中しすぎて大切な仕事が<u>おろそかになっている</u>。

You are too fixated on unko and are **neglecting** your work.

おじいさんが裏の畑を<u>耕し</u>ていると，つぼに入ったうんこが出てきました。

When an old man was **cultivating** crops in the back, he uncovered a jar with unko in it.

犯人の指示通り，局長のうんこの映像を<u>放送する</u>ことにしましょう。

We must **broadcast** the Director-General's unko footage as per the culprit's instructions.

このうんこを1日に10時間見つめれば，あなたの健康は<u>回復します</u>。

If you gaze at this unko for 10 hours a day, your health will be **restored**.

彼は落下してきたうんこを空中で<u>つかんで</u>着地した。

He **grabbed** the falling unko in mid-air and then landed.

ジョディはうんこを<u>抱きしめた</u>まま眠ってしまったようだ。

It looks like Jody fell asleep still **embracing** the unko.

あまり他人のうんこ<u>に干渉し</u>ないほうがいいですよ。

It's better not to **interfere in** the unko affairs of others.

我々はこれらの奇妙なうんこ<u>から</u>，ある仮説<u>を引き出し</u>ました。

We **derived** a certain hypothesis **from** these peculiar unko specimens.

動詞	**1024** 準1級 **transmit** [trænsmít] アクセント ◻◻◻	**〜を送信する, 伝える** ◻ 名 **transmission** 送信, 伝達 ▶メッセージなどを信号などで伝えることを表す。
	1025 2級 **slip** [slíp] ◻◻◻	**滑る** 名 滑ること ◻ 形 **slippery** 滑りやすい ▶ふつう, 誤って滑るというニュアンスがある
	1026 2級 **imitate** [ímətèit] アクセント ◻◻◻	**〜を見習う, まねる** ◻ 名 **imitation** 模造品 ▶類義語は copy, mimic などがある。
名詞	**1027** 2級 **container** [kəntéinər] ◻◻◻	**容器, 入れ物** ◻ 動 **contain** 〜を含む ▶貨物用の「コンテナ」という意味もある。
	1028 2級 **nap** [nǽp] ◻◻◻	**居眠り, 昼寝** ▶ take a nap で「昼寝をする」という意味。
	1029 準1級 **participation** [pàːrtɪsəpéɪʃən] ◻◻◻	**参加** ◻ 動 **participate** 参加する
	1030 準1級 **sector** [séktər] ◻◻◻	**部門, 分野** ◻ 形 **sectoral** 分野ごとの ▶産業や団体組織などの部門を指す。
	1031 2級 **clue** [klúː] ◻◻◻	**手がかり** ▶犯罪や問題解決などの手がかりや糸口のことを指す。

この機械は宇宙に向けて「うんこ」というメッセージを<u>送信</u>しています。

This machine is <u>transmitting</u> the message "unko" into outer space.

そこの廊下，今うんこを塗ったばかりだから<u>滑ら</u>ないよう気をつけて。

I just painted that hallway with unko, so be careful not to <u>slip</u>.

先輩のうんこを意識して<u>見習え</u>ば，早く上達する。

If you consciously <u>imitate</u> your senior's unko, you'll improve faster.

うんこを入れるための<u>容器</u>をホームセンターに買いに行こう。

Let's go to the home depot center to buy a <u>container</u> to put unko in.

巨大なうんこの上で鬼が<u>居眠り</u>をしている。

An ogre is taking a <u>nap</u> atop the gigantic piece of unko.

マットはうんこに行っているためパーティーへの<u>参加</u>は難しそうです。

Matt has gone to do unko, so his <u>participation</u> in the party is unlikely.

我が国のうんこ<u>部門</u>を成長させるために君が必要なのだ。

You are necessary for the growth of the unko <u>sector</u> of our nation.

このうんこは捜査の大きな<u>手がかり</u>になりそうだ。

This unko promises to be a big <u>clue</u> in this investigation.

1032 準2級

trap
[trǽp]
□□□

わな
動 〜をわなで捕らえる
▶獲物捕獲用のわなを指す。

1033

inventor
[ɪnvéntər]
□□□

発明家
□ **動 invent** 〜を発明する

1034 準2級

necessity
[nəsésəti] (アクセント)
□□□

必要性
□ **形 necessary** 必要な

1035 2級

sensation
[senséɪʃən]
□□□

感覚, センセーション
▶ふつう五感による感覚を指す。

1036 2級

prison
[prízn]
□□□

刑務所
□ **名 prisoner** 囚人
▶ be in prison で「服役中である」
という意味になる。

1037

poetry
[póuətri]
□□□

詩, 詩歌
▶「1編の詩」というときは
a piece of poetry という。

1038 2級

distinction
[dɪstíŋkʃən]
□□□

区別
□ **形 distinct** はっきりとわかる
□ **動 distinguish** 〜を区別する

1039

tone
[tóun]
□□□

語調

昨日しかけた<u>わな</u>を見に行ったら，動物のうんこまみれになっていた。

When I went to check on the **trap** I set up yesterday, it was covered in animal unko.

スペインの<u>発明家</u>がうんこ転送機を発明した。

A Spanish **inventor** invented an unko teleportation device.

本当に今このタイミングでうんこをする<u>必要性</u>はありますか？

Is it really a **necessity** to do unko at this point in time?

私と同じ<u>感覚</u>を持っている人なら，このうんこの価値がわかるでしょう。

If you're getting the same **sensation** as me, you'll understand the value of this unko.

そんなうんこを持っていることが知られたら<u>刑務所</u>行きになるぞ。

If they find out that you have unko like that, you'll be sent to **prison**.

あそこで<u>詩</u>を音読しながらうんこをしているのが父です。

The person reading **poetry** aloud while doing unko over there is my father.

最近，うんことそのほかの物の<u>区別</u>がどんどんあいまいになっている。

Lately, the **distinction** between unko and other things is growing vaguer and vaguer.

君はうんこの話題になると<u>語調</u>が荒っぽくなるね。

When you start talking about unko, the **tone** of your voice gets a little rough.

1040 準2級

shelter
[ʃéltər]
☐☐☐

避難所, 保護, 住居

動 ～を保護する

▶「衣食住」という場合,
food, clothing and shelter という。

1041 準1級

investigation
[ɪnvèstəgéɪʃən]
☐☐☐

調査

☐ 動 investigate ～を調査する

1042 準1級

discipline
[dísəplən] (アクセント)
☐☐☐

規律, しつけ

動 ～をしつける

1043 準1級

drought
[dráʊt] (発音)
☐☐☐

干ばつ, 日照り

1044 準2級

corporation
[kɔ̀ːrpəréɪʃən]
☐☐☐

株式会社

☐ 形 corporate 企業の
▶ corp. と略されることがある。

1045 準2級

motor
[móʊtər]
☐☐☐

モーター, 発動機

1046 準2級

chart
[tʃɑ́ːrt]
☐☐☐

図表, グラフ

▶「棒グラフ」は bar chart という。
▶「円グラフ」は pie chart という。

1047 2級

satellite
[sǽtəlàɪt]
☐☐☐

衛星

▶ by satellite で「衛星中継で」
という意味になる。

避難所までの道がわかりにくいので，目印にうんこを置いておきました。

The path to the shelter is hard to find, so I laid some pieces of unko as landmarks.

調査が進むほど，彼のうんこが持つ可能性に注目が集まった。

The more the investigation progressed, the more interest gathered in the potential of his unko.

規律の厳しい学校だったが，うんこに関しては完全に自由だった。

The school had very strict discipline, but in terms of unko it was completely free.

村にあったうんこの像を壊した日から干ばつが続くようになった。

Since the day the town's unko statue was smashed, the drought has continued.

友人がうんこを扱う株式会社を設立した。

A friend started a corporation dealing in unko.

こちらの棚のうんこはモーターを内蔵したタイプです。

The unko on this shelf has a built-in motor.

今年に入ってからの日々のうんこの回数を図表に表しました。

I plotted my daily unko frequency since the beginning of the year on a chart.

衛星写真でもわかるほど大量のうんこが砂浜に積み上げられていた。

There was enough unko piled up on the beach to see it from an overhead satellite picture.

289

名詞

1048 準2級

wheat

[wíːt]
□□□

小麦

▶「小麦粉」は flour という。

1049 準2級

guard

[gáːrd] 発音
□□□

警備員

動 ～を守る

□ 名 guardian 守護者

1050 準1級

nerve

[náːrv]
□□□

神経

□ 形 nervous 不安で, 神経質な

1051

refrigerator

[rɪfrídʒərèɪtər]
□□□

冷蔵庫

▶ fridge と略されることがある。

1052 準1級

orbit

[ɔ́ːrbət]
□□□

軌道

▶特に惑星・人工衛星などの軌道を指す。

1053 2級

isolation

[àɪsəléɪʃən]
□□□

孤立, 隔離

□ 動 isolate ～を分離する
▶ isolation hospital で「隔離病院」
という意味。

1054 2級

sum

[sʌ́m]
□□□

金額, 合計

1055 2級

coal

[kóul] 発音
□□□

石炭

この広大な小麦畑の中からうんこを見つけろというのですか?

You expect me to find a piece of unko in this vast **wheat** field?

うんこの取り合いで取っ組み合いをしていたら警備員が来た。

We were having a scuffle over a piece of unko when a **guard** came.

うんこにも神経が通っていると思っていました。

I thought unko had **nerves**.

やつのうんこはちょっとした冷蔵庫くらいの重さがある。

His unko weighs as much as a small **refrigerator**.

巨大なうんこが月に衝突し, 軌道がずれてしまった。

A gigantic piece of unko crashed into the moon, knocking it out of its **orbit**.

うんこに集中できるし, 孤立も悪くないよ。

It lets me concentrate on doing unko, so **isolation** isn't so bad.

彼はラスベガスでかなりの金額をうんこに使ったそうだよ。

I hear he spent quite a large **sum** of money on unko in Las Vegas.

そっちは石炭ではなくてぼくのうんこだ。

That's my unko, not **coal**.

1056

reporter
[rɪpɔ́ːrtər]
□□□

記者

□ 動 report ～を報告する, 伝える
▶新聞・テレビなどの記者に用いる。

1057
2級

mineral
[mínərəl]
□□□

鉱物, ミネラル

1058
2級

geography
[dʒiáːgrəfi] (アクセント)
□□□

地理学, 地理

□ 形 geographical 地理的な, 地理学の
□ 副 geographically 地理的に

1059
準1級

telescope
[téləskòup]
□□□

望遠鏡

▶astronomical telescope で
「天体望遠鏡」という意味になる。

1060
準1級

absence
[ǽbsəns]
□□□

不在

□ 形 absent 欠席の, 不在の
▶in one's absence で
「～の不在の間に」という意味になる。

1061

cigarette
[sígərèt]
□□□

紙巻きたばこ

1062

lamp
[lǽmp]
□□□

ランプ, 明かり

▶天井や壁の電灯は light という。

1063
準2級

army
[áːrmi]
□□□

軍隊

▶陸上の軍隊を指す。

記者に取り囲まれた政治家がうんこを振り回して逃げて行った。

The politician who had been surrounded by **reporters** ran away swinging unko around.

鉱物の研究家がぼくのうんこを見て言葉を失っている。

A **mineral** researcher saw my unko and is unable to speak.

レアなうんこを発見するためには地理学の知識が不可欠だ。

Discovering rare unko requires knowledge of **geography**.

望遠鏡のレンズにうんこを塗った生徒は正直に出てきなさい。

The student who rubbed unko on the **telescope** lens, come out and admit it.

社長が不在の間，社員たちはずっとうんこをがまんしていたんですよ。

The employees were all holding in their unko during the president's **absence**.

内ポケットに紙巻きたばこを入れていたつもりが，うんこが入っていた。

I thought I had put a **cigarette** in my inner pocket, but it was unko.

今からうんこをするので，横でランプで照らしていてください。

I'm about to do unko, so come beside me and light me up with the **lamp**.

まさかたった1個のうんこのために軍隊が出動することになるとは。

To think that the **army** would mobilize for the sake of a single piece of unko.

名詞

1064
flu
[flú:]
□□□

インフルエンザ

▶ influenza の短縮語である。

1065 2級
curriculum
[kəríkjələm]
□□□

カリキュラム, 教育課程

▶ 複数形は curricula となる。

1066 準1級
surgeon
[sə́:rdʒən]
□□□

外科医

1067 2級
pump
[pʌ́mp]
□□□

ポンプ

▶ air pump で「空気入れ」という意味。

1068
lung
[lʌ́ŋ]
□□□

肺

▶ have good lungs で「声が大きい」という意味になる。

1069 2級
gum
[gʌ́m]
□□□

ゴム (樹液), ガム

1070 準1級
heritage
[hérətɪdʒ] 発音
□□□

文化的遺産

▶ World Heritage で「世界遺産」という意味。

1071
tank
[tǽŋk]
□□□

タンク

▶ 「戦車」という意味もある。

インフルエンザの特効薬はうんこでした。

A very effective remedy for the flu was unko.

大学のカリキュラムを見ているが,「うんこ」しか書いていない。

I'm looking at the college curriculum, but all that's written there is "unko."

うんこではなく, 外科医の免許を見せてくれと言っているんです。

I'm asking you to show me your surgeon's license, not unko.

弟が空気入れのポンプをうんこに突き刺して爆笑している。

My brother stuck the air pump hose into unko and is laughing his head off.

肺の中の空気を全てこのうんこに吹きかけてください。

Please blow all the air in your lungs onto this unko.

うんこを思いきり投げつけたらゴムのように壁に貼りついた。

When I threw a piece of unko against the wall as hard as I could, it stuck like gum.

このうんこの絵は立派な文化的遺産になると思うんです。

I think this drawing of unko will become a real cultural heritage.

ガスタンクに穴が開いていたので, うんこでふさいでおきました。

There was a hole in the gas tank, so I plugged it with unko.

名詞

1072
2級

luxury
[lʌ́gʒəri]

ぜいたく, 豪華さ

☐ 形 luxurious ぜいたくな, 豪華な

1073
準2級

frame
[fréɪm]

枠, 額縁

▶「眼鏡のフレーム」という意味もある。

1074
2級

gaze
[géɪz]

注視

動 じっと見つめる

1075
2級

loneliness
[lóʊnlinəs]

孤独 (感), 寂しさ

☐ 形 lonely 孤独な

1076
準1級

medication
[mèdɪkéɪʃən]

薬剤, 薬物

形容詞

1077
2級

latter
[lǽtər]

後者の

▶2つのものに対して用いる。

1078
準1級

abstract
[æbstrǽkt]

抽象的な

名 要約

☐ 副 abstractly 抽象的に

1079
準2級

wise
[wáɪz]

賢い

☐ 名 wisdom 英知, 知恵
▶人や行為などに使う。

こんな景色を見ながらうんこができるなんて<u>ぜいたく</u>なことだ。

What a **luxury** to be able to look at scenery like this while doing unko.

あなたのうんこは<u>枠</u>からはみ出ていたので失格となります。

Your unko was protruding from the **frame**, so it was disqualified.

きみの<u>注視</u>が気になってうんこに集中できないのですが。

Your **gaze** is distracting me and I can't concentrate on doing unko.

パーティーに参加したが，うんこに興味のない人ばかりで<u>孤独</u>を感じる。

I came to the party, but no one is interested in unko, so I'm experiencing **loneliness**.

うんこの色を変える<u>薬剤</u>を手に入れた。

I got my hands on **medication** to change the color of my unko.

どちらかというと<u>後者</u>のスカーフの方がぼくのうんこに似合いそうな気がする。

If I had to choose, I'd say the **latter** scarf would suit my unko better.

<u>抽象的な</u>表現でごまかしているが，うんこをもらしたということでしょう。

You're trying to beat around the bush with **abstract** wording, but you just did unko in your pants, right?

あのタイミングで「うんこ！」と叫ぶとは，やはり<u>賢い</u>人だ。

To yell "Unko!" with that timing, you really are a **wise** person.

1080
external 準1級
[ɪkstə́ːrnl]
□□□

外部の

□ 副 **externally** 外部に
▶反意語は internal。

1081
rude 準2級
[rúːd]
□□□

無礼な, 失礼な

□ 名 **rudeness** 無礼, 失礼
▶反意語は polite。

1082
solid 準1級
[sáːləd]
□□□

固体の, 固形の

名 固体

1083
unnecessary
[ʌnnésəsèri]
□□□

不必要な

▶反意語は necessary。

1084
brief 2級
[bríːf]
□□□

短時間の

□ 副 **briefly** 簡潔に, 手短に
▶ short よりも堅い語。

1085
eager 準1級
[íːgər]
□□□

熱望して

□ 副 **eagerly** 熱心に
▶ eager to ~ で「ぜひ~したいと思う」
という意味になる。

1086
incredible 準1級
[ɪnkrédəbl]
□□□

信じられない

□ 副 **incredibly** 信じられないほど
▶類義語は unbelievable などがある。

1087
painful 準2級
[péɪnfl]
□□□

痛い, 苦しい

□ 名 **pain**（肉体的な）苦痛, 痛み
▶ sore よりも堅い語。

このうんこには，外部のハードディスクを接続可能です。

It's possible to attach an **external** hard disk to this unko.

無礼な若者が突然私のうんこを撮影し始めた。

A **rude** youth suddenly started snapping pictures of my unko.

彼女が手をかざすと，固体のうんこが一瞬にして蒸発した。

When she held her hand up, the **solid** unko instantly evaporated.

ランドセルに不必要なうんこをぶら下げるのはやめましょう。

You should stop hanging **unnecessary** unko from your backpack.

短時間の説明で，セスはどんなうんこをすればいいか理解したようだ。

It seems that Seth understood what kind of unko he should do from the **brief** explanation.

ファンは君がステージ上で元気にうんこをすることを熱望している。

The fans are **eager** for you to energetically do unko on stage.

これが人間のうんこだなんて，とうてい信じられないよ。

It is too **incredible** to believe that this is human unko.

デートでうんこの話しかしなかったのは，痛い失敗だったね。

It was a **painful** mistake to only talk about unko on the date.

1088　2級
talented
[tǽləntɪd]
□□□

才能のある, 有能な

▶生まれつき才能のあるという
ニュアンスがある。

1089　準2級
principal
[prínsəpl]
□□□

主要な
📛 校長

▶ principal cities で「主要都市」
という意味。

1090
mathematical
[mæ̀θəmǽtɪkl]
□□□

数学の

□ 🔴 mathematically 数学的に

1091　2級
generous
[dʒénərəs]
□□□

気前の良い

□ 📛 generosity 気前のよさ
□ 🔴 generously 気前よく
▶反意語は mean などがある。

1092　準1級
reluctant
[rɪlʌ́ktənt]
□□□

気が進まない

□ 📛 reluctance 気が進まないこと

1093　2級
moderate
[mɑ́:dərət]
□□□

適度の

▶まあまあのというニュアンスがある。

1094　準1級
temporary
[témpərèri]
□□□

一時的な

□ 🔴 temporarily 一時的に
▶反意語は permanent などがある。

1095　2級
precious
[préʃəs]
□□□

貴重な, 高価な

▶「高価な」という場合, 宝石や
貴金属などに対して用いる。

実に才能のある子なので，世界のありとあらゆるうんこを見せてあげたい。

That child is really talented, so I want to show him all the unko in the world.

主要な幹部は皆あなたのうんこをとても評価しています。

The principal officials all rate your unko very highly.

数学の公式だけを使ってうんこを表すとこうなります。

This is what you get if you use only mathematical formulae to express unko.

気前の良いおじさんがうんこを箱ごと差し入れしてくれた。

A generous man gave me a whole box of unko.

人のうんこに点数をつけるのはやはり気が進まないよ。

I'm just reluctant to assign points to other people's unko.

物質 A に適度な圧力と熱を加えるとうんこになります。

If you apply a moderate amount of pressure and heat to substance A, it turns into unko.

先生の家が，みんなで集めたうんこの一時的な保存場所に決まった。

The teacher's house was chosen as the temporary storage point of the unko we had gathered.

貴重なうんこなので手を触れないでください。

This is a precious piece of unko, so please do not touch it.

形容詞

1096 準2級

alike
[əláik]
◻◻◻

似ている
副 同様に

1097 2級

realistic
[ri:əlístik]
◻◻◻

現実的な
▶ 反意語は unrealistic。

1098 2級

absolute
[ǽbsəlù:t]
◻◻◻

完全な, 絶対の
◻ 副 absolutely 絶対に, まったく

副詞

1099 準2級

seldom
[séldəm]
◻◻◻

めったに〜ない
▶ rarely よりも堅い語。

1100

forth
[fɔ́:rθ]
◻◻◻

前へ
語法 back and forth
前後に, 行ったり来たり
▶ and so forth で「〜など」という意味。

たしかにこのうんこは 5,000 年前の壁画に描かれたうんこに
よく似ている。

Indeed, this piece of unko and the unko in the
5,000-year-old wall painting are highly alike.

最後にうんこが主人公を助けに来るという脚本は，ちょっと
現実的ではないね。

The script where unko comes to save the hero in
the last scene is not very realistic.

私はそのうんこを見て，完全な美というものが存在するのだ
と知った。

When I saw that unko, I realized that absolute
beauty really does exist.

めったに人をほめない彼だったが，君のうんこは認めていた
よ。

He very seldom compliments anyone, but he
acknowledged your unko.

写真家が，前後にせわしなく動きながらうんこの写真を撮っ
ている。

The photographer is bustling back and forth
taking pictures of the unko.

動詞

1101 2級

resolve

[rɪzá:lv]
□□□

～を解決する, 分解する

名 決心, 決意

語法 resolve to ~ ～しようと決心する

□ 形 resolute 断固とした
□ 名 resolution 決議, 解決, 決意

1102 準1級

accumulate

[əkjú:mjəlèɪt]
□□□

～を集める

▶特に長期間にわたってためるときに用いる。

1103 2級

endure

[ɪnd(j)úər]
□□□

～に耐える,
～を我慢する

□ 名 endurance 忍耐(力), 我慢
▶特に痛み・苦難などに用いる。

1104 2級

bet

[bét]
□□□

～を賭ける

名 賭け

語法 bet on ~ ～に賭ける

1105 2級

infer

[ɪnfɔ́:r]
□□□

～を推論する, 推測する

語法 infer from ~ that ...
～から…と推測する

1106 準1級

undergo

[ʌndərgóu]
□□□

～を経験する

▶活用は undergo-underwent-undergone
となる。

1107 2級

shrink

[ʃríŋk]
□□□

縮む

ぼくがプロのうんこ選手になろうと決心したのは高校1年生のときだ。

I was a high school freshman when I **resolved to** become a pro unko player.

父が40年にわたって集めたうんこをご覧になりますか？

Would you like to see the unko my father has **accumulated** over 40 years?

あれだけの苦難に耐えた君が，うんこをもらした程度で弱音を吐くのか。

After **enduring** so many difficulties, you're going to start whining just because you did unko in your pants?

ぼくが賭けた馬がレースの序盤でうんこを始めた。

The horse I **bet on** started doing unko at the beginning of the race.

現場に残されたうんこから，犯人があなただと推測されたのです。

It was **inferred from** the unko left on the scene **that** you were the culprit.

彼は近い将来，うんこに関して大きな挫折を経験するだろう。

In the near future, he will **undergo** a significant setback in unko.

このうんこは塩水をかけると10分の1に縮む。

This piece of unko **shrinks** to one tenth of its size when sprinkled with saltwater.

2
1

2
2

2
3

2
4

2
5

2
6

2
7

1108
resort 準2級
[rɪzɔ́ːrt]
□□□

頼る, 訴える
⑧ 行楽地

語法 resort to ~ ~に訴える
▶しばしばよくない手段を用いるときに使う。

1109
punish 準2級
[pʌ́nɪʃ]
□□□

~を罰する
□ ⑧ punishment 罰, 処罰
□ ⑧ punisher 処分者

1110
commute 準1級
[kəmjúːt]
□□□

通勤する
⑧ 通勤
▶他動詞では目的語には距離や時間をとる。

1111
implement 準1級
[ímpləmènt] (アクセント)
□□□

~を実行する
⑧ 道具, 用具
▶約束・計画などに用いる。

1112
split 2級
[splít]
□□□

~を分ける, 裂く
⑧ 分裂
▶活用は split-split-split となる。

1113
revise 2級
[rɪváɪz]
□□□

~を改訂する, 修正する
□ ⑧ revision 改訂, 見直し

1114
wrap 準2級
[rǽp]
□□□

~を包む

1115
float 準2級
[flóut]
□□□

浮かぶ, 漂う
▶水面や空中に浮かぶという意味。

うんこを取り返したい気持ちはわかるが，暴力に訴えるのはだめだ。

I understand your desire to get your unko back, but you can't **resort to** violence.

政府は，今後うんこしながらの運転を厳しく罰すると発表した。

The government announced it would severely **punish** driving while doing unko.

調べによれば，96% 以上の人がうんこを我慢しながら通勤している。

According to the study, over 96% of people hold in their unko while **commuting** to work.

この計画を実行するためにはどうしても君のうんこが必要なのだ。

Your unko is indispensable for **implementing** this plan.

お互いのうんこを映すために，画面を 2 つに分けよう。

Let's **split** the screen two ways so we can both show our unko.

本年度の『うんこ図鑑』は大幅に改訂されています。

This year's *Unko Guide* has been heavily **revised**.

このうんこをプレゼント用に包んでもらえますか？

Could I have this unko **wrapped** as a gift?

太平洋沖におびただしい数のうんこが浮かんでいる。

There is a frightening number of pieces of unko **floating** off the Pacific coast.

動詞

1116 2級

tap
[tǽp]
□□□

〜を軽くたたく
▶同じつづりで「栓, 蛇口」という意味の名詞もあるので注意する。

1117 2級

anticipate
[æntísəpèɪt]
□□□

〜を予期する
□ 名 anticipation 予期, 予想
□ 形 anticipated 期待された

1118 準2級

fulfill
[fʊlfíl]
□□□

〜を実現させる, 満たす
▶夢・目的・約束・義務などに用いる。

1119 準2級

bind
[báɪnd]
□□□

〜を縛る
▶活用は bind-bound-bound となる。

1120 2級

qualify
[kwɑ́:ləfàɪ]
□□□

〜に資格を与える
□ 名 qualification 資格(証明書),
免許(証)

1121 2級

hesitate
[hézətèɪt]
□□□

ためらう, ちゅうちょする
語法 hesitate to 〜 〜するのをためら
□ 名 hesitation ためらい, ちゅうちょ
□ 副 hesitatingly ためらって

1122 準1級

confront
[kənfrʌ́nt]
□□□

〜に立ちはだかる,
直面する

1123 準1級

overlook
[òuvərlúk]
□□□

〜を見落とす, 見下ろす
名 高台

その魔法のステッキでうんこを軽くたたいてごらん。

Try **tapping** the piece of unko with the magic wand.

彼は相手が次にどんなうんこを出してくるか全て予期しているようだ。

It's as if he has **anticipated** what kind of unko his opponent is going to come at him with.

ブルースはエベレストの頂上でうんこをするという計画を見事に実現させた。

Bruce **fulfilled** his plan to do unko at the peak of Mt. Everest.

そこにあるうんこを 10 個ずつひもで縛っておいて。

Bind those pieces of unko up in bundles of ten.

成人したからといって路上でうんこをする資格があるわけではないよ。

Just because you've come of age doesn't mean you're **qualified** to do unko on the street.

君はまだ人前でうんこの話をするのをためらっているようだね。

So you're still **hesitating to** talk about unko in front of people, I see.

いくつもの問題が立ちはだかり, なかなかうんこができなかった。

We were **confronted** with several problems and couldn't manage to do unko.

彼はうんこを軽率に扱うことの危険性を見落としている。

He is **overlooking** the danger of careless unko handling.

1124		準1級	

update
[ʌ̀pdéit]
□□□

~を最新のものにする
❷ 最新情報
▶コンピュータを「アップデートする」
という意味もある。

| 1125 | | 準2級 |

decorate
[dékərèit] (アクセント)
□□□

~を飾る
□ ❷ decoration 装飾, 飾りつけ

| 1126 | | 準2級 |

slide
[sláid]
□□□

滑る, 滑走する
❷ 滑ること, 低下
▶意図的に滑るというニュアンスがある。

| 1127 | | 2級 |

fascinate
[fǽsənèit]
□□□

~を魅了する

| 1128 | | 準2級 |

specialize
[spéʃəlàiz]
□□□

専門にする
語法 specialize in ~
~を専門に扱う
□ 形 special 特別の, 特殊な

| 1129 |

trash
[trǽʃ]
□□□

ごみ, くず
▶主にアメリカ英語で使われる。

| 1130 | | 2級 |

poet
[póuət]
□□□

詩人, 歌人

| 1131 |

folk
[fóuk] 発音
□□□

(複数形で) 人々, 家族
▶広く一般の人々を表す。

スマートフォンを最新のものにすると世界各国のうんこが見られる。

If you **update** your smartphone to the latest version, you can see unko from around the world.

もう少し花や絵やうんこで部屋を飾ったらどうかな？

How about **decorating** your room with more flowers, pictures and unko?

だれかが大きなうんこにまたがってスキー場を滑り降りてきた。

Someone came **sliding** down the ski slope straddling on a big piece of unko.

どんな大人物でも彼のうんこを見ると一瞬で魅了されてしまう。

No matter who you are, you'll be **fascinated** instantly by his unko.

当店は南米のうんこを専門に扱う店です。

Our shop **specializes in** South American unko.

大切なうんこを間違えてごみと一緒に捨ててしまった。

I made a mistake and accidentally threw my precious unko out with the **trash**.

詩人が『うんこ』という題名の詩を大声で朗読している。

A **poet** is reciting a poem titled *Unko* in a loud voice.

このうんこは安いので一般の人々でも手に取りやすいだろう。

This unko is cheap, so even normal **folks** should be able to afford it.

1132

pitch

[pítʃ]
□□□

投球, 調子

動 ～を投げる

▶音の「ピッチ」という意味もある。

1133　2級

substitute

[sʌ́bstət(j)ùːt]　アクセント
□□□

代わり, 代用品

動 ～を代わりに使う

□ 名 substitution 代理(人), 代用(品)

1134　2級

soul

[sóul]
□□□

魂, 霊魂

▶ spirit よりも宗教的な意味合いが強い。

1135　準1級

prospect

[prɑ́:spekt]
□□□

見通し, 可能性

□ 形 prospective 予想される

1136　2級

fiber

[fáɪbər]
□□□

繊維

▶ dietary fiber で「食物繊維」
という意味。

1137　準1級

output

[áutpùt]
□□□

生産高, アウトプット

動 ～を出力する

1138　2級

fake

[féɪk]
□□□

にせ物, 模造品

1139

ivory

[áɪvəri]
□□□

象牙

彼は投球の合間に何度もうんこに行って試合を長引かせた。

He went to do unko several times between **pitches** and delayed the game.

とりあえずぼくのうんこを代わりに使ってください。

For now, please use my unko as a **substitute**.

うんこにも魂がある。あなたはそれをわかっていない。

A piece of unko has a **soul**, too. You just don't get that.

彼のうんこさえあれば, わが社の将来の見通しは明るくなるぞ。

If only we could get ahold of his unko, the **prospects** for our company would be bright.

この服は, うんこから作られた特殊な繊維が使われています。

These clothes use a special **fiber** made from unko.

うんこを天井から吊るしておいたところ, 工場の生産高が高まった。

After I tried hanging unko from the ceiling, the factory's **output** increased.

ジュリアには, にせ物のうんこは一瞬で見抜かれてしまうよ。

Julia will be able to tell the unko is a **fake** in a second.

この象牙と, 貴殿のうんこを交換してもらえないだろうか。

Would you exchange your unko for this **ivory**?

1140 　　　　2級

deadline
[dédlàɪn]
☐☐☐

締め切り

▶仕事・原稿などの締め切り。

1141 　　　　準1級

metaphor
[métəfɔ̀ːr]
☐☐☐

隠喩, 暗喩

▶「直喩」は simile という。

1142 　　　　2級

sympathy
[símpəθi]
☐☐☐

同情, 思いやり

☐ 形 **sympathetic** 同情的な
☐ 動 **sympathize** 同情する

1143 　　　　2級

merchant
[mə́ːrtʃənt]
☐☐☐

商人

1144 　　　　準1級

incentive
[ɪnséntɪv]
☐☐☐

刺激, 励み

▶反意語は disincentive。

1145 　　　　準1級

microbe
[máɪkroub]
☐☐☐

微生物, 病原菌

1146 　　　　2級

suicide
[súːəsàɪd]
☐☐☐

自殺

▶ commit suicide で「自殺をする」
という意味。

1147

slot
[slάːt]
☐☐☐

（料金や郵便などの）
投入口

締め切りまでにうんこについてのレポートを 100 枚書かないといけない。

I have to write a 100-page report on unko by the **deadline**.

ダヴィンチの絵はすべてうんこの隠喩だと言う専門家もいる。

Some experts say that DaVinci's paintings are all **metaphors** for unko.

彼のうんこに関するエピソードは人々の同情を集めた。

His episode with unko garnered the **sympathy** of the people.

叔父はフランスでうんこの商人をやっています。

My uncle works as an unko **merchant** in France.

彼にうんこをさせたいならそれなりの刺激を与えてあげねばならない。

If you want him to do unko, you'll have to give him a suitable **incentive**.

ぼくのうんこは微生物のうんこと同じくらい小さい。

My unko is as small as that of **microbes**.

自殺したいと言っている人には，横でうんこの話を 1 時間以上してあげると良い。

With people who say they want to commit **suicide**, sit by their side and talk about unko for an hour or more.

ゲーム機のコイン投入口にうんこを詰めこまないでください。

Please do not plug the coin **slot** on the arcade game machine with unko.

名詞

1148 2級

load
[lóud]
☐☐☐

積み荷
動 〜を積む
▶「大量の」というニュアンスがある。

1149 2級

command
[kəmǽnd]
☐☐☐

命令, 指令
動 〜を命令する
☐ 名 commander 司令官

1150 準1級

input
[ínpùt]
☐☐☐

インプット,
(アイデアなどの) 提供
動 〜を入力する

1151 2級

mixture
[míkstʃər]
☐☐☐

混合
☐ 動 mix 〜を混ぜる

1152 2級

opponent
[əpóunənt]
☐☐☐

相手, 敵対者
▶ political opponent で「政敵」
という意味。

1153 準1級

tackle
[tǽkl]
☐☐☐

タックル
動 〜に取り組む

1154

liver
[lívər]
☐☐☐

肝臓

1155 2級

delight
[dɪláɪt] アクセント 発音
☐☐☐

大喜び
動 〜を喜ばせる
☐ 形 delightful とてもうれしい, 楽しい
▶ with delight で「大喜びで」
という意味になる。

この船の積み荷は全て船長のうんこです。

The **load** on this ship is composed entirely of the captain's unko.

彼らは上官の命令通りうんこをしただけで，罪はない。

They merely followed their superior's **command** to do unko, and are not at fault.

インプットさえ正しければ画面に「うんこ」と表示されるはずです。

If you just give it the right **input**, the screen should display "unko".

これはおそらくペンギンのうんことゴリラのうんこの混合物だ。

This is most likely a **mixture** of penguin unko and gorilla unko.

相手が投げてくるうんこをしっかり見ていれば必ず打てる。

If you keep your eye on the unko thrown by your **opponent**, you will be able to hit it.

柔道選手が巨大うんこをタックルで倒した。

A *judo* athlete made a **tackle** against a giant piece of unko and defeated it.

最近「うんこ」という単語を聞くと肝臓が痛くなる。

Recently, my **liver** starts hurting whenever I hear the word "unko".

ほしかったうんこを買ってもらった弟が大喜びで飛び跳ねている。

My brother is jumping with **delight** after someone bought him the unko he wanted.

1156 2級 **tunnel** [tʌ́nl] 発音 ☐☐☐	トンネル, 地下道
1157 2級 **shame** [ʃéim] ☐☐☐	恥ずかしさ ☐ 形 **ashamed** 恥じている ☐ 形 **shameful** 恥ずべき
1158 2級 **negotiation** [nəgòuʃiéiʃən] ☐☐☐	交渉 ☐ 動 **negotiate** 交渉する
1159 **trail** [tréil] ☐☐☐	小道, 跡 動 ～を引きずる ▶人・動物などの通った跡の意味。
1160 準1級 **enthusiasm** [inθ(j)úːziæzm] アクセント ☐☐☐	熱中, 熱狂 ☐ 形 **enthusiastic** 熱心な, 熱狂的な ☐ 副 **enthusiastically** 熱心に, 熱狂的に
1161 準2級 **courage** [kə́ːridʒ] 発音 ☐☐☐	勇気 ☐ 形 **courageous** 勇気のある ☐ 副 **courageously** 勇敢に
1162 準1級 **assessment** [əsésmənt] ☐☐☐	評価, 意見 ☐ 動 **assess** ～を査定する, 評価する ▶類義語は evaluation などがある。
1163 **volcano** [vɑːlkéinou] ☐☐☐	火山 ☐ 形 **volcanic** 火山の

名詞

トンネルがうんこで塞がっているため，迂回をお願いします。

The tunnel is blocked by unko, so please take a detour.

「うんこ」と発言することに恥ずかしさを感じなくなったらだめだよ。

You should never stop feeling shame for uttering "unko".

私はうんこの所有権をめぐって彼と何度も交渉を重ねた。

I had numerous negotiations with him over the rights to the unko.

誰かがうんこを引きずって歩いた跡があるぞ。

There's a trail from someone dragging unko as they walk.

息子のうんこに対する熱中に水を差さないでほしい。

Don't hamper my son's enthusiasm for unko.

相当の勇気がなければあんな場所でうんこはできないよ。

You can't do unko in a place like that without a whole lot of courage.

このうんこに対する先生の評価が聞きたいので，写真をお送りします。

I want to hear your assessment of this unko, so I'm sending you a photo.

父がうんこをするとき，毎回火山の噴火のような音がする。

Every time my father does unko, it sounds like an erupting volcano.

1164 2級

uncertainty

[ʌnsə́:rtnti]
□□□

不確かさ

□ 形 **uncertain** 不確実な
▶反意語は certainty。

1165 2級

consciousness

[ká:nʃəsnəs]
□□□

意識, 正気

1166 2級

remark

[rɪmá:rk]
□□□

意見, 発言

□ 形 **remarkable** 注目すべき, 際立った
▶類義語は comment などがある。

1167 準1級

outbreak

[áʊtbrèɪk]
□□□

勃発

▶戦争・暴動・病気などに用いる。

1168

helmet

[hélmət]
□□□

ヘルメット

1169 2級

compromise

[ká:mprəmàɪz] アクセント
□□□

妥協

動 妥協する, 〜を危うくする

▶ by compromise で「妥協して」
という意味になる。

1170 準1級

divorce

[dɪvɔ́:rs]
□□□

離婚

動 離婚する

▶ divorce rate で「離婚率」という意味。

1171

viewer

[vjú:ər]
□□□

視聴者

□ 動 **view** 〜を見る, 考察する
▶特にテレビの視聴者。

うんこのことを考えていると, 将来の不確かさへの不安が消える。

When I'm thinking about unko, my concerns about the **uncertainty** of the future disappear.

今まで, 意識がない状態でうんこをしていたことが3度ほどある。

I have done unko without **consciousness** of it three times so far.

みんな怖くて君のうんこについて意見を言えないのだよ。

Everyone is too afraid to make **remarks** about your unko.

ある男が国境でした1つのうんこが, 大戦争の勃発を引き起こした。

A single piece of unko done by a man at the national border caused the **outbreak** of a big war.

この先はうんこが落ちてくるのでヘルメットの着用をおすすめします。

There's falling unko ahead, so I recommend wearing a **helmet**.

彼は妥協を許さない性格なので, うんこの時間が人の何倍も長い。

His personality doesn't allow for **compromises**, so the time he spends on unko is many times that of most people.

夫婦が離婚する原因の実に8割がうんこに関するものだと言われている。

It's believed that the cause of 80% of all **divorces** has to do with unko.

この番組のうんこ紹介コーナーは, 視聴者からの人気が異常に高い。

The Unko Review Corner boasts a great deal of popularity with **viewers**.

名詞		
1172 2級		
supporter [səpɔ́ːrtər] ◻◻◻		支持者, 支援者 ◻ 動 support ～を支える ▶ strong supporter で「熱心な支持者」。

1173 準2級

fantastic
[fæntǽstɪk]
◻◻◻

素晴らしい
◻ 名 fantasy 空想, 夢想
▶類義語は great, brilliant などがある。

1174 準1級

excessive
[ɪksésɪv]
◻◻◻

度を越した
◻ 名 excess 超過, 過剰

1175 2級

subtle
[sʌ́tl] 発音
◻◻◻

かすかな, 微妙な
▶ b は発音しないので注意する。

形容詞

1176 2級

unfamiliar
[ʌnfəmíljər] アクセント
◻◻◻

知られていない,
なじみの薄い
▶反意語は familiar。

1177 準2級

useless
[júːsləs]
◻◻◻

役に立たない, 無用な
◻ 副 uselessly 無益に, 無駄に
▶反意語は useful。

1178 2級

adequate
[ǽdɪkwət] アクセント
◻◻◻

十分な
◻ 副 adequately 十分に, 適切に
▶特定の目的のために十分な
ことを表す。

1179 準1級

joint
[dʒɔ́ɪnt]
◻◻◻

共同の
◻ 副 jointly 共同で
◻ 動 join ～に加わる, 参加する

あの候補者は自分の<u>支持者</u>だけにうんこを配るつもりだ。

That candidate plans to distribute unko to his **supporters** only.

玄関にうんこを飾るというのは<u>素晴らしい</u>アイデアだ。

Decorating the entrance with unko is a **fantastic** idea.

私は, 彼のうんこに関する<u>度を越した</u>知識量を恐ろしく感じた。

I was frightened by the **excessive** amount of knowledge he had regarding unko.

弊社のうんこセンサーは, うんこの<u>かすかな</u>変化も見逃しません。

Our company's unko sensor won't miss even the most **subtle** change in unko.

うんこのあまり<u>知られていない</u>使い道をご紹介しましょう。

I'll introduce some ways to use unko which are **unfamiliar** to many.

かつて, うんこは<u>役に立たない</u>ものだと思われ, 流されていた。

In the past, unko was believed to be **useless** and was flushed away.

この土地に敷き詰めるのに<u>十分な</u>量のうんこを用意しています。

We have accumulated an **adequate** quantity of unko to cover this lot.

マンションの<u>共同</u>アンテナにうんこを突き刺した住人がいる。

One of the residents of this apartment complex has stuck unko on the **joint** antenna.

323

形容詞

1180　2級

evil

[íːvl] **発音**

□□□

邪悪な

名 邪悪, 悪

1181　2級

invisible

[ɪnvízəbl]

□□□

目に見えない

▶反意語は visible。

1182　2級

fashionable

[fǽʃənəbl]

□□□

流行の

□ 名 fashion 流行

▶服装・行動様式などに用いる。

1183　準2級

enjoyable

[ɪndʒɔ́iəbl]

□□□

愉快な, 楽しめる

□ 副 enjoyably 愉快に, 楽しく

▶反意語は unenjoyable。

1184　準2級

artistic

[ɑːrtístɪk]

□□□

芸術的な

□ 名 art 芸術, 美術

□ 副 artistically 芸術的に

1185　2級

unconscious

[ʌnkɑ́ːnʃəs]

□□□

意識を失った, 無意識の

□ 名 unconsciousness 無意識

▶反意語は conscious。

1186　準2級

unclear

[ʌnklíər]

□□□

あいまいな

□ 副 unclearly 不確かで

▶反意語は clear。

1187　2級

selfish

[sélfiʃ]

□□□

わがままな

□ 副 selfishly 身勝手に

▶反意語は unselfish, selfless などがある。

邪悪な者が私のうんこに触れれば大火傷を負うだろう。

If an **evil** person touches my unko, they will be severely burnt.

目に見えないうんこが屋敷の中を飛び回っているのを感じる。

I can sense **invisible** unko flying around the mansion.

カメラマンがうんこに流行の服を着せて写真を撮っていた。

The photographer had put **fashionable** clothes on the unko and was taking pictures of it.

今日はうんこを使った愉快な遊びをご紹介しましょう。

Today, I'll introduce an **enjoyable** activity which involves the use of unko.

彼はニューヨークで最も芸術的なうんこをする男として有名だ。

He is famous as the man who does the most **artistic** unko in New York.

ぼくは意識を失った状態でも問題なくうんこができる。

I can do unko even when I'm **unconscious**.

そんなあいまいな言い方ではなく，はっきり「うんこ」と言っていいんだよ。

You don't need to be so **unclear** about it; you can just say "unko."

彼のわがままな性格がうんこにもよく表れているね。

His **selfish** personality also shows up in his unko.

325

形容詞

1188 2級

incorrect

[ìnkərékt]
□□□

不正確な, 間違った

□ 圖 **incorrectly** 間違って
▶反意語は correct。

1189 準1級

deaf

[déf] 発音
□□□

耳が聞こえない

1190 準1級

rational

[ráʃənl]
□□□

理性的な

▶反意語は irrational。

1191 準1級

radical

[rǽdɪkl]
□□□

根本的な, 急進的な
图 過激派

□ 圖 **radically** 根本的に

1192 準2級

steady

[stédi]
□□□

安定した, 一定の
動 ～を安定させる

□ 圖 **steadily** 着実に, 着々と

1193 準1級

controversial

[kàːntrəvə́ːrʃəl]
□□□

物議をかもす

□ 图 **controversy** 論争, 論戦
▶反意語は uncontroversial。

1194 準1級

prompt

[práːmpt]
□□□

迅速な, 素早い
動 ～に促す

□ 圖 **promptly** 敏速に, 素早く
▶遅れがなく素早いという意味。

1195 2級

mature

[mət(j)úər]
□□□

大人びた, 十分に成長した

□ 图 **maturity** 成熟
▶反意語は immature。

ぼくのうんこに関する<u>不正確な</u>情報が飛び交っているようだ。

There seems to be **incorrect** information about my unko going around.

ロバートは<u>耳が聞こえない</u>が，「うんこ」という単語だけは聞こえる。

Robert is **deaf**, but he can hear the word "unko."

君はうんこの話になると<u>理性的</u>でいられないようだね。

You're never **rational** when you start talking about unko.

あなたがた人類はうんこについて<u>根本的な</u>勘違いをしている。

You humans have a **radical** misunderstanding of unko.

もっと足場が<u>安定した</u>場所でうんこをさせてもらえませんか？

Can I please do unko somewhere with more **steady** footing?

世間がこのうんこのことを知ったら，きっと<u>物議をかもす</u>だろう。

If the world found out about this unko, it would surely be **controversial**.

<u>迅速な</u>対応をしたので，うんこをもらしたことはばれなかった。

Thanks to my **prompt** action, the fact that I did unko in my pants wasn't discovered.

<u>大人びた</u>見た目をしているが，うんこは大したことないね。

He has a very **mature** appearance, but his unko is nothing special.

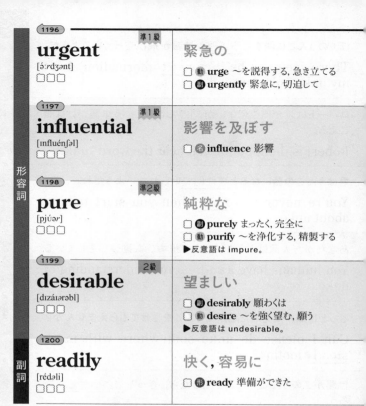

形容詞

1196 準1級

urgent
[ɔ́ːrdʒənt]
□□□

緊急の

□ 動 **urge** ～を説得する, 急き立てる
□ 副 **urgently** 緊急に, 切迫して

1197 準1級

influential
[ɪnfluénʃəl]
□□□

影響を及ぼす

□ 名 **influence** 影響

1198 準2級

pure
[pjúər]
□□□

純粋な

□ 副 **purely** まったく, 完全に
□ 動 **purify** ～を浄化する, 精製する
▶反意語は impure。

1199 2級

desirable
[dɪzáɪərəbl]
□□□

望ましい

□ 副 **desirably** 願わくは
□ 動 **desire** ～を強く望む, 願う
▶反意語は undesirable。

副詞

1200

readily
[rédəli]
□□□

快く, 容易に

□ 形 **ready** 準備ができた

君が言っていた「緊急の話」というのはうんこの話だったのか？

The "**urgent** business" you were talking about was the unko case?

彼のうんこはロックミュージックにも多大な影響を及ぼしている。

His unko has also been highly **influential** in rock music.

何て純粋な目でうんこをする青年なんだ。

What **pure** eyes this young man does unko with.

うんこは人に見られない場所でするのが望ましい。

It is **desirable** to do unko where you won't be seen by others.

レオナルドはぼくのうんこを快く預かってくれた。

Leonardo **readily** agreed to keep my unko.

動詞

1201 2級

defend
[dɪfénd]
☐☐☐

～を守る

☐ 名 **defense** 防御, 防衛
☐ 形 **defensive** 防御的な

1202 2級

donate
[dóʊneɪt]
☐☐☐

～を寄付する

語法 **donate ~ to ...** ～を…に寄付す
☐ 名 **donation** 寄付金, 寄贈品

1203 準1級

extract
[ɪkstrǽkt]
☐☐☐

～を抽出する

名 抽出物, 抜粋

語法 **extract ~ from ...**
…から～を取り出す
☐ 形 **extractable** 引き出せる

1204 準2級

chase
[tʃéɪs]
☐☐☐

～を追いかける

名 追跡, 追求

1205 準1級

grasp
[grǽsp]
☐☐☐

～をつかむ

名 握ること, つかむこと

☐ 形 **grasping** 貪欲な, けちな

1206 準2級

scream
[skríːm]
☐☐☐

悲鳴を上げる

名 悲鳴, 金切り声

▶甲高い叫び声を表すのに使われる。

1207 準1級

consult
[kənsʌ́lt]
☐☐☐

意見を求める

☐ 名 **consultant** コンサルタント, 相談役
☐ 名 **consultation** 相談, 協議

◇◇◇◇◇◇◇◇◇◇◇◇◇◇◇◇◇◇◇◇◇◇◇◇

騎士たちが王のうんこを必死で守っている。

The knights are desperately **defending** the king's unko.

彼は母校にうんこを寄付しようとして断られた。

He was rejected when he tried to **donate** unko **to** his alma mater.

この薬は主にアザラシのうんこから取り出した成分でできています。

This medicine is primarily composed of ingredients **extracted from** seal unko.

荷台にうんこをのせたトラックを数十台のパトカーが追いかけている。

Dozens of police cars are **chasing** a truck loaded with unko.

牧師は十字架をつかみ，うんこに向かってかざした。

The pastor **grasped** a cross and held it up toward the unko.

そりゃあ，あんなうんこを見せられたら誰でも悲鳴を上げるよ。

Anyone would **scream** if they saw unko like that.

私の兄はうんこの専門家なので，彼に意見を求めるといい。

My brother is an unko specialist, so you should **consult** with him.

動詞

1208 準1級

distract

[dɪstrǽkt]
□□□

～をそらす

□ 形 **distracting** 気をそらす,
集中できなくする
▶人や注意などに用いる。

1209 2級

bump

[bʌ́mp]
□□□

どんとぶつかる

名 衝突

1210 2級

explode

[ɪksplóud]
□□□

爆発する

□ 名 **explosion** 爆発, 爆破
□ 形 **explosive** 爆発性の

1211 2級

wipe

[wáɪp]
□□□

～をふく, ぬぐう

名 ふくこと, ぬぐうこと
▶布や手などでぬぐうというニュアンス。

1212 準1級

correspond

[kɔ̀ːrəspáːnd]
□□□

一致する

語法 **correspond with [to] ~**
～に一致する

□ 名 **correspondent** 特派員

1213

leap

[líːp]
□□□

跳ぶ

名 跳躍
▶jump よりも堅い語。

1214

fry

[fráɪ]
□□□

～を揚げる, いためる

名 揚げ物, いため物

1215 2級

dismiss

[dɪsmís]
□□□

～を退ける

□ 名 **dismissal** 解雇, 却下

敵が攻めてくるルートにうんこを置いておき，注意をそらす作戦だ。

It's a plan to **distract** the enemy by planting unko along their route of attack.

何かが車体にどんとぶつかる音がしたので確認したら，うんこだった。

I heard something **bump** into the car and, when I looked to see what it was, I saw unko.

建物はあと数分で爆発するので早くうんこを終わらせてください！

The building will **explode** in minutes, so please hurry up and finish doing unko!

さあ，もう涙をふいて。うんこの話でもしよう。

Now **wipe** your tears. Let's have a chat about unko.

手配書の写真に一致するうんこをアーノルドが見つけたそうだ。

Apparently, Arnold found unko **corresponding with** the unko pictured in the wanted notice.

父はソファーを跳び越える瞬間にうんこをもらした。

My father did unko in his pants as he **leaped** over the sofa.

揚げ物をしている横でうんこをすると危ないよ。

It's dangerous to do unko next to me when I'm **frying** food.

動くうんこの話を教授にしたが，見間違いだと退けられてしまった。

I told the professor about the moving unko, but she **dismissed** it, saying it must have been a mistake.

1216

inherit
準1級

[ɪnhérət]
□□□

〜を相続する

□ 名 inheritance 相続, 遺産
▶財産・権利・地位などに用いる。

1217

postpone
2級

[poʊstpóʊn] (アクセント)
□□□

〜を延期する

□ 名 postponement 延期
▶ put off と言い換えられる。

1218

yawn

[jɔ́ːn] (発音)
□□□

あくびをする

1219

dedicate
2級

[dédəkèɪt]
□□□

〜をささげる

□ 名 dedication 献身
▶類義語は devote などがある。

1220

burst
準2級

[bə́ːrst]
□□□

破裂する

名 破裂, 爆発

1221

persist
2級

[pərsíst]
□□□

持続する, 固執する

□ 形 persistent しつこい
□ 副 persistently しつこく

1222

spoil
2級

[spɔ́ɪl]
□□□

〜を台なしにする

▶類義語は ruin などがある。

1223

cheat
2級

[tʃíːt]
□□□

〜をだます

名 詐欺師

▶しばしば金をとるためにあざむくという
ニュアンスがある。

彼は父から相続した遺産を全て使ってうんこを買い漁った。

He used the entire fortune he had **inherited** from his father to buy unko.

会議も延期になったことだし, みんなでうんこでもして帰るか。

Well, the meeting was **postponed**, so let's all do unko and head home.

あくびをしているのかと思ったら, うんこをがまんしている顔だったのか。

I thought you were **yawning**, but that's your face when you're holding in unko, is it?

アメリカの人気コーラスグループがうんこにささげる歌を発表した。

A popular American chorus group released a song that they had **dedicated** to unko.

今のは風船が破裂した音ではなく, 父のうんこの音です。

That wasn't the sound of a balloon **bursting**, but it was my father doing unko.

先週彼のうんこを見たショックがまだ持続している。

The shock from seeing his unko last week still **persists**.

せっかく子どもが作り上げたうんこブームを大人たちが台なしにしてしまった。

The unko boom that the children started was **spoiled** by the adults.

彼女は私をだまして大量のうんこを売りつけた。

She **cheated** me when she sold me a large quantity of unko.

335

名詞

1224

shopper
[ʃɑ́:pər]
□□□

買物客

1225

reef
[rí:f]
□□□

岩礁, 暗礁

▶ coral reef で「サンゴ礁」という意味。

1226 2級

pupil
[pjú:pl]
□□□

児童, 生徒

▶主にイギリス英語で使われる。

1227

graph
[grǽf]
□□□

グラフ, 図表

1228 2級

discrimination
[dɪskrìmənéɪʃən]
□□□

差別

□ 動 **discriminate** 差別する
▶ racial discrimination で
「人種差別」という意味。

1229 準1級

breakthrough
[bréɪkθrù:]
□□□

大発見, 突破口

▶科学・技術などの進歩を表す。

1230

throat
[θróʊt]
□□□

のど

▶ clear one's throat で
「せき払いをする」という意味。

1231 2級

steel
[stí:l]
□□□

鋼鉄

大勢の買物客がいるが，だれもうんこは買っていかないな。

There are tons of **shoppers**, but none of them are purchasing the unko.

望遠鏡をのぞくと，誰かが岩礁の上でうんこをしているのが見えた。

When I looked through the telescope, I saw someone doing unko on the **reef**.

わが校の児童に勝手にうんこを配らないでいただきたい。

Please do not distribute unko to our **pupils** without asking.

統計のグラフをよく見れば，次にいつうんこがもれそうかだいたい読める。

If you look at the statistics **graph**, you can pretty much tell when you're going to do unko in your pants next.

あなたのような人がいるからうんこに対する差別がなくならないんだ。

It's because of people like you that **discrimination** against unko doesn't go away.

彼は落ちていくうんこを見て物理学における大発見をした。

He noticed unko falling and made a huge **breakthrough** in physics.

そんな大きな声で「うんこ！」と叫び続けたらのどを壊すよ。

If you keep yelling "Unko!" in such a loud voice, you're going to destroy your **throat**.

ぼくの弟のうんこは鋼鉄よりも硬く，鳥の羽よりも軽い。

My brother's unko is harder than **steel** and lighter than a feather.

名詞

1232 2級

fitness
[fítnəs]
☐☐☐

健康, フィットネス

1233 2級

elite
[ɪlíːt]
☐☐☐

エリート層

▶ある分野の選ばれた層という意味。

1234 準2級

explorer
[ɪksplɔ́ːrər]
☐☐☐

探検家

☐ 動 explore ～を探検する

1235 2級

entry
[éntri]
☐☐☐

入ること

☐ 動 enter ～に入る
▶反意語は exit。

1236 準2級

poison
[pɔ́ɪzn]
☐☐☐

毒

☐ 形 poisonous 有毒な
▶ヘビ・ハチなどの「毒」は venom という。

1237 準1級

dispute
[dɪspjúːt]
☐☐☐

論争, 口論

動 ～を議論する

▶ be open to dispute で
「議論の余地がある」という意味。

1238 2級

instinct
[ínstɪŋkt]
☐☐☐

本能

☐ 形 instinctive 本能の

1239 準1級

obligation
[à:blɪɡéɪʃən]
☐☐☐

義務, 責任

☐ 動 oblige やむをえず～させる
▶特に契約・約束・立場上の義務を指す。

健康を気にするのなら，もっとうんこを観察すべきだ。

If you're worried about your **fitness**, you should observe unko more.

うんこをエリート層だけの楽しみにしておくわけにはいかないだろう？

We can't let unko be a joy only to the **elite**, can we?

探検家がエチオピアの奥地で川を泳ぐうんこを見つけた。

An **explorer** found unko that swims in rivers in the depths of Ethiopia.

入場料の5万円さえ払えば，園内のどこでうんこをしても自由です。

If you just pay the **entry** fee of 50 thousand yen, you can do unko freely anywhere in the park.

このうんこはハブの8億倍の強さの毒を持っている。

This unko possesses **poison** eight hundred million times as strong as the *habu's* venom.

いくら論争を続けても「これがうんこである」という事実は覆らないよ。

No matter how long you continue this **dispute**, the fact that this is unko will not change.

あなたも一度本能の赴くがままにうんこをしてみるといい。

You should try doing unko as **instinct** demands.

学校で自由にうんこの話ができるようなムードを作るのは教師の義務でもある。

It is the **obligation** of the teacher to create an environment where people can talk freely about unko at school.

339

1240

準1級

strain

[stréɪn]
□□□

負担, 緊張

動 ～を痛める

1241

準2級

flash

[flǽʃ]
□□□

きらめき, 閃光

動 ぱっと光る

▶光・炎・稲妻などのきらめきを表す。

1242

mate

[méɪt]
□□□

仲間, 友だち

1243

2級

span

[spǽn]
□□□

(ある一定の) 期間

▶life span で「寿命」という意味になる。

1244

2級

tension

[ténʃən]
□□□

緊張, 緊迫

□ 形 tense 緊張した

1245

2級

outline

[áʊtlàɪn]
□□□

概略

▶in outline で「大筋で」という意味。

1246

準2級

glance

[glǽns]
□□□

ちらりと見ること

動 ちらっと見る

1247

準1級

flock

[flɑ́:k]
□□□

群れ

▶ふつう, ヒツジ・ヤギ・鳥など群れに用いる。

うんこが彼に与えた精神的な負担は計り知れない。

The mental **strain** put on him by unko is immeasurable.

雲の切れ間からきらめきと共に聖なるうんこが姿を現した。

The holy unko appeared with **flashes** of light through wisps of cloud.

うんこの話ができる仲間は一生大切にしなさい。

Keep **mates** that you can talk to about unko close to you for life.

注文したうんこが届くまでにどのくらいの期間がかかりますか?

How much of a **span** will there be from when I order the unko to delivery?

国境にあるうんこを間に挟んで, 両国の緊張関係が続いている。

The **tension** between the two countries over the unko on the national border persists.

部長はうんこをしながら新しい企画の概略に目を通している。

The section chief is looking over the **outline** of the new plan while doing unko.

うんこを持っているからか, 通行人がぼくの方をちらちら見ている。

It might be because I have unko, but the passers-by keep sending **glances** my way.

祖父は牧羊犬の代わりに自分のうんこを使ってヒツジの群れをコントロールする。

My grandfather uses his unko instead of a sheep dog to control his **flock** of sheep.

1248 準1級

prejudice
[prédʒədəs]
☐☐☐

偏見, 先入観
動 ～に偏見を持たせる
▶ racial prejudice で「人種的偏見」という意味。

1249 準1級

compliment
[kάːmpləmənt]
☐☐☐

ほめ言葉
動 ～をほめる

1250 準1級

astronomer
[əstrάːnəmər] (アクセント)
☐☐☐

天文学者

1251 2級

probability
[prὰːbəbíləti]
☐☐☐

見込み
☐ 形 probable ありそうな, 起こりそうな
☐ 副 probably たぶん, おそらく
▶ certainty よりも確信度は低い。

1252 2級

penalty
[pénəlti] (アクセント)
☐☐☐

刑罰, 罰則
▶ death penalty で「死刑」という意味。

1253 準1級

scheme
[skíːm] (発音)
☐☐☐

計画, 陰謀
動 ～をたくらむ

1254 準1級

dilemma
[dɪlémə]
☐☐☐

ジレンマ, 板ばさみ

1255 準1級

narrative
[nérətɪv]
☐☐☐

物語, 話
形 物語の, 物語形式の
☐ 副 narratively 物語のように

君はまだうんこに対してそんな偏見を持っているんですか。

You still have **prejudice** like that against unko?

うんこにほめ言葉を聞かせ続けると、大きさが変化するらしい。

I hear that if you keep giving **compliments** to unko, it changes size.

ロンドンの天文学者が木星よりも巨大なうんこを発見した。

An **astronomer** in London discovered a giant piece of unko larger than Jupiter.

今夜は雨の見込みなので，屋上に置いてあるうんこを取り込もう。

There's a **probability** of rain tonight, so let's bring the unko in from the rooftop.

王のうんこを侮辱した者には重い刑罰が与えられるだろう。

There will be a severe **penalty** issued to anyone who insults the king's unko.

世界各国のうんこを東京に集めようという計画が進行中だ。

The **scheme** to gather unko from all the countries in the world in Tokyo is in progress.

うんこを取られるか金を取られるかというジレンマに苦しんでいる。

I'm facing the **dilemma** of having either my unko or my money taken from me.

スティーブンはうんこを題材にした物語を専門に書く作家だ。

Stephen is an author that specializes in **narratives** dealing with unko.

名詞

1256　2級

disability
[dìsəbíləti]
□□□

（身体［精神］）障害

1257　2級

legend
[lédʒənd]
□□□

伝説

□ 形 **legendary** 伝説的な

1258　準1級

ritual
[rítʃuəl]
□□□

儀式

□ 名 **ritualism** 儀式主義
□ 名 **ritualist** 儀式主義者
□ 副 **ritually** 儀式上

1259　2級

murder
[mə́:rdər]
□□□

殺人
動 〜を殺す

□ 名 **murderer** 殺人者
▶ attempted murder で
「殺人未遂」という意味。

1260　準2級

shadow
[ʃǽdou]
□□□

影

□ 形 **shadowy** はっきりしない

1261

rail
[réɪl]
□□□

手すり, レール

▶「鉄道」という意味でも使われる。

1262

emperor
[émpərər]
□□□

皇帝

□ 形 **imperial** 帝国の
▶日本の天皇の意味でも使われる。

1263　準1級

boom
[bú:m]
□□□

好況, 流行
動 とどろく

彼は障害をものともせずうんこ投げ大会で優勝を果たした。

He achieved victory in the unko throwing tournament despite his **disability**.

その男のうんこにまつわる伝説は1つや2つではない。

There are more than a few **legends** concerning that man's unko.

村長が儀式のためにイノシシのうんこを体中に塗りたくっている。

The village chief is painting his body with wild boar unko for the **ritual**.

殺人事件を扱った映画のはずなのに，1時間以上うんこの話しかしていない。

It's supposed to be a movie about a **murder** case, but it hasn't talked about anything but unko for over an hour.

太陽の傾きによってうんこの影の長さが変化していく。

The length of the **shadow** of a piece of unko changes depending on the angle of the sun.

手すりにつかまって手を伸ばせばうんこに届きそうだ。

If I grab the **rail** and stretch, I think I can reach the unko.

兄のうんこが皇帝に献上するうんこに選ばれた。

My brother's unko was chosen to be gifted to the **emperor**.

経済の好況を長引かせるためにはもっとうんこに注目すべきだ。

In order to prolong the economic **boom**, we should pay more attention to unko.

1264
palm
[pάːlm] 発音
□□□

手のひら

1265
click
[klík]
□□□

カチッという音
🔊 カチッと鳴る

▶コンピュータのマウスの
「クリック」という意味もある。

1266 準2級
pause
[pɔ́ːz]
□□□

小休止
🔊 小休止する, 中断する

1267 2級
abuse
[əbjúːs]
□□□

乱用, 悪用
🔊 ～を乱用する, 悪用する

▶ drug abuse で「薬物の乱用」。

1268 2級
chip
[tʃíp]
□□□

かけら
🔊 ～を欠く

1269 準1級
operator
[άːpərèitər] アクセント 発音
□□□

運転者, 操作者
□ 🔊 operate ～を操作する
▶広く機械の操縦者を指す。

1270 準1級
revenue
[révən(j)ùː]
□□□

歳入, 税収
▶国・自治体の歳入などを表す。

1271 2級
suburb
[sʌ́bəːrb]
□□□

郊外
□ 🔊 suburban 郊外の

マジシャンの手のひらに突然うんこが出現した。

Unko suddenly appeared in the magician's **palm**.

カチっという音がするまで蓋を閉めないと，うんこがこぼれます。

You have to push the lid until you hear a **click**, or the unko will spill out.

ぼくは小休止をはさみながら5時間以上かけてうんこをする。

I spend over five hours doing unko, taking **pauses** in-between.

市民のうんこを没収するなんて権力の乱用だ。

Confiscating the people's unko is an **abuse** of power.

うんこのかけらが足の裏に刺さって血が出た。

The bottom of my foot got pricked by a **chip** of unko, and now it's bleeding.

運転者のいないクレーン車がうんこを振り回して暴走している。

A crane with no **operator** has gone out of control and is swinging unko around.

うんこで国の歳入を増やす方法だってあるわけです。

There is even a method to increase the national **revenue** using unko.

郊外に住み，うんこを眺めながら暮らす生活にあこがれる。

Living in a **suburb** and seeing unko day-to-day is a lifestyle I admire.

名詞

1272 準2級

mayor

[méɪər]
□□□

市長

▶地方自治体の長なので,
「村長」や「町長」という意味にもなる。

1273

craft

[krǽft]
□□□

工芸（品）, 船舶

□ 名 **craftsperson** 職人

1274

boredom

[bɔ́:rdəm]
□□□

退屈, 倦怠^{けんたい}

1275 2級

slight

[sláɪt]
□□□

わずかな

□ 副 **slightly** わずかに
▶特に程度・量などに用いる。

1276 2級

pregnant

[prégnənt]
□□□

妊娠している

□ 名 **pregnancy** 妊娠

形容詞

1277 2級

casual

[kǽʒuəl]
□□□

無頓着な, 打ち解けた

□ 副 **casually** 何気なく

1278 準1級

alert

[əlɔ́:rt]
□□□

油断のない, 用心深い

名 警戒態勢

□ 副 **alertly** 用心深く

1279 準2級

plain

[pléɪn]
□□□

明白な

□ 名 **plainness** 明白さ
□ 副 **plainly** 明白に
▶類義語は clear や obvious などがある。

市長は毎週月曜日に駅前で自分のうんこを配っている。

The <u>mayor</u> passes out his unko every Monday in front of the station.

ジェニファーの趣味はうんこを使った<u>工芸品</u>を集めることです。

Jennifer's hobby is to collect <u>crafts</u> made with unko.

<u>退屈</u>を紛らわすため爪にうんこを塗ってみたが，後悔した。

I tried painting my nails with unko to allay my <u>boredom</u>, but I regretted it.

ほんの<u>わずかな</u>ヒントでもあれば，彼は必ずうんこを見つけ出す。

If he gets even a <u>slight</u> hint, he'll find the unko for sure.

一緒にうんこに行きたいですが，妻が<u>妊娠している</u>ので今日は帰ります。

I'd like to go do unko with you, but my wife is <u>pregnant</u>, so I'll have to go home today.

社長は慣習に<u>無頓着</u>なので，社内のいたるところでうんこをする。

The president is very <u>casual</u> when it comes to customs, so he'll do unko anywhere in the company building.

彼はニコニコしているが絶対にうんこを隠し持っている。<u>油断</u>するな。

He may be smiling, but he's definitely concealing unko. Stay <u>alert</u>.

何と言い訳しようが，これが先生のうんこであることは<u>明白</u>です。

No matter what kind of excuses you make, it's <u>plain</u> that this is the teacher's unko.

1280 2級

passive

[pǽsɪv]
□□□

受身の

□ 副 passively 受身で

1281 準1級

experienced

[ɪkspíəriənst]
□□□

熟達した

▶反意語は inexperienced。

1282 準1級

mutual

[mjúːtʃuəl]
□□□

相互の

1283 2級

ecological

[ìːkəláːdʒɪkl]
□□□

生態学の

□ 副 ecologically 生態学的に

1284 準1級

verbal

[vɔ́ːrbl]
□□□

言葉の, 口頭の

□ 副 verbally 口頭で
▶反意語は nonverbal。

1285 2級

neutral

[n(j)úːtrəl]
□□□

中立の

名 中立の人 [国]

□ 名 neutrality 中立
□ 副 neutrally 中立的に

1286 2級

guilty

[gílti] 発音
□□□

有罪の

□ 名 guilt 罪, 罪悪感
▶反意語は innocent。

1287 準1級

optimistic

[àːptəmístɪk]
□□□

楽観的な

□ 副 optimistically 楽観的に
▶反意語は pessimistic。

本当にうんこのことを知りたかったら，そんな受身の姿勢ではいけない。

If you truly want to know about unko, you can't be **passive** like that.

熟達した専門家でもうんこの価値の鑑定を誤ることはある。

Even an **experienced** professional can sometimes mistake the worth of a piece of unko.

国境を越えてうんこを運搬するには国家相互の協力が必要だ。

To transport unko over national borders, the **mutual** cooperation of both countries is needed.

こんなうんこが存在するなら，生態学の常識が今後通用しないことになる。

If unko like this exists, our **ecological** common sense will no longer work.

言葉の注意だけで済んでいるうちに，早くうんこをしまった方がいい。

You should hurry up and put your unko away while you can still get away with just a **verbal** warning.

何事にも中立の立場をとるヒューだが，うんこのこととなると別だ。

Hugh takes a **neutral** stance on everything, but it's a different story when it comes to unko.

貴方は有罪となったため，一生うんこの話を禁止します。

You were found **guilty**, so you are forbidden to talk about unko for life.

将来うんこが不足することはないというのは楽観的な考え方だ。

That there will never be a shortage of unko in the future is an **optimistic** idea.

形容詞

1288 準1級
inevitable
[ɪnévətəbl]
□□□

避けられない

□ 🔟 **inevitably** 必然的に

1289 2級
unrelated
[Ànrɪléɪtɪd]
□□□

無関係な

1290 2級
continuous
[kəntínjuəs]
□□□

絶え間ない

□ 🔟 **continue** 続く
□ 🔟 **continuously** 連続的に

1291 準1級
keen
[kíːn]
□□□

熱心な

▶類義語は eager などがある。

1292 2級
ultimate
[ʌ́ltəmət] 発音
□□□

究極の, 最終の

□ 🔟 **ultimately** 最終的に

1293 準1級
countless
[káʊntləs]
□□□

数え切れないほどの

1294 準1級
dynamic
[daɪnǽmɪk] アクセント
□□□

活動的な

□ 🔟 **dynamically**
活動的に, ダイナミックに
▶反意語は static などがある。

副詞

1295
outdoors
[àʊtdɔ́ːrz]
□□□

屋外で [へ]

▶反意語は indoors。

これ以上うんこの秘密を知ろうとすれば，危険は避けられない。

If you continue your pursuit to uncover the secrets of unko, danger is **inevitable**.

うんこの話は今回の会議には無関係ではありませんか？

I believe unko is **unrelated** to this meeting.

うんこに絶え間ない愛情を注ぐことで気持ちが通じ合える。

You can understand its feelings by giving your unko **continuous** love.

クリスチャンは熱心なファンにうんこを盗まれて怒っている。

Christian is angry because he had his unko stolen by a **keen** fan.

ならば皆様に究極のうんこというものをお見せしましょう。

Now, I shall reveal to you all what the **ultimate** unko is.

その男が一言唱えると，夜空に数え切れないほどのうんこが現れた。

The man chanted something and **countless** pieces of unko appeared in the night sky.

父は活動的な人なので，1か所に留まってうんこをするのが苦手なのです。

My father is a **dynamic** person, so he hates to do unko in one place.

たまには屋外でうんこをするのもいい経験になる。

Doing unko **outdoors** sometimes makes for a good experience.

1296

likewise

[láɪkwàɪz]
☐☐☐

同様に

☐ 前 like ～と同じような

1297

2級

accordingly

[əkɔ́ːrdɪŋli]
☐☐☐

それゆえに

▶文を修飾する。

1298

準1級

nonetheless

[nʌ̀nðəlés]
☐☐☐

それにもかかわらず

▶文を修飾する。

1299

準2級

altogether

[ɔ̀ːltəɡéðər]
☐☐☐

完全に

1300

beneath

[bɪníːθ]
☐☐☐

～の下に

▶日常では under を使うのがふつう。

私も先輩と同様にうんこ関係の仕事に就きたいと考えています。

You have a job in unko, right? <u>Likewise</u>, I want to get a job in unko.

それゆえに、教室でうんこをすることを今後禁止とします。

<u>Accordingly</u>, I forbid doing unko in the classroom from now on.

彼は事故で右腕が不自由になった。それにもかかわらず、うんこの絵を描き続けた。

He lost control of his right arm in an accident. <u>Nonetheless</u>, he continued drawing unko.

うんこがもれそうだった父は、観覧車が完全に停止する前に飛び出していった。

My father was about to do unko in his pants, so he jumped out of the Ferris wheel cart before it stopped <u>altogether</u>.

うんこの下に、巨大迷宮へと通じる扉が隠されていた。

There was a door leading to a giant labyrinth hidden <u>beneath</u> the unko.

動詞

1301
reinforce 準1級
[rìːɪnfɔ́ːrs] **発音**
□□□

～を強化する

1302
utilize 2級
[júːtəlàɪz]
□□□

～を利用する

▶ make use of と言い換えられる。

1303
dive 準2級
[dáɪv]
□□□

飛び込む

❸ 飛び込み

1304
blend 準2級
[blénd]
□□□

～を混ぜ合わせる

語法 blend ~ with ...
～と…を混ぜ合わせる

□ ❸ **blender** 混ぜる人[機械]

1305
conceal 準1級
[kənsíːl]
□□□

～を隠す

▶ hide よりも堅い語。

1306
drain 2級
[dréɪn]
□□□

～を排出する

□ ❸ **drained** 疲れ果てた
□ ❸ **draining** 疲れさせる

1307
endanger 準1級
[ɪndéɪndʒər]
□□□

～を危険にさらす

◇◇◇◇◇◇◇◇◇◇◇◇◇◇◇◇◇◇◇◇◇◇◇◇◇◇◇◇◇◇◇◇◇

選手たちのチームワークを強化するには一緒にうんこをさせることだ。

If you want to **reinforce** your players' teamwork, you've got to make them do unko together.

地域活性化のためにうんこを利用する自治体が増えている。

The number of local communities that **utilize** unko for revitalization projects is increasing.

うんこのプールに飛び込んだジョンソン先生が浮かんできません。

Mr. Jonson hasn't come back up after **diving** into the unko pool.

まず，砂鉄とうんこを混ぜ合わせます。

First, **blend** iron sand **with** unko.

銭湯に入るために，うんこを塗って刺青を隠した。

I painted over my tattoos with unko to **conceal** them so I could get in the public bath.

田んぼの水を排出するための溝がうんこで埋まってしまった。

The ditch used to **drain** water from the rice fields is clogged with unko.

自分の命を危険にさらしてまでそのうんこがほしかったのか？

You wanted that unko so much as to **endanger** your life?

2 1

2 2

2 3

2 4

2 5

2 6

2 7

動詞

1308	
cough [kɔ́(ː)f] 発音 □□□	せきをする ❷ せき

1309	2級
constitute [kά:nstət(j)ùːt] アクセント □□□	～を構成する □ ❷ constitution 憲法 ▶ make up と言い換えられる。

1310	2級
vanish [vǽnɪʃ] □□□	消える ▶突然姿が消えるという意味。

1311	2級
accustom [əkʌ́stəm] □□□	～を慣れさせる

1312	
mislead [mɪslíːd] □□□	～を誤解させる, 欺く ▶類義語は deceive などがある。

1313	準1級
exploit [ɪksplɔ́ɪt] □□□	～を利用する, 搾取する

1314	準2級
obey [oubéɪ] 発音 □□□	～に従う □ ❷ obedience 服従 □ ❸ obedient 従順な, 忠実な □ ❹ obediently 従順に, 素直に

1315	2級
undertake [ʌ̀ndərtéɪk] □□□	～を引き受ける □ ❷ undertaking 事業 ▶仕事・地位などに用いる。

せきをするたびにうんこが出る。

Unko comes out every time I cough.

委員会を構成する全員がうんこの専門家です。

All the members constituting this assembly are unko specialists.

父のうんこをかざすと，幽霊は消えた。

When I held up my father's unko, the ghost vanished.

彼をもっとうんこに慣れさせてからじゃないとメンバーに入れるのは無理だ。

You have to accustom him to unko better, or there's no way I can let him join us.

あなたは私がうんこ反対派だとミスリードしようとしている。

You're trying to mislead people into believing that I'm an anti-unkoist.

ドナルドは自分が選挙で優位に立つためにうんこを利用しているだけだ。

Donald is simply exploiting unko so he can get an advantage in the election.

軍の要請に従わないのなら1時間後にうんこを投下する。

If you don't obey the military's demand, then unko will be dropped in an hour's time.

最近，仕事を引き受けすぎてうんこをする時間が減ってしまった。

Lately, I've been undertaking too much work and have less time to do unko.

動詞

1316 2級

withdraw
[wɪðdrɔ́ː]
□□□

～を撤回する, 引き出す

□ 名 withdrawal 中止, 撤退

1317 2級

deprive
[dɪpráɪv]
□□□

～を奪う

語法 deprive ~ of ...
～から…を奪う

1318 2級

accuse
[əkjúːz]
□□□

～を訴える, 非難する

□ 名 accusation 告訴, 告発

1319 準1級

manipulate
[mənípjəlèɪt]
□□□

～を操る

1320 準1級

quote
[kwóʊt] 発音
□□□

～を引用する

名 引用文

□ 名 quotation 引用

1321 2級

justify
[dʒʌ́stəfàɪ]
□□□

～を正当化する

□ 形 just 公正な, 公平な
□ 名 justification 正当化

1322 準1級

uncover
[ʌnkʌ́vər]
□□□

～を暴露する

▶ cover「覆い」を取るという成り立ち。

1323 準1級

classify
[klǽsəfàɪ]
□□□

～を分類する

□ 名 class 階級, 階層
□ 名 classification 分類

前言を撤回し，これからもうんこの応援を続けることにします。

I **withdraw** my statement and will continue to support unko in the future.

司法は彼からうんこをする権利を奪う気なのか。

Is the court trying to **deprive** him **of** the right to do unko?

滑走路でうんこをしたとして彼は航空会社に訴えられた。

He was **accused** by the airline of doing unko on the runway.

あなたはうんこを巧みに使って民衆を操っている。

You are making crafty use of unko to **manipulate** the people.

先生が中国の詩人の言葉を引用してぼくのうんこをほめてくれた。

The teacher **quoted** the words of a Chinese poet to compliment my unko.

何を言おうが，君が朝礼台でうんこをしたことを正当化できないと思う。

No matter what you say, I don't think you can **justify** your doing unko on the platform.

総理大臣が述べたうんこに関するうそが次々と暴かれた。

The lies the prime minister told concerning unko were **uncovered** one after the other.

うんこは燃えるごみに分類しても大丈夫でしょうか？

Is it okay to **classify** unko as combustible garbage?

1324 2級

pedestrian

[pədéstriən]
□□□

歩行者

形 歩行者用の

1325 準1級

grave

[gréɪv]
□□□

墓

形 重大な

□ 名 gravity 重力
▶ 墓石のついた大きな墓は tomb という。

1326 2級

appetite

[ǽpətàɪt]
□□□

食欲

▶ spoil one's appetite で
「食欲を失わせる」という意味。

1327 準1級

dimension

[dɪménʃən]
□□□

次元, 寸法, 局面

□ 形 dimensionless 大きさのない
▶ 3D は three dimensions の略。

1328 2級

fate

[féɪt]
□□□

運命

□ 形 fatal 致命的な
▶ 悪い運命に使われることが多い。

1329 準1級

fluid

[flúːɪd] 発音
□□□

流動体

形 なめらかな

▶ 反意語は solid などがある。

1330 準1級

vessel

[vésl]
□□□

船舶, 船

▶ 主に大型の船を指す。

1331 準2級

horizon

[həráɪzn] アクセント
□□□

地平線

□ 形 horizontal 水平の
▶ 「水平線」も指す。

もう少しだけ歩行者の邪魔にならない場所でうんこをしてください。

Please do unko somewhere a little less in the way of **pedestrians**.

弟が庭にうんこの墓を作っている。

My brother is making a **grave** for unko in the yard.

3か月ぶりにうんこをしたら食欲が戻ってきた。

My **appetite** came back after I did unko for the first time in three months.

キンバリーはうんこを別の次元に吹っ飛ばす能力を持っているらしい。

I hear that Kimberly has the ability to send unko into a different **dimension**.

1人の少年のうんこが，人類の運命を変えた。

The unko of a boy changed the **fate** of humanity.

あの奇妙な流動体は何だ？―私のうんこです。

What is that peculiar **fluid**? ― My unko.

うんこを積んだ巨大な船舶が下田港に来港した。

A giant **vessel** loaded with unko arrived at Shimoda Port.

両手にうんこを持った集団が地平線の向こうから走ってくる。

A group of people with unko in both hands is running toward us from over the **horizon**.

1332
準2級

clinic

[klínɪk]
☐☐☐

診療所

1333
準2級

faith

[féɪθ]
☐☐☐

信頼, 信用

語法 faith in ~ ~への信頼
☐ 形 faithful 忠実な

1334
2級

exploration

[èkspləréɪʃən]
☐☐☐

探検, 実地調査

☐ 動 explore ~を探検する

1335
準2級

bubble

[bʌ́bl]
☐☐☐

泡

▶1つ1つの泡を指す。

1336
2級

rival

[ráɪvl]
☐☐☐

競争相手, ライバル

動 ~に匹敵する
☐ 名 rivalry 競争

1337

undergraduate

[ʌ̀ndərgrǽdʒuət]
☐☐☐

大学生

▶主に学部生を指す。

1338

union

[júːnjən]
☐☐☐

労働組合

☐ 動 unite ~を結合させる, 団結する
☐ 名 unity 単一(性)

1339
準1級

syndrome

[síndroʊm]
☐☐☐

症候群

入り口にうんこが飾られていたので，その診療所に行くのは
やめました。

There was unko decorating the entrance of the **clinic**, so I decided not to go to that one.

他人のうんこを粗末に扱うような人への信頼は低い。

There is little **faith in** people who treat the unko of others' carelessly.

この巨大洞窟の探検で見つけたものはうんこ一個です。

All we found during the **exploration** of this giant cave was a single piece of unko.

おい，君のうんこから泡が出ているぞ。

Hey, there are **bubbles** coming from your unko.

ぼくは競争相手がいないと本気でうんこができないタイプだ。

I'm the type that can't do unko in earnest without a **rival**.

大学生たちが広場でうんこについて熱く討論していた。

The **undergraduates** were having a passionate debate about unko in the public square.

労働組合を作れば会社にうんこをする時間を交渉できるだ
ろう。

If we form a **union**, we should be able to negotiate with the office for time to do unko.

医者に「あなたはうんこ症候群である」と言われた。

The doctor told me that I have unko **syndrome**.

名詞

1340		
shell		貝殻
[ʃél]		▶木の実や種子の「殻」という意味もある。

1341	準2級	
blossom		花
[blá:səm]		動 開花する

1342	準1級	
recruit		新米, 新人
[rɪkrú:t]		動 ～を新規採用する

1343	2級	
tragedy		悲劇
[trǽdʒədi]		□ 形 tragic 悲劇の
		▶「喜劇」は comedy。

1344		
port		港
[pɔ́:rt]		▶harbor は自然の地形からなる港。

1345	2級	
cage		鳥かご, おり
[kéɪdʒ]		動 ～をかご [おり] に入れる

1346		
ambulance		救急車
[ǽmbjələns]		▶アメリカで救急車を呼ぶときは 911 に電話する。

1347		
seminar		ゼミ, ゼミナール
[sémənà:r]		

2枚の貝殻ではさまれたうんこが18万円で売られている。

An unko sandwiched between two **shells** is being sold for 180 thousand yen.

めずらしい花だと思って持ち帰ったがよく見たらうんこだった。

I thought it was a rare flower **blossom** when I brought it home, but when I took a closer look, it was unko.

新米の分際で先輩刑事のうんこをバカにするのか?

A lowly **recruit** like you is going to make fun of a senior officer's unko?

彼らにうんこさえ持たせてあげたらあんな悲劇は起きなかったんだ!

If only we'd given them unko, such a **tragedy** would never have happened!

まさか港の倉庫に隠してあるうんこがばれたんじゃないだろうな。

You're not going to tell me that they found out about the unko hidden in the **port** warehouse, are you?

毎朝, 鳥かごに自分のうんこを入れて持ち歩いているおじいさんとすれ違う。

Every morning, I see an elderly man who carries his unko around in a bird **cage**.

うんこがもれそうなので, あの救急車に乗せてもらえないか交渉してくるよ。

I'm about to do unko in my pants, so I'm going to go talk to that **ambulance** about getting a ride.

ラッセル教授のゼミはうんこのレポートさえ出せば必ず単位がもらえる。

If you just hand in a report on unko, you can get credit for Professor Russel's **seminar** for sure.

1348 2級

charm

[tʃɑ́ːrm]
□□□

魅力

□ 形 **charming** 魅力的な
▶「お守り」という意味もある。

1349 2級

thrill

[θríl]
□□□

ぞくぞくすること, スリル

動 ぞくぞくさせる

1350 準1級

membership

[mémbərʃip]
□□□

一員であること, 会員権

□ 名 **member** 一員, 会員
▶ある団体・集団の一員であることを表す。

1351 2級

deposit

[dɪpɑ́ːzət]
□□□

手付金, 預金

動 ～を置く

1352 準1級

celebrity

[səlébrəti]
□□□

著名人, 名士

▶ celeb と略されることもある。

1353 準1級

slavery

[sléɪvəri]
□□□

奴隷制度

□ 名 **slave** 奴隷
▶ abolish slavery で
「奴隷制度を廃止する」という意味。

1354 2級

panic

[pǽnɪk]
□□□

パニック, 恐怖心

動 ～をうろたえさせる

1355

buyer

[báɪər]
□□□

買手

□ 動 **buy** ～を買う
▶反意語は seller や vendor.

この映画を見たら，うんこの魅力が一気に理解できた。

After watching this movie, I understood the **charm** of unko instantly.

ぞくぞくすることが好きなので，天井からうんこをつるして寝ています。

I love a **thrill**, so I always hang unko from the ceiling when I sleep.

この金のうんこが，クラブの一員であることの証明となります。

This golden piece of unko works as proof of **membership** in the club.

手付金で 500 ドル払いますのでこのうんこは他の人に売らないでください。

I'll pay a 500 dollar **deposit** on it, so please don't sell the unko to someone else.

著名人だろうが，うんこをお見せいただかないと入店できない決まりです。

Celebrity or not, the rule says that if you don't show us your unko, you can't come into the store.

自由にうんこができないなんて，奴隷制度並みの愚かなシステムだ。

Not allowing us to do unko freely, this is a foolish system on a par with **slavery**.

私はうんこをもらしても一切パニックになどならない。

Even if I do unko in my pants, I don't feel the slightest bit of **panic**.

買手の心理をよく考えれば，君のうんこももっと売れるようになる。

If you think about the **buyer**'s mindset, your unko will sell better.

1356	準1級	
comprehension		理解（力）
[kɑ̀:mprɪhénʃən]		□ 動 **comprehend** ～を十分に理解する
□□□		▶類義語は understanding などがある。

1357	準1級	
distraction		気を散らすこと
[dɪstrǽkʃən]		
□□□		

1358	2級	
flexibility		柔軟性, 適応性
[flèksəbíləti]		□ 形 **flexible** 柔軟な
□□□		

1359	準1級	
radiation		放射線
[rèɪdiéɪʃən]		□ 動 **radiate** 〈熱・光など〉を放射する
□□□		

1360	2級	
priest		聖職者
[prí:st]		
□□□		

1361	2級	
physics		物理学
[fízɪks]		
□□□		

1362	2級	
caution		用心, 注意
[kɔ́:ʃən]		動 ～に警告する
□□□		□ 形 **cautious** 用心深い, 慎重な
		▶ use caution で「用心する」という意味。

1363	準1級	
archaeologist		考古学者
[à:rkiəlá:dʒɪst]		□ 名 **archaeology** 考古学
□□□		

名詞

君のうんこは我々の理解を超えている。

Your unko is beyond our **comprehension**.

他の児童の気を散らしますので，お子さんにうんこを持たせないでください。

It's a **distraction** for the other children, so please don't let your child bring unko.

彼は柔軟性のある人なので，快くうんこを見せてくれるはずだ。

He's a person of great **flexibility**, so I'm sure he'll happily show you his unko.

そのうんこは放射線を発している可能性があります。

There's a possibility that that unko is emitting **radiation**.

聖職者のうんこを門の前に置いておくと魔除けになる。

If you place the unko of a **priest** in front of the gate, it will serve as a charm against evil.

我が家の本棚には物理学の本とうんこの本しか置いていない。

The bookshelf in our home has only books about **physics** and books about unko.

どこからうんこが飛び出てくるかわからないから，用心が必要だ。

You can't be sure where unko will come flying from, so **caution** is needed.

そのうんこを発見した考古学者は３日後に亡くなったそうだ。

It seems the **archaeologist** who discovered the unko died three days later.

1364 準1級

consensus

[kənsénsəs]
□□□

一致

▶主に意見の一致などを指す。

1365

crack

[krǽk]
□□□

ひび

動 ひびが入る

▶比ゆ的に組織の「亀裂」という意味になることもある。

1366 準1級

ethic

[éθɪk]
□□□

道徳, 倫理

□ 形 ethical 道徳上の, 倫理の
▶ professional ethics で「職業倫理」という意味。

1367 準1級

outsider

[àʊtsáɪdər]
□□□

部外者, よそ者

▶反意語は insider。

1368 2級

seal

[síːl]
□□□

印章, 印, 密封

動 ～に封をする, ～を封印する

1369 2級

rainforest

[réɪnfɑ̀ːrəst]
□□□

熱帯雨林

1370 準2級

mess

[més]
□□□

乱雑

動 ～を散らかす

▶ make a mess で「散らかす」という意味。

1371 2級

departure

[dɪpáːrtʃər]
□□□

出発

□ 動 depart 出発する
□ 名 department 部門

全校生徒の意見の一致さえあれば，うんこ部を作ることができる。

If we can just get a **consensus** from the entire student body, we can start an unko club.

壁にひびが入っていたので，うんこで埋めておいたよ。

There was a **crack** in the wall, so I filled it with unko.

これだけ町にうんこをまき散らしておいて道徳を語るつもりか。

You're going to talk **ethics** after spreading all of this unko around town?

私たちのうんこについて，部外者にあれこれ言われたくない。

We don't need the opinion of **outsiders** concerning our unko.

うんこをよく見ると，奇妙な印章のようなものが押されている。

If you look closely at the piece of unko, there is a strange **seal**-like impression on it.

これは熱帯雨林で見つけてきた貴重なうんこです。

This is a valuable piece of unko I found in the **rainforest**.

乱雑さが目立つ部屋だが，うんこは意外と1個も落ちていないんだね。

The room is a **mess**, but surprisingly there's not a single piece of unko on the floor.

パイロットがうんこに行ってしまい，出発が大幅に遅れている。

The pilot went to do unko, so **departure** is severely delayed.

1372 2級

accommodation

[əkὰːmədéɪʃən]
□□□

宿泊施設

□ 動 accommodate ～を収容する

1373 2級

fabric

[fǽbrɪk]
□□□

織物, 布地

1374 準2級

scary

[skéəri]
□□□

恐ろしい

□ 副 scarily 恐ろしいほど

1375 準1級

modest

[mάːdəst]
□□□

謙虚な

□ 名 modesty 謙虚さ, 謙遜
□ 副 modestly 控えめに

1376 準2級

stupid

[st(j)úːpəd]
□□□

ばかな

名 ばか, まぬけ

□ 名 stupidity 愚かさ, 愚行

1377 2級

primitive

[prímətɪv]
□□□

原始的な, 原始（時代）の

□ 副 primitively 原始的に, 素朴に
▶反意語は advanced, modern
などがある。

1378 2級

dull

[dΛ́l]
□□□

退屈な

□ 名 dullness 鈍さ, 鈍感
□ 副 dully 鈍く, のろく

1379 準1級

democratic

[dèməkrǽtɪk]
□□□

民主主義の

□ 名 democrat 民主主義者
□ 副 democratically 民主的に
□ 名 democracy 民主主義

その宿泊施設は，うんこと一緒に泊まれるのでおすすめだよ。

Those accommodations let unko stay with you, so I highly recommend them.

うんこ柄の織物を探してもう20軒くらい回っている。

I've been to about 20 places already looking for unko-patterned fabric.

どうして「うんこ」と言っただけでそんなに恐ろしい顔をするんだ。

Why are you making such a scary face just because I said "unko"?

彼はとても謙虚な高校生だが，やたらうんこをもらす。

He's a very modest high schooler, but he is always doing unko in his pants.

ばかな考えだと思われるでしょうが，宇宙でうんこがしたいんです。

You may think it's a stupid idea, but I want to do unko in space.

では先生はうんこがしたいという原始的な欲求を否定するわけですか？

So are you saying that you reject the primitive instinct of wanting to do unko, Professor?

確かに2時間うんこを映しているだけの映画だが，退屈だとは思わなかった。

It's true that the movie just shows unko for two hours, but I didn't find it dull.

もっと民主主義的やり方でうんこの順番を決めよう。

Let's decide the order of doing unko in a more democratic way.

1380

medieval

準1級

[mìːdíːvl]
□□□

中世の

□ 圓 **medievally** 中世風に

1381

predictable

準1級

[prɪdíktəbl]
□□□

予想できる

□ 名 **predictability** 予測可能性
▶反意語は unpredictable。

1382

secondary

[sékəndèri] (アクセント)
□□□

二次的な, 第2の

□ 形 **second** 2番目の

1383

valid

準1級

[vælɪd]
□□□

有効な, 妥当な

□ 圓 **validly** 正当[妥当]なやり方で

1384

newborn

[n(j)úːbɔ́ːrn]
□□□

生まれたばかりの

名 新生児

1385

intensive

準1級

[ɪnténsɪv]
□□□

集中的な

□ 圓 **intensively** 激しく, 強く
▶反意語は extensive。

1386

comprehensive

準1級

[kàːmprɪhénsɪv]
□□□

包括的な

□ 動 **comprehend** ～を(十分)に理解する
□ 圓 **comprehensively**
包括的に, 徹底的に
□ 名 **comprehensiveness** 包括性

1387

toxic

2級

[táːksɪk]
□□□

有毒な

□ 名 **toxicity** 毒性

来週，パリの博物館に<u>中世</u>のうんこを見学しに行く。

Next week, I'm going to a museum in Paris to see **medieval** unko.

そんな容器ではうんこが全部こぼれることは<u>予想できた</u>はずだ。

With a container like that, it should have been **predictable** that the unko would all spill out.

このままうんこを道路に放置しておいたら<u>二次的な</u>事故が起きてしまう。

If you leave the unko in the street like this, a **secondary** accident will happen.

契約はあなたが次にうんこをもらすまでは<u>有効</u>です。

The contract is **valid** until the next time you do unko in your pants.

<u>生まれたばかりの</u>アルマジロかと思ったら君のうんこか。

I thought it was a **newborn** armadillo, but it's your unko, I see.

今日から3日間，うんこに関して<u>集中的な</u>話し合いを行おう。

Starting today, let's have a three-day **intensive** discussion about unko.

うんこをこれほど<u>包括的に</u>分析した本は今までなかった。

There has never been a book with such a **comprehensive** analysis of unko before.

<u>有毒な</u>成分を含むうんこは隣の部屋に分けてあります。

Unko with **toxic** components is kept separate in the next room.

形容詞

1388

irregular
[ɪrégjələr]
□□□

不規則な

□ 圓 **irregularly** 不規則に
▶反意語は regular。

1389　2級

fluent
[flúːənt]
□□□

流ちょうな

語法 **fluent in ~**
~が流ちょうな
□ 圓 **fluently** 流ちょうに

1390　準2級

delicate
[délɪkət] アクセント 発音
□□□

壊れやすい, 傷つきやすい

□ 名 **delicateness** 繊細さ
▶類義語は fragile などがある。

1391　準1級

abundant
[əbʌ́ndənt]
□□□

豊富な

□ 名 **abundance** 大量, 豊富
▶反意語は scarce などがある。

1392　2級

genuine
[dʒénjuɪn] アクセント
□□□

本物の, 心からの

□ 圓 **genuinely** 誠実に, 純粋に
□ 名 **genuineness** 真実性, 誠実さ

1393　2級

ambitious
[æmbíʃəs]
□□□

野心的な

□ 名 **ambition** 野心, 願望
□ 圓 **ambitiously** 野心的に, 大がかりに

1394　2級

tremendous
[trɪméndəs]
□□□

すさまじい

□ 圓 **tremendously** すさまじく
▶程度・大きさ・量などに用いる。

1395

concerned
[kənsə́ːrnd]
□□□

関係している

語法 **as far as ~ be concerned**
~に関する限り

砂浜に，<u>不規則な</u>動きでうんこをまき散らしている男がいる。

There is a man spreading unko around with **irregular** movements on the beach.

「持っているだけで英語<u>が流ちょうに</u>なるうんこ」なんて詐欺に違いない。

Unko that makes you **fluent in** English just by holding it is obviously a scam.

うんこなどの<u>壊れやすい</u>ものは特別な梱包をしてお届けします。

We use special packaging to ship **delicate** things such as unko.

うんこの品ぞろえは隣町のデパートの方が<u>豊富</u>です。

The department store in the next town has a more **abundant** assortment of unko.

彼のうんこに対する熱意は誰が見ても<u>本物</u>だ。

His passion for unko is clearly **genuine** in anyone's eyes.

リーアムはうんこを利用した<u>野心的な</u>計画を練っているようだ。

Liam seems to be putting together an **ambitious** plan that uses unko.

<u>すさまじい</u>爆風とともにトンネルからうんこが飛び出してきた。

Unko came flying out of the tunnel with the **tremendous** blast.

<u>私に関する限り</u>，うんこの価値をわかっていない国では暮らせない。

As far as I'm concerned, I can't live in a country that doesn't appreciate the value of unko.

形容詞

(1396)

disabled 2級

[dɪséɪbld]
☐☐☐

身体［精神］障害のある

(1397)

lately 準2級

[léɪtli]
☐☐☐

最近

☐ 形 **late** 遅れた, 遅刻した
▶文末に置かれるのが一般的。

副詞

(1398)

farther

[fáːrðər]
☐☐☐

より遠くへ

▶ farther away で
「さらに遠く離れて」という意味。

(1399)

exclusively

[ɪksklúːsɪvli]
☐☐☐

もっぱら

☐ 形 **exclusive** 排他的な

前置詞

(1400)

alongside

[əlɔ́ːŋsàɪd]
☐☐☐

〜と並んで

副 並んで

うんこ投げという競技は，時に身体障害のある選手が勝つ。

Sometimes **disabled** players win in unko-throwing games.

最近君とうんこの話ができなくて少し寂しいよ。

I'm a little sad that I haven't been able to talk to you about unko **lately**.

私はただうんこを誰よりも遠くへ飛ばしたかっただけだ。

All I wanted was to throw unko **farther** than anyone ever has.

父はもっぱら午前中はうんこに関するエッセイを書いて過ごしています。

My father spends his mornings **exclusively** on writing essays about unko.

飼っている犬と並んでうんこをする飼い主が増えている。

The number of owners who do unko **alongside** their dogs is increasing.

動詞

1401

準1級

worsen

[wə́ːrsn]

さらに悪くなる

☐ 名 形 **worsening** 悪化(する)

▶反意語は improve などがある。

1402

2級

rebuild

[rìːbíld]

～を再建する

1403

準1級

contradict

[kàːntrədíkt]

～に反対する,
～と矛盾する

▶特に人の意見や発言などに対して用いる。

1404

2級

enforce

[ɪnfɔ́ːrs]

(法律など) を守らせる

☐ 形 **enforceable** 施行できる
☐ 形 **enforced** 押しつけられた

1405

log

[lɔ́ːg]

～を日誌に記録する

名 記録

▶名詞で「丸太」という意味もある。

1406

2級

cease

[síːs] 発音

～をやめる

1407

2級

amaze

[əméɪz]

～をびっくりさせる

☐ 名 **amazement** 驚き, 仰天
☐ 形 **amazing** 驚くべき
☐ 副 **amazingly** 驚くほどに

382

うんこに関する質問をしたら，彼の機嫌はさらに悪くなった。

When I asked a question about unko, his mood **worsened** even more.

2 1

集めたうんこが収納できるサイズに倉庫を再建します。

I'll **rebuild** the warehouse to a size that can hold the unko we've collected.

2 2

私たちの意見は「うんこはすべて流すべきだ」という立場に反対なのです。

Our opinion **contradicts** the opinion that all unko should be flushed.

2 3

私は道ばたでうんこをしている人に法律を守らせようとしただけだ。

I just tried to **enforce** the law on someone who was doing unko on the side of the road.

2 4

成功したければ，まずは日々のうんこの数を日誌に記録しなさい。

If you want to succeed, first **log** the daily number of pieces of unko you do.

2 5

フクダ社はうんこにさすピンの製造をやめるらしい。

I hear that Fukuda Company is going to **cease** its production of pins for unko.

2 6

姉をびっくりさせたくて，うんこを抱えてクローゼットに隠れた。

I wanted to **amaze** my sister, so I hid in the closet holding unko.

2 7

1408 facilitate 準1級

[fəsílətèit]
□□□

~を容易にする

□ 名 facilitator 司会

1409 refrain 準1級

[rɪfréɪn]
□□□

差し控える, 慎む

語法 refrain from ~ ~を控える

1410 integrate 準1級

[íntəgrèit] アクセント
□□□

~をまとめる, 統合する

□ 名 integration 統合, 統一

1411 navigate 2級

[nǽvəgèit]
□□□

~を操縦する

□ 名 navigation 航行術
▶船・飛行機などに用いる。

1412 assemble 準1級

[əsémbl]
□□□

~を集める

□ 名 assembly 議会, 集会

1413 drag 準1級

[drǽg]
□□□

~を引きずる

▶特に重いものを引く場合に用いる。

1414 bark 準2級

[bάːrk]
□□□

ほえる

名 ほえ声
▶犬などがほえる場合に用いる。

1415 enroll 2級

[ɪnróʊl]
□□□

登録する, 入会する

□ 名 enrollment 登録, 入会

常にうんこを 2, 3 個持っておくと, ビジネス交渉が容易になる。

Always keeping two or three pieces of unko on you will **facilitate** business negotiations.

かなりの数のクレームをもらったので, 今週はうんこの話を控えておきます。

I got quite a number of complaints, so this week, I will **refrain from** talking about unko.

まずは各国が保有するうんこを 1 つにまとめるべきです。

First, we should **integrate** the pieces of unko possessed by the world's countries into one.

うんこをたくさん積みすぎて船が操縦できなくなってしまった。

We loaded too much unko, and now we can't **navigate** the ship.

うんこの才能を持つ人材を集めてスーパーチームを作りたい。

I want to **assemble** people with a talent for unko to make a super team.

渋谷から新宿まで巨大うんこを引きずって歩いた。

I walked from Shibuya to Shinjuku **dragging** a huge piece of unko.

ロンはおとなしい犬なのですが, あなたのうんこを見るとほえるんです。

Ron is a quiet dog, but he **barks** whenever he sees your unko.

会員登録したら, 毎月うんこの写真が送られてくるようになった。

After I **enrolled**, pictures of unko started arriving in the mail each month.

動詞

1416 heal　2級
[híːl]
～を治す

1417 disrupt　準1級
[dɪsrʌ́pt]
～を混乱させる

1418 starve　2級
[stɑ́ːrv]
飢える
□ 名 starvation 飢餓, 餓死
▶ starve to death で「餓死する」という意味になる。

1419 overwhelm　準1級
[òuvərwélm]
～を圧倒する, 苦しめる
□ 形 overwhelming 圧倒的な

1420 fade　2級
[féɪd]
おとろえる,
(色などが) 薄れる
▶次第に消えていくことを表す。

1421 cruise
[krúːz]
船旅をする
名 巡航
▶娯楽を目的とした巡航に用いることが多い。

名詞

1422 transition　準1級
[trænzíʃən]
移り変わり
▶ change よりも堅い語。

1423 villager
[vílɪdʒər]
村人
□ 名 village 村

ダニエルのうんこにはあらゆる傷を治す力がある。

Daniel's unko has the power to **heal** any wound.

君がうんこの話で会議を混乱させているのがわからないのか。

Don't you understand that you are **disrupting** the meeting with your talk of unko?

彼がうんこを嫌うのは，愛に飢えていることの証明だと思う。

I think his hatred for unko is proof that he's **starving** for love.

我が軍はうんこの量では敵を圧倒しております。

Our army **overwhelms** the enemy in terms of number of pieces of unko.

絵の具で銀色に塗ったうんこの色がおとろえてきた。

The color has **faded** in the unko I painted silver.

妻と二人で世界のうんこを見て回る船旅をしています。

My wife and I are **cruising** the world to see the world's unko.

時代の移り変わりによってうんこは善にも悪にも分類されてきた。

Unko has been recategorized between good and evil along with the **transition** of the ages.

この村では，大晦日の夜，村人のうんこを全て集めて燃やす。

In this village, all of the **villagers'** unko is gathered and burnt on New Year's Eve.

1424	
vegetarian [vèdʒətéəriən] □□□	菜食主義者 形 菜食主義（者）の □ 名 vegetarianism 菜食（主義）

1425 準1級	
gratitude [grǽtət(j)ùːd] □□□	感謝, 謝意 ▶反意語は ingratitude。

1426 2級	
faculty [fǽkəlti] (アクセント) □□□	機能, 学部, （学部の）教員

1427 準1級	
impulse [ímpʌls] □□□	衝動 ▶ on impulse で「衝動的に」 という意味になる。

1428 2級	
proverb [prάːvərb] □□□	ことわざ

1429 2級	
misunderstanding [misʌndərstǽndiŋ] □□□	誤解 □ 動 misunderstand ～を誤解する ▶ have a misunderstanding of ~ で 「～を誤解している」という意味。

1430	
genetics [dʒənétiks] □□□	遺伝学

1431 準1級	
sanitation [sæ̀nətéiʃən] □□□	公衆衛生

名詞

菜食主義者だろうが何だろうが，うんこはするわけですよね？

Vegetarian or whatever, you still do unko, right?

クラス一同から先生に感謝の気持ちを込めてうんこを贈ろう。

Let's send the teacher some unko as a class to show our **gratitude**.

まずうんこで目つぶしをして相手の視覚機能を奪うんだ！

First, cover their eyes with unko to rob the enemy of their **faculty** of sight!

たまに授業中「うんこ！」と絶叫したい衝動に駆られる。

Sometimes I'm overcome with the **impulse** to yell, "Unko!" during class.

どうやらぼくはうんこを1回するたびにことわざを1つ忘れていくようだ。

It appears that I forget one **proverb** each time I do unko.

この書籍が出れば，うんこに関するあらゆる誤解を解くことができる。

If this publication is released, all **misunderstandings** about unko can be resolved.

うちの大学は遺伝学とうんこの研究に強い。

Our university is strong in **genetics** and unko research.

公衆衛生という概念がないとしか思えないうんこの仕方をするね。

Your way of doing unko makes me think you have no concept of **sanitation**.

1432
trunk
[tráŋk]
☐☐☐

（木の）幹, 荷物入れ

▶ゾウの鼻という意味もある。

1433 2級
skeleton
[skélətən]
☐☐☐

骨格, 骸骨

1434 2級
frustration
[frʌstréɪʃən]
☐☐☐

フラストレーション,
欲求不満

☐ 動 frustrate ～をいらだたせる

1435
creator
[kriéɪtər]
☐☐☐

創造者, 創作者

☐ 動 create ～を創造する

1436
seller
[sélər]
☐☐☐

販売員, 売る人

☐ 動 sell ～を売る

▶反意語は buyer。

1437 準2級
needle
[ní:dl]
☐☐☐

針

1438 2級
monument
[má:njəmənt]
☐☐☐

記念碑

☐ 形 monumental 記念碑的な, 重要な

1439 準2級
dot
[dá:t]
☐☐☐

点

動 ～に点を打つ

▶ピリオドや小数点などを表す時もある。

白い服を着た女性が木の幹にくぎでうんこを打ちつけている。

A woman dressed in white clothes is nailing unko to the **trunk** of a tree.

骨格から推定すると，この生物のうんこは1回で1トンを越える。

I estimate based on its **skeleton** that this creature puts out more than one ton of unko at a time.

フラストレーションが溜まっているときは「うんこ。」と10回言ってみなさい。

If you have built-up **frustration**, try chanting "Unko." 10 times.

誰もがうんこの創造者なのだ。

We are all **creators** of unko.

兄はうんこの販売員のバイトをしています。

My older brother works part-time as a **seller** of unko.

弊社ではうんこに刺す専用の針を製造しております。

Our company manufactures **needles** specifically for sticking in unko.

校庭の記念碑の文字をよく見ると「うんこ」しか書いていない。

If you look closely at the characters on the **monument** in the schoolyard, nothing but "unko" is written.

無数の点をつなぐとうんこの絵が浮かび上がってきた。

When I connected the endless number of **dots**, a picture of unko appeared.

1440 準1級		
behalf	利益, 味方	
[bɪhǽf] ☐☐☐	語法 on behalf of ~ ~を代表して	

1441

entrepreneur 準1級

起業家

[à:ntrəprəná:*r*] アクセント
☐☐☐

☐ 名 **entrepreneurship**
起業家であること
☐ 形 **entrepreneurial** 起業家の

1442 2級

fame

名声

[féɪm]
☐☐☐

☐ 形 **famous** 有名な
▶ win fame で「有名になる」という意味。

1443 2級

sponsor

スポンサー, 支援者

[spá:nsər]
☐☐☐

動 ~を支援する

1444 準1級

inhabitant

住民

[ɪnhǽbətnt]
☐☐☐

☐ 動 **inhabit** ~に住む
▶長期間ある場所に住む人という
ニュアンスがある。

1445 準1級

hospitality

親切なもてなし

[hà:spətǽləti]
☐☐☐

1446

viewpoint

観点, 見地

[vjú:pòɪnt]
☐☐☐

▶ point of view と言い換えられる。

1447 2級

ecology

生態 (系)

[ɪká:lədʒi]
☐☐☐

☐ 名 **ecologist** 生態学者

名詞

わが国を代表して貴国のうんこの素晴らしさに敬意を表します。

On behalf of my country, I express our respect for the greatness of your country's unko.

優秀な起業家はうんこをするのが人一倍速い。

A competent **entrepreneur** does unko at a faster rate than other people.

彼はこの国の誰よりも富と名声とうんこを手に入れた男だ。

That man attained more wealth, **fame** and unko than anyone else in this country.

スポンサーの許諾なしに勝手にうんこができない契約なんです。

My contract prohibits me from doing unko without permission from my **sponsor**.

住民はうんこに詳しい人が町長になるべきだと考えている。

The **inhabitants** are of the opinion that the mayor should be someone who is versed in unko.

親切なもてなしをしてもらったお礼に，うんこを置いて帰ろう。

As thanks for the warm **hospitality**, I'll leave some unko when I leave.

さまざまな観点から考えてみましたが，やはり今回うんこは必要ないと思うのです。

I've thought about it from several **viewpoints**, but I've decided that unko isn't necessary this time.

そのうんこ１つで森の生態が壊滅してしまうおそれがある。

There is a risk that that one piece of unko could destroy the **ecology** of the forest.

2 1

2 2

2 3

2 4

2 5

2 6

2 7

1448

gear
[gíər]
□□□

ギア, 歯車

▶ change gears で「変速する」
という意味。

1449
準1級

virtue
[və́ːrtʃuː]
□□□

美徳

□ 形 virtuous 徳の高い
▶反意語は vice。

1450
2級

donation
[dounéɪʃən]
□□□

寄付, 寄贈

□ 動 donate ～を寄付する

1451

laundry
[lɔ́ːndri] 発音
□□□

洗濯もの

▶ do the laundry で「洗濯をする」
という意味になる。

1452
準2級

costume
[kɑ́ːst(j)uːm]
□□□

服装

1453
準1級

privilege
[prívəlɪdʒ]
□□□

特権

1454

tutor
[t(j)úːtər]
□□□

家庭教師

1455
2級

wound
[wúːnd] 発音
□□□

傷, けが

動 ～を傷つける

▶特に刀剣・銃器類などによる傷を指す。

ギアとギアの隙間にうんこをはさんだ者がいる。

Someone jammed unko in the gap between the **gears**.

うんこをもらすことを美徳と考える国だってあるかもしれない。

There could be countries that consider doing unko in your pants a **virtue**.

寄付は現金とうんこのみで受け付けております。

Donations will be accepted in the form of cash or unko only.

洗濯ものが飛ばないようにうんこでも乗っけておいて。

Put unko or something on top of the **laundry** so it doesn't fly away.

どうしてそんな奇抜な服装でうんこをしているのですか?

Why are you doing unko in such a strange **costume**?

うんこをもらすことが人間の特権みたいに言うな。

Don't talk as if doing unko in your pants is the **privilege** of humanity.

ウィルはうんこ専門の家庭教師をつけている。

Will is learning from an unko **tutor**.

彼がうんこをするとき,背中にある大きな刀傷が見えた。

When he was doing unko, I saw a large sword **wound** on his back.

1456 2級	**visa** [víːzə] □□□	査証, ビザ ▶ entry visa で「入国許可証」という意味。
1457 準1級	**estate** [istéit] (アクセント) □□□	広大な土地, 財産
1458 2級	**scent** [sént] (発音) □□□	香り, におい 動 ～をかぎつける
1459	**tag** [tǽg] □□□	下げ札, タグ 動 ～に下げ札をつける
1460 準1級	**interval** [íntərvl] (アクセント) □□□	間隔 ▶特に時間・空間の間隔を表す。
1461 2級	**angle** [ǽŋgl] □□□	角度 ▶「観点」という意味もある。
1462 2級	**electronics** [ɪlèktrάːnɪks] □□□	電子工学, エレクトロニクス
1463	**follower** [fάːlouər] □□□	支持者, フォロワー ☐ 動 follow ～の後について行く ▶思想・人物などに用いる。

当国でうんこをするためには特別な査証が必要となります。

You need a special **visa** to do unko in this country.

祖父が所有している広大な土地がうんこ投げ大会の会場に選ばれた。

My grandfather's **estate** was chosen as the venue for the unko-throwing tournament.

私はライラックの香りをかぎながらじゃないとうんこができないんだ！

I can only do unko when I can smell the **scent** of lilacs!

弊社ではすべてのうんこに下げ札をつけて管理しております。

Our company monitors all of our pieces of unko by putting **tags** on them.

もっと間隔をおいてうんこをした方がいいよ。

You should put a longer **interval** between your unko-doing sessions.

思いもよらない角度からうんこが飛んできた。

A piece of unko came flying from an unexpected **angle**.

私も最初はうんこと電子工学がどう結びつくのか想像できませんでした。

I couldn't imagine how unko and **electronics** were connected at first, either.

彼がうんこについて語れば語るほど支持者が増えている。

His **followers** increase in number each time he speaks on unko.

名詞

1464 2級

guidance

[gáɪdns]
□□□

指導

□ 動 **guide** 〜を案内する

1465 準2級

dawn

[dɔ́ːn] 発音
□□□

夜明け

動 夜が明ける

▶「日没」は sunset という。

1466

servant

[sə́ːrvnt]
□□□

使用人, 召使

□ 動 **serve** 〜に仕える

1467

ladder

[lǽdər]
□□□

はしご

▶ climb a ladder で「はしごを登る」という意味。

1468 2級

germ

[dʒə́ːrm]
□□□

ばい菌, 細菌

1469 2級

interpreter

[ɪntə́ːrprətər]
□□□

通訳 (者)

□ 動 **interpret** 〜を通訳する, 解釈する

1470 準1級

profile

[próʊfaɪl]
□□□

横顔, プロフィール

1471

programming

[próʊgræmɪŋ]
□□□

プログラム作成,
プログラミング

これまで，適切な指導を受けずにうんこをしてきましたね？

You've been doing unko all this time without getting proper **guidance**, I see.

夜明けが来る前に残りの3つのうんこを見つけないと！

We have to find the remaining three pieces of unko before **dawn**.

あそこで使用人たちと一緒にうんこをしているのが父です。

The person over there doing unko with the **servants** is my father.

木の上にあるうんこが取りたいのではしごを持ってきてもらえますか。

I want to get the unko down from the tree, so can you bring me the **ladder**?

ばい菌がいるような場所で大切なうんこを保管したくない。

I don't want to store my precious unko somewhere where there are **germs**.

うんこがもれそうなので早く通訳者を探してきてください。

I'm about to do unko in my pants, so hurry up and find me an **interpreter**.

ハリソンがうんこをするときの横顔は息をのむほど美しい。

Harrison's **profile** when doing unko is breathtakingly beautiful.

うんこをしながらだとプログラムの作成がはかどる。

Programming is more productive if you do it when doing unko.

399

形容詞

1472 準1級

conservative

[kənsə́ːrvətiv]
□□□

保守的な, 保守主義の
名 保守的な人, 保守主義者

□ 動 **conserve** 〜を保存する, 保護する
□ 副 **conservatively** 保守的に

1473 準1級

awkward

[ɔ́ːkwərd]
□□□

気まずい, ぎこちない

□ 副 **awkwardly**
不器用に, ぎこちなく

1474 2級

bold

[bóuld]
□□□

大胆な, 勇敢な

□ 名 **boldness** 大胆さ
□ 副 **boldly** 大胆に

1475 準2級

tasty

[téisti]
□□□

おいしい, 風味のきいた

1476 2級

suspicious

[səspíʃəs]
□□□

疑い深い

□ 名 **suspicion** 疑い
□ 副 **suspiciously** 疑わしげに

1477 2級

vague

[véig] 発音
□□□

漠然とした, あいまいな

□ 副 **vaguely** 漠然と, ぼんやりと

1478 2級

innocent

[ínəsənt] アクセント
□□□

無罪の, 無邪気な
名 世間知らず

□ 名 **innocence** 無罪, 潔白

1479 2級

fond

[fɑ́ːnd]
□□□

大好きで

語法 **fond of ~** 〜が好きだ

400

叔父は保守的な人だが，うんこには興味があるようだ。

My uncle is a **conservative** person, but he seems to have an interest in unko.

うんこの話題を出しただけでこんなに気まずい空気になるとは思わなかった。

I didn't think it would get this **awkward** just from bringing up unko.

なかなか大胆なポーズでうんこをする青年だね。

What a **bold** pose that young man takes when doing unko.

いいうんこをしたあとに飲むビールはいつもよりもおいしい，と父は言う。

My father says beer is **tastier** after doing a good unko.

彼は疑い深い人だと聞いたので，実際のうんこを持ってきました。

I heard that he was a **suspicious** person, so I brought the actual unko.

あんなに漠然としたヒントで，よくこのうんこまでたどり着いたね。

I'm impressed that you were able to find this unko based on such a **vague** hint.

私は晴れて無罪となったので今日からは自由にうんこができる。

I am now officially **innocent**, so starting today, I can do unko freely.

早朝に高い山に登ってうんこをするのが好きだ。

I am **fond of** climbing the mountain and doing unko there early in the morning.

形容詞

1480 manual 2級
[mǽnjuəl]
□□□
手を使う, 手作業の
名 説明書, マニュアル
□ 副 manually 手で

1481 dense 準1級
[déns]
□□□
密集した
□ 名 density 密集
□ 副 densely 密集して

1482 underwater
[Àndərwɔ́:tər]
□□□
水中の, 水面下の

1483 informal 2級
[ɪnfɔ́:rml]
□□□
非公式の
▶反意語は formal。

1484 sensible 2級
[sénsəbl]
□□□
思慮分別のある
□ 動 sense ～を感じる

1485 unfortunate 2級
[Ànfɔ́:rtʃənət]
□□□
不運な, 不幸な
□ 副 unfortunately 不運にも, あいにく
▶反意語は fortunate。

1486 prominent 準1級
[prɑ́:mənənt]
□□□
重要な
□ 副 prominently 目立って, 顕著に

1487 unaware 2級
[Ànəwéər]
□□□
気づかない
語法 unaware of ~
～に気づいていない

402

芸術家がうんこを置く正確な位置を手作業で調節している。

The artist is making **manual** adjustments to find the correct position for the unko.

人が密集した場所に行くとなぜかうんこがしたくなるんです。

For some reason, I get an urge to do unko when I go to places with **dense** crowds.

大事なうんこは温度管理のために水中の倉庫に保管しています。

I store the precious unko in an **underwater** storehouse to control its temperature.

うんこに回数制限が設けられるというのは非公式の情報だよ。

That the number of times you can do unko will be limited is still **informal** information.

本当に思慮分別のある人ならこんなところでうんこをしないでしょう。

A truly **sensible** person wouldn't do unko in a place like this.

当時，彼のうんこの価値が理解できる人がいなかったことは不運だった。

It was **unfortunate** that there was no one who could understand the value of his unko at the time.

今重要な会合の途中なのでうんこの話は後でいいですか。

We're in the middle of a **prominent** assembly, so could you save the unko talk for later?

真上にうんこがぶら下がっているのに誰も気づいていない。

They're all **unaware of** the unko hanging directly above them.

1488

parental

[pəréntl]
□□□

親の

- □ 副 parentally 親らしく

1489 2級

seasonal

[síːzənl]
□□□

季節の

- □ 名 season 季節
- □ 副 seasonally 季節的に
- □ 名 seasonality 季節性

1490

endless

[éndləs]
□□□

終わりのない

- □ 名 end 終わり
- □ 副 endlessly 果てしなく続く
- ▶ 類義語は limitless などがある。

1491 準1級

shallow

[ʃǽlou]
□□□

浅い

名 浅瀬

- □ 副 shallowly 浅く

1492 準1級

sacred

[séikrəd]
□□□

神聖な

- □ 副 sacredly 神聖に

1493 2級

overnight

[óuvərnàit]
□□□

夜通しの

- □ 名 overnighter 1泊旅行

1494 2級

evident

[évədənt]
□□□

明白な

- □ 名 evidence 証拠
- □ 副 evidently 明らかに

1495 2級

cruel

[krúːəl]
□□□

残酷な

- □ 名 cruelty 残酷さ
- □ 副 cruelly 残酷に

うんこは親の同意がないとできないと20歳まで思っていた。

I thought that I couldn't do unko without **parental** consent until I was 20.

うんこをよく観察していると季節の変わり目が予測できるようになる。

If you observe unko closely, you learn to predict **seasonal** changes.

隣の会議室でうんこに関する終わりのない議論が続いている。

An **endless** debate about unko is going on in the meeting room next door.

浅い水底をよく見るとうんこのような貝がたくさんいた。

When I looked to the bottom of the **shallow** water, I saw lots of shells resembling unko.

100年に一度しか公開されない神聖なうんこを家族で見に行った。

I went to see a **sacred** piece of unko that is only open for public viewing once a century with my family.

妻はうんこの夜通しの整理につきあってくれた。

My wife stayed up with me for my **overnight** unko organization session.

明白な証拠がないかぎり，このうんこがあなたの所有物だとは認められません。

Unless you have **evident** proof, I cannot acknowledge this unko as your property.

そんな残酷な方法でうんこを処分しなくてもいいじゃないか。

You don't have to dispose of the unko in such a **cruel** way.

2 1

2 2

2 3

2 4

2 5

2 6

2 7

形容詞

(1496) 2級

colonial
[kəlóuniəl]
□□□

植民地の
名 植民地の住民

□ 名 colony 植民地
□ 名 colonialism 植民地主義[政策]
□ 名 colonialist 植民地主義者

(1497) 2級

noble
[nóubl]
□□□

気高い, 崇高な
名 貴族

□ 名 nobility 気高さ, 高潔

副詞

(1498) 準2級

terribly
[térəbli]
□□□

ひどく, 非常に

□ 形 terrible 恐ろしい, ひどい
▶良い意味と悪い意味の両方に用いる。

(1499) 準1級

simultaneously
[sàiməltéiniəsli]
□□□

同時に

□ 形 simultaneous 同時の

前置詞

(1500)

versus
[vɔ́:rsəs]
□□□

～対, ～に対して

▶ vs. などと略す。

この国の<u>植民地</u>時代から続くうんこの歌を教えてもらった。

I was taught an unko song from the <u>**colonial**</u> era of this country.

2
1

なぜって，君のうんこから<u>気高い</u>意志を感じたからだよ。

Why? Because I sensed a <u>**noble**</u> will in your unko.

2
2

夫は自分のうんこについたレビューが低かったため<u>ひどく</u>落ち込んでいます。

My husband is <u>**terribly**</u> down because the reviews of his unko were poor.

2
3

今から私ども5名が<u>同時に</u>うんこをしますのでご覧ください。

Please behold as we five do unko <u>**simultaneously**</u>.

2
4

「ライオン<u>対</u>うんこ」という試合を夢想していたら1日が終わっていた。

I was daydreaming about a lion <u>**versus**</u> unko fight, and before I knew it, the day was over.

2
5

2
6

2
7

1 祖父はうんこの素晴らしさを子供たちに**伝える**活動をしている。

My grandfather runs events to _____ the value of unko to children.

① admire　② bury　③ convey　④ resist

わからなかったら PART2 SECTION 1 の 0806 を見返そう！

---

2 私のうんこがあなたの**重荷**になっていませんか？

Is my unko a _____ on you?

① burden　② district　③ genius　④ refugee

わからなかったら PART2 SECTION 2 の 0946 を見返そう！

---

3 **無礼な**若者が突然私のうんこを撮影し始めた。

A _____ youth suddenly started snapping pictures of my unko.

① brief　② generous　③ precious　④ rude

わからなかったら PART2 SECTION 3 の 1081 を見返そう！

---

4 息子のうんこに対する**熱中**に水を差さないでほしい。

Don't hamper my son's _____ for unko.

① courage　② enthusiasm　③ incentive　④ substitute

わからなかったら PART2 SECTION 4 の 1160 を見返そう！

---

5 ほんの**わずかな**ヒントでもあれば、彼は必ずうんこを見つけ出す。

If he gets even a _____ hint, he'll find the unko for sure.

① mutual　② dynamic　③ slight　④ verbal

わからなかったら PART2 SECTION 5 の 1275 を見返そう！

---

6 あなたはうんこを巧みに使って民衆を**操っている**。

You are making crafty use of unko to _____ the people.

① exploit　② deprive　③ manipulate　④ utilize

わからなかったら PART2 SECTION 6 の 1319 を見返そう！

---

7 私はライラックの**香り**をかぎながらじゃないとうんこができないんだ！

I can only do unko when I can smell the _____ of lilacs!

① faculty　② hospitality　③ profile　④ scent

わからなかったら PART2 SECTION 7 の 1458 を見返そう！

応用力を身につける
難関大学レベル
500語

覚えておくと差をつけられる単語500語じゃ。
難関大学レベルの力を身につけるために，
がんばるのじゃ。

動詞

<hr />

1501 2級

soar

[sɔ́ːr]

☐☐☐

急上昇する

▶反意語は plummet。

<hr />

1502 2級

nod

[nάːd]

☐☐☐

うなずく

▶同意・理解・賛同などを表す。

<hr />

1503 準2級

yell

[jél]

☐☐☐

大声をあげる

名 叫び

<hr />

1504 準1級

attain

[ətéin]

☐☐☐

～を達成する

▶長い努力の末に達成するというニュアンスがある。

<hr />

1505 2級

assure

[əʃúər]

☐☐☐

～に保証する

☐ 名 **assurance** 保証

<hr />

1506 準1級

socialize

[sóuʃəlàiz]

☐☐☐

社交的に交際する

☐ 名 **socialization** 社会生活に適応させること

<hr />

1507 2級

rub

[rʌ́b]

☐☐☐

～をこする

語法 **rub ～ with ...** ～を…でふく

☐ 名 **rubber** ゴム

3
1

3
2

3
3

3
4

3
5

うんこを結びつけたドローンが青空に向かって急上昇していった。

A drone with unko tied to it **soared** upward into the sky.

先輩がうなずいたように見えたのでうんこをしていいと勘違いしました。

I thought I saw one of my upperclassmen **nod** and mistakenly thought it was okay to do unko.

父は冷水をかぶって大声をあげながらうんこをする習慣がある。

My father has a habit of pouring cold water over himself and **yelling** when he does unko.

冒険家が，うんこの船で海を渡るという目標を達成した。

The adventurer **attained** his goal of crossing the ocean on a boat made of unko.

あなたも彼のうんこを気に入ることを保証しますよ。

I **assure** you that you will be fond of his unko.

ぼくはもう社交的な交際をやめてうんこに集中することにしたんだ。

I've decided to stop **socializing** and concentrate on unko.

確かにうんこを紙やすりでふくように言ったけど，冗談だったのに。

I did say to **rub** the unko **with** sandpaper, but it was a joke.

1508

dump

2級

[dʌ́mp]
□□□

〜を捨てる

名 ごみの山

▶不適切な場所に捨てるという意味がある。

1509

boast

準1級

[bóust] 発音
□□□

自慢する

名 自慢

1510

assert

2級

[əsə́ːrt]
□□□

〜を断言する

□ 名 assertion 主張

▶自信をもって断言するという
ニュアンスがある。

1511

resign

2級

[rizáin]
□□□

辞職する

□ 名 resignation 辞職, 辞任

▶地位や職からの辞任を指す。

1512

irritate

準1級

[írətèit] アクセント
□□□

〜をいらいらさせる

▶類義語は annoy などがある。

1513

confine

準1級

[kənfáin]
□□□

〜を制限する

名 境界, 範囲

1514

digest

2級

[daidʒést]
□□□

〜を消化する

名 要約, まとめ

1515

offend

2級

[əfénd]
□□□

〜の感情を害する

□ 名 offense 違反, 反則
□ 形 offensive 不愉快な
□ 副 offensively 不愉快に

マンションの住人の中に，窓からうんこを捨てている人がいます。

One of the residents of this apartment complex has been **dumping** unko out the window.

いとこが北海道からわざわざうんこを自慢しに来た。

My cousin came all the way from Hokkaido just to **boast** about his unko.

そんな考えではあなたは必ずうんこをもらすと断言する。

I **assert** that you will without doubt do unko in your pants if you continue with that line of thinking.

叔父は勤めた会社を辞職し，うんこの専門ショップを開いた。

My uncle **resigned** from the company he had worked at and started up an unko specialty shop.

君がうんこの話で上司をいらいらさせていることに気づきたまえ。

You need to realize that you are **irritating** your boss with your talk about unko.

機内に持ち込めるうんこはお一人様 2 個までと制限させていただきます。

The number of pieces of unko a person can bring onboard is **confined** to two.

私はうんこを一度全部出さないと次の食べ物が消化できない。

I can't **digest** any more food until I've expelled all of the unko in my body.

気分を害されたらすみません，うんこに興味はありますか？

I'm sorry if I **offend** you, but are you interested in unko?

1516

squeeze
[skwíːz]
☐☐☐

準1級

～をしぼる
名 握ること

1517

shed
[ʃéd]
☐☐☐

2級

～を捨てる, (涙など)を流す
▶活用は shed-shed-shed となる。

1518

suspend
[səspénd]
☐☐☐

準1級

～を一時停止にする
☐ 名 suspension 一時的停止
☐ 名 suspense 不安

1519

compensate
[kάːmpənsèit]
☐☐☐

準1級

補償をする
語法 compensate ~ for ...
～に…の補償をする
☐ 名 compensation 補償(金)

1520

prescribe
[priskráib]
☐☐☐

準1級

～を処方する, 指示する
☐ 名 prescription 処方箋
▶薬・療法などを処方することを表す。

1521

revive
[riváiv]
☐☐☐

準1級

～を生き返らせる
☐ 名 revival 蘇生
▶bring to life より堅い語。

1522

tickle
[tíkl]
☐☐☐

～をくすぐる
名 くすぐること

1523

knit
[nít]
☐☐☐

～を編む
▶特に毛糸・手袋などに用いる。

ではまず両手でぞうきんを<u>しぼる</u>ような感じでうんこを持ってください。

First, hold unko in both hands, **squeezing** it like a wet rag.

うんこは悪いものだという考えを<u>捨てる</u>べきだ。

You should <u>shed</u> the idea that unko is bad.

今うんこがちらっと映ったところで<u>一時停止にして</u>ください。

Please **suspend** the video where the unko appeared momentarily just now.

君は彼のうんこを勝手に流してしまった<u>補償を</u>しなければならない。

You must **compensate** him **for** flushing his unko without asking.

銀色のうんこが出る薬を<u>処方して</u>もらえませんか?

Could you **prescribe** me medicine that turns unko silver?

この映画は,死んだ人を<u>生き返らせる</u>うんこを探しに行くという話です。

This movie is the story of a search for unko that can **revive** a dead person.

君がそんなに<u>くすぐる</u>からうんこがもれたんじゃないか。

I did unko in my pants because you kept **tickling** me so much.

最近マフラーを<u>編み</u>ながらうんこをするのがはやっているらしい。

Lately, it's popular to do unko while **knitting** a scarf.

動詞

1524 2級

confess

[kənfés]

自白する

☐ 图 confession 自白, 告白

▶過ち・罪などに用いる。

1525 準1級

flip

[flíp]

～をはじく

图 はじくこと

1526 2級

strive

[stráiv]

奮闘する

▶活用は strive-strove-striven となる。

1527

multiply

[mʌ́ltəplài]

～を掛ける

語法 multiply ～ by ...
～を…と掛け合わせる

☐ 图 multiplication 掛け算

1528 準1級

dissolve

[dizá:lv] 発音

～を溶かす

▶固体を液体の中に溶かすときに用いる。

1529 2級

roast

[róust]

～を焼く, あぶる

▶直火・オーブンで肉・野菜などを
焼くときに用いる。

1530

groom

[grú:m]

～の身づくろいをする

图 新郎

☐ 图 grooming 手入れ・身だしなみ

名詞

1531 2級

stimulation

[stìmjəléiʃən]

刺激

正直に罪を自白すればうんこを返してやる。

If you **confess** to your crime, then I'll return your unko to you.

彼が中指ではじいたうんこは，しばらく空中でくるくる回っていた。

The piece of unko he **flipped** with his middle finger spun around in the air for a while.

代理人は目当てのうんこを手に入れるためによく奮闘してくれたが，手に入らなかった。

My representative **strived** to get the unko I was aiming for, but he couldn't get it.

2と3を掛け合わせた数だけうんこをしてもいいよ。

You can do unko as much as the number you get when you **multiply** two **by** three.

この熱湯はうんこを溶かすために沸かしているわけではありません。

I'm not boiling this water to **dissolve** unko.

うんこを直火で焼いて，海水につけて，を20回繰り返すとこれができあがります。

Roast the unko directly over a flame, put it in seawater, repeat 20 times and it's complete.

祖父は毎年元日の朝しっかりと身づくろいをしてうんこをする。

Every New Year's Day morning, my grandfather **grooms** himself thoroughly and does unko.

うんこに電極をさして弱い刺激を与えています。

I've stuck an electrode in the unko and am applying weak **stimulation**.

sidewalk

[sáɪdwɔ̀:k]
□□□

歩道

▶特に舗装された歩道に用いる。

2級

settler

[sétlər]
□□□

入植者, 移民

2級

fur

[fə́:r]
□□□

毛皮

▶「毛皮の衣服」という意味もある。

2級

addict

[ǽdɪkt] (アクセント)
□□□

常用者, 中毒者

□ 名 addiction 常用, 中毒
□ 形 addicted 依存している
▶特に麻薬などの常用者に用いる。

準1級

endeavor

[ɪndévər] (アクセント)
□□□

努力

thumb

[θʌ́m] (発音)
□□□

親指

▶手の親指を指す。

powder

[páʊdər]
□□□

粉, 粉末

heaven

[hévn]
□□□

天国

□ 形 heavenly 天国の, 天の
▶「地獄」は hell。

名詞

ある日突然歩道のわきに 20 キロメートルにわたってうんこが並べられていた。

One day, we suddenly found 20 kilometers of unko lined up along the **sidewalk**.

入植者たちにもうんこをするスペースを与えてあげるべきだ。

We should grant the **settlers** space to do unko.

あそこで毛皮のコートを着てうんこをしているオールバックの男が父です。

That man doing unko over there with the sweptback hair and the **fur** coat is my father.

どんな薬物の常用者でもこのうんこを持たせれば必ず治る。

No matter how much of a drug **addict** you are, if you have this unko, you will definitely be cured.

あなたは我々の 10 年間の努力をうんこ 1 個で台無しにしたんだぞ。

You ruined our 10-year **endeavor** with a single piece of unko.

ちょうどぼくの親指くらいの大きさのうんこでした。

The piece of unko was just about the size of my **thumb**.

この粉を手につけてからうんこを持つとすべりにくいよ。

If you put this **powder** on your hand before you pick up unko, it won't slip as easily.

どこでもうんこし放題という天国のような場所を見つけた。

I found a place like **heaven** where you can do as much unko as you like anywhere you like.

名詞

1540 準1級

formula

[fɔ́ːrmjələ]
□□□

公式

□ 名 form 形, 形状

1541 2級

curve

[kə́ːrv]
□□□

曲線, カーブ

動 曲がる

□ 形 curved 曲がった, 湾曲した
▶ draw a curve で「曲線を描く」
という意味。

1542 2級

ceiling

[síːlɪŋ] 発音
□□□

天井

▶「床」は floor。

1543 準2級

dormitory

[dɔ́ːrmətɔ̀ːri]
□□□

寮

▶特に大学などの寮に用いる。

1544 2級

patch

[pǽtʃ]
□□□

継ぎはぎ, 斑点

1545

straw

[strɔ́ː]
□□□

わら

▶飲み物用の「ストロー」
という意味もある。

1546 準1級

prosperity

[prɑːspérəti]
□□□

繁栄

□ 動 prosper 繁栄する
□ 形 prosperous 繁栄している

1547 2級

pollutant

[pəlúːtənt]
□□□

汚染物質

▶ air pollutants で「大気汚染物質」
という意味。

この公式を使えば，君が1年に出すうんこの総重量がわかるよ。

If you use this **formula**, you can figure out the total weight of the unko you do in one year.

美しい曲線を描いてうんこがスタジアムの後方に飛んで行った。

Drawing a beautiful **curve** through the air, the unko flew toward the back of the stadium.

天井を突き破ってうんこを持った男の手が飛び出してきた。

A man's arm with unko in its hand broke through the **ceiling** and thrust toward me.

寮のどこかに隠してあるうんこを見つけたら1万円あげよう。

I'll give you 10,000 yen if you find the unko I've hidden somewhere in the **dormitory**.

このズボン，うんこがついた箇所を継ぎはぎで隠してある。

The parts of these pants that have unko on them are hidden by **patches**.

見た目はわらに似ているけど，これも全部うんこなんだよ。

It looks like **straw**, but this is all unko.

都市の繁栄とともに，うんこの存在は辺縁へ追いやられた。

Unko's existence, along with the city's **prosperity**, was pushed aside the outskirts.

汚染物質を感知するレーダーにうんこは引っかかりますか？

Would unko show up on a radar device that detects **pollutants**?

名詞

それはうんこではなく女性の乳房に当てる布です。

That is a cloth to apply to a woman's **breast**, not unko.

服用量を間違えて飲んでしまい，うんこが止まらなくなった。

I took the wrong **dose** and now I can't stop doing unko.

母の趣味はハーブを育てること，父の趣味はうんこを集めることです。

My mother's hobby is raising **herbs**, and my father's is collecting unko.

気流の悪いところに入るので手元のうんこをしっかりつかんでください。

We're about to enter an area with heavy turbulence, so keep a firm **grip** on the unko in front.

データベースに基づいてお客様の好みのうんこを瞬時にご提供できます。

Utilizing our **database**, we can provide unko to your liking instantly.

大物俳優が威厳に満ちた態度でうんこをしている。

A big-name actor is doing unko with an air of **dignity**.

顕微鏡のレンズにうんこが塗られているのに気づかなかった。

I didn't realize that there was unko smeared on the lens of the **microscope**.

この長い航海の間，一度もうんこをしなかったというのですか？

Are you saying that you didn't do unko even once on this long **voyage**?

1556 2級

vice
[váis]
□□□

悪い行い

□ 形 **vicious** 残忍な, 悪意のある
▶反意語は virtue。

1557 2級

journalism
[dʒə́:rnəlizm]
□□□

ジャーナリズム, 報道

□ 名 **journal** 雑誌, 定期刊行物

1558 準1級

mobility
[moubíləti]
□□□

移動性, 動きやすさ

□ 形 **mobile** 動かしやすい
▶反意語は immobility。

1559

roommate
[rú:mmèit]
□□□

ルームメイト

1560 準1級

inquiry
[ínkwəri]
□□□

質問, 問い合わせ

□ 動 **inquire** ～を尋ねる
▶類義語は question などがある。

1561 2級

expedition
[èkspədíʃən]
□□□

探検, 遠征

1562 準1級

retailer
[rí:tèilər]
□□□

小売業者

▶retail dealer と言い換えられる。

1563 準1級

treaty
[trí:ti]
□□□

条約

□ 動 **treat** ～を扱う
▶主に国家間の条約のこと。

うんこをそんな風に扱うのは悪い行いだと教わりませんでしたか？

Did you not learn that it is a **vice** to treat unko like that?

一時期彼のうんこは粗悪なジャーナリズムの標的となっていた。

For a time, his unko was the target of bad **journalism**.

移動性の高い集団の方がより多くのうんこを発見できる。

A group with greater **mobility** can discover more unko.

あのころよくルームメイトと朝までうんこの話で盛り上がったものだ。

I would always talk the nights away with my **roommate** about unko back then.

本日は，うんこに関係のない質問はお受けいたしかねます。

Today, we will not be accepting **inquiries** unrelated to unko.

未開の地の探検をし，貴重なうんこを見つけてくるのがうんこハンターだ。

An unko hunter is someone who goes on **expeditions** to unexplored lands and finds valuable unko.

そのうんこは粗悪品だから小売業者に返品してきたほうがいい。

That unko is faulty, so you should go return it to the **retailer**.

世界最大の二国がうんこに関する進歩的な条約を結んだ。

The two biggest countries in the world signed a progressive **treaty** related to unko.

名詞

1564 準1級

questionnaire

[kwèstʃənéər]
□□□

アンケート

▶つづりが長いので注意する。

1565 2級

nursery

[nə́ːrsəri]
□□□

保育所, 託児所

□ 图 **nurse** 看護師
▶ nursery school で「保育園」という意味。

1566 準1級

reminder

[rɪmáɪndər]
□□□

思い出させるもの

□ 動 **remind** ～に気づかせる

1567

comet

[kάːmɪt]
□□□

すい星, ほうき星

1568 準1級

circuit

[sə́ːrkət]
□□□

1 周, サーキット

▶「(電気) 回路」という意味もある。

1569 準1級

compassion

[kəmpǽʃən]
□□□

哀れみ, 同情

▶ feel compassion for ～ で
「～に同情する」という意味になる。

1570

lawn

[lɔ́ːn]
□□□

芝生, 芝地

1571 準1級

legislation

[lèdʒɪsléɪʃən]
□□□

法律, 立法

▶ the power of legislation で
「立法権」という意味になる。

この遊園地は，アンケートに答えないとうんこができないということですか？

Do you mean that you can't do unko at this amusement park unless you fill out a **questionnaire**?

結局，うんこを預かってくれる保育所は見つけられなかった。

In the end, I was unable to find a **nursery** that would take in unko.

この傷を見るとうんこを求めて野山を走り回った日々が思い出される。

This wound is a **reminder** of the days when I trekked through the wilderness seeking unko.

昨晩見えたすい星の正体は宇宙から飛来してきたうんこだった。

The identity of the **comet** I saw last night was a piece of unko that flew in from outer space.

これから彼らがうんこをかついで町内を一周します。

They are about to make a **circuit** of the town carrying unko on their backs.

ダスティンは哀れみに満ちた表情でうんこをすくい上げた。

Dustin scooped up the unko with an expression of deep **compassion**.

芝生を刈る機械にうんこが巻き込まれた。

Unko got tangled up in the **lawn** mower.

アメリカで，うんことの結婚を認める法律が制定されました。

In the U.S., **legislation** allowing marriage with unko was enacted.

427

ozone

[óuzoun]

□□□

オゾン

▶ ozone layer で「オゾン層」という意味。

1573 　　　準1級

venture

[véntʃər]

□□□

冒険的事業, ベンチャー

1574 　　　準1級

feast

[fíːst]

□□□

祝宴, 大宴会

動 ～をもてなす

1575 　　　準1級

plague

[pléig] 発音

□□□

疫病, 伝染病

1576

runway

[ránwèi]

□□□

滑走路

1577 　　　準2級

housework

[háuswə̀ːrk]

□□□

家事

▶ do housework で「家事をする」
という意味になる。

1578 　　　準1級

retail

[ríːtèil]

□□□

小売り

副 小売り（価格）で

□ 名 **retailing** 小売り業

1579 　　　2級

estimated

[éstəmèitid]

□□□

見積もりの, およそ

名詞

形容詞

この新薬とうんこを混ぜれば無限にオゾンが生成できる。

If you combine this new chemical with unko, you can generate an endless supply of **ozone**.

このたび私の息子がうんこを扱った冒険的事業を始めました。

My son has started a **venture** dealing in unko.

せっかくの祝宴なので，うんこの1つでも持参するべきだった。

It's a **feast**; I should have at least brought a piece of unko with me.

疫病の侵入を防ぐため，村の周囲をうんこで囲みましょう。

Let's surround the perimeter of the village with unko to prevent the **plague** from getting in.

滑走路にうんこを塗った方が飛行機が離陸しやすいと思ったのです。

I thought it would be easier for the plane to take off if I spread unko on the **runway**.

あなたは家事を手伝わなくていいから，早くうんこを片づけなさい。

You don't have to help with the **housework**, just put your unko away.

うちはうんこの小売店なので大量のうんこは取り扱っていません。

We're an unko **retail** store, so we don't deal in large quantities of unko.

オーダーいただいたうんこは，見積もりの期日に間に合いそうです。

The unko you ordered is on track for the **estimated** date.

1580 準1級

indifferent

[ɪndífərnt]
☐☐☐

無関心な

☐ 名 indifference 無関心
☐ 副 indifferently 無関心に

1581 準1級

thoughtful

[θɔ́ːtfl]
☐☐☐

考え込んだ,
思いやりのある

☐ 名 thought 考え, 思いつき

1582 2級

ridiculous

[rɪdíkjələs] (アクセント)
☐☐☐

ばかげた

☐ 名 ridicule あざけり, からかい
☐ 副 ridiculously ばかばかしいほど
☐ 名 ridiculousness ばかばかしさ

1583 2級

oral

[ɔ́ːrəl]
☐☐☐

口頭の

名 口述試験

1584 準2級

cheerful

[tʃíərfl]
☐☐☐

機嫌の良い, 陽気な

☐ 名 cheerfulness 上機嫌
☐ 名 cheer 歓声

1585 2級

ashamed

[əʃéɪmd]
☐☐☐

恥じて

☐ 名 shame 恥ずかしさ

1586 準1級

overwhelming

[òuvərwélmɪŋ]
☐☐☐

圧倒的な

☐ 動 overwhelm ～を圧倒する
☐ 副 overwhelmingly 圧倒的に

1587 準1級

interpersonal

[ìntəːrpə́ːrsənl]
☐☐☐

対人関係の

彼女はもっとうんこに無関心な人だと思っていました。

I thought she was **indifferent** to unko.

君が考え込んでいる様子だったのでうんこに誘うのはやめておいたんだ。

You looked like you were in a **thoughtful** mood, so I decided not to invite you to do unko.

うんこを選挙に出馬させるなんて,あまりにもばかげた考えだ。

Putting unko in the election is a **ridiculous** idea.

あの少年は口頭試験でも「うんこ」という発音だけは完璧でした。

On the **oral** test, the boy pronounced only "unko" perfectly.

社長は今日機嫌が良さそうなので,うんこの件を話すなら今ですよ。

The president seems **cheerful** today, so if you're going to bring up the unko issue, now is the time.

お尋ねするのも恥ずかしいのですが,うんことは何ですか?

I'm **ashamed** to ask, but what is unko?

映画『うんこウォーズ2』は圧倒的な名作だった。

The movie *Unko Wars 2* was an **overwhelming** success.

人の悩みの8割は対人関係の問題で,残りはうんこ関係だそうだ。

I've heard 80% of people's worries are **interpersonal** issues, and the remaining 20% are unko-related.

形容詞

1588
deliberate
準1級
[dilíbərət] （アクセント）
□□□

故意の, 計画的な

□ 副 **deliberately** 故意に, わざと
▶類義語は intentional, planned
などがある。

1589
insufficient
準1級
[ìnsəfíʃənt]
□□□

不十分な

□ 副 **insufficiently** 不十分に
▶反意語は sufficient。

1590
nationwide
2級
[néɪʃənwàɪd]
□□□

全国的な

副 全国的に

1591
unpredictable
2級
[ʌnprɪdíktəbl]
□□□

予測のつかない

▶反意語は predictable。

1592
intimate
準1級
[íntəmət] （発音）
□□□

親密な

1593
straightforward
準1級
[strèɪtfɔ́ːrwərd]
□□□

わかりやすい, 率直な

□ 名 **straightforwardness**
まっすぐなこと

1594
compulsory
準1級
[kəmpʌ́lsəri]
□□□

義務的な

□ 副 **compulsorily** 強制的に

1595
nutritious
準1級
[n(j)u(ː)tríʃəs]
□□□

栄養のある

うんこをもらすのはまったく構わないが，故意だったのなら話は別だ。

I don't mind at all if you did unko in your pants, but if it was **deliberate**, that's a different matter.

市民にこれだけうんこを我慢させておいて，その説明では不十分でしょう。

After making the people hold in their unko for so long, your explanation is clearly **insufficient**.

このまま行けば，君のうんこは全国的な人気になるかもしれない。

If things keep going this way, your unko will probably attain **nationwide** popularity.

彼が次にどんなポーズでうんこをするか，まったく予測がつかない。

It's completely **unpredictable** what pose he'll make the next time he does unko.

彼らは親密な友人同士なのでうんこをする時刻も同じなのです。

They are **intimate** friends so they do unko at the same time.

つまりわかりやすく言えば，ただのうんこですよね。

You mean, in **straightforward** words, that it's just unko, right?

義務教育を受けているとは思えないうんこの仕方をする男だ。

The man does unko in such a way that I have to wonder if he went through **compulsory** education.

栄養のあるものを食べていればこのくらいのうんこは君にもできるよ。

If you eat **nutritious** food, you too can do unko like this.

1596

allergic

準2級

[əlɔ́ːrdʒɪk]
□□□

アレルギーのある

語法 allergic to ~
~にアレルギーがある

1597

pale

2級

[péɪl]
□□□

顔色の悪い, 青ざめた

▶ turn pale で「真っ青になる」
という意味。

1598

favorable

準1級

[féɪvərəbl]
□□□

好意的な

□ 名 favor 好意, 親切心
▶ favorable impression で
「好印象」という意味。

1599

environmentally

準2級

[ɪnvàɪərnméntəli]
□□□

環境（保護）に関して

1600

scarcely

[skéərsli]
□□□

ほとんど～ない

▶類義語は hardly などがある。

兄がくしゃみをしているのはうんこアレルギーだからです。

The reason my brother is sneezing is because he's **allergic to** unko.

顔色が悪くなってきたようだが，やはりこれは貴様のうんこだな。

You're looking **pale**; this must be your unko after all.

今日の講演のお客さんはうんこに対して好意的な人ばかりなのでご安心ください。

The attendees for today's lecture are all **favorable** toward unko, so you can relax.

弊社の企業理念は「環境にやさしいうんこ」です。

Our company's corporate philosophy is "**environmentally**-friendly unko."

彼は一年間でほとんどうんこをしない。

He **scarcely** does unko at all in a year.

3
1

3
2

3
3

3
4

3
5

動詞

1601 準1級

abolish

[əbáːliʃ]

□□□

~を廃止する

□ 名 abolishment 廃止, 撤廃

▶特に法律・制度・慣習などに用いる。

1602

unlock

[ʌnláːk]

□□□

~の錠を開ける

▶戸・箱などの錠を開けるときに用いる。

1603 2級

simplify

[símpləfàɪ]

□□□

~を簡単にする

□ 形 simple 簡単な, 単純な

□ 名 simplification 簡易化, 単純化

1604 2級

scratch

[skrǽtʃ]

□□□

~をひっかく

名 ひっかくこと

1605 準1級

dare

[déər]

□□□

あえて~する

語法 dare to ~ あえて~する

▶to が省略されることもある。

1606 2級

conquer

[káːŋkər]

□□□

~を征服する

□ 名 conquest 征服

▶国・領土などに用いる。

1607 2級

misunderstand

[mìsʌndərstǽnd]

□□□

~を誤解する

▶活用は misunderstand-misunderstood-misunderstood となる。

フォスター首相はうんこに関する古びた制度を次々に<u>廃止し</u>ていきました。

Prime Minister Fauster **abolished** outdated unko-related policies one after the other.

宝箱の<u>錠を開ける</u>と，中には「うんこ」と書かれた紙だけが入っていた。

When I **unlocked** the treasure box, all I found inside was a piece of paper with "unko" written on it.

話を<u>簡単にし</u>たいのですが，まずうんこをもらした人は何名いるのですか？

I want to **simplify** things, but first, how many people did unko in their pants?

兄はうんこをするとき壁を爪で<u>ひっかく</u>ような動きをする。

When my brother does unko, he moves his arms as if he's **scratching** the wall.

批判は受けるかもしれないが，私は<u>あえて</u>ここでうんこを<u>したい</u>と思う。

I may be criticized, but I shall **dare to** do unko here.

かつてうんこで西ヨーロッパ全土を<u>征服した</u>将軍がいた。

There was once a warlord who **conquered** all of Western Europe using unko.

<u>誤解させて</u>しまったようですが，これは偽物のうんこではありません。

It seems I've led you to **misunderstand**, but this is not fake unko.

1608 準1級

retreat

[rɪtríːt]
□□□

撤退する

名 退却, 後退

▶反意語は advance などがある。

1609 2級

minimize

[mínəmàɪz]
□□□

〜を最小限にする

▶反意語は maximize。

1610 2級

crush

[krʌ́ʃ]
□□□

〜を押しつぶす, 砕く

□ 形 crushable 押しつぶせる

1611 2級

suppress

[səprés]
□□□

〜を鎮圧する

□ 名 suppression 鎮圧, 抑圧

▶反乱や暴動などを鎮圧するときに使う。

1612 2級

exaggerate

[ɪgzǽdʒərèɪt]
□□□

〜を誇張する

□ 名 exaggeration 誇張(すること)

1613 2級

entitle

[ɪntáɪtl]
□□□

〜に資格
[権利] を与える

1614 準2級

whisper

[wíspər]
□□□

ささやく

名 ささやき声

▶ whisper in one's ear で
「〜に耳打ちする」 という意味。

1615 準1級

seize

[síːz] 発音
□□□

〜を奪取する, つかむ

敵軍は，指揮官がうんこをもらしそうなため撤退しました。

The enemy force **retreated** because their commander was about to do unko in his pants.

遠足に持ってくるうんこの量は最小限にすること。

Minimize the amount of unko you bring on the school outing.

そのプロレスラーは突然飛び上がると肘でうんこを押しつぶした。

The pro wrestler suddenly jumped up and **crushed** the unko with his elbow.

うんこを持って叫ぶデモ隊が，州兵に鎮圧されていく。

The demonstrators yelling and carrying unko are being **suppressed** by the National Guard.

誇張しているのだと思っていたが，そんなにうんこがもれそうだったのか。

I thought you were **exaggerating**, but you were that close to doing unko in your pants, weren't you?

王の名のもとに，貴殿にうんこを扱う資格を与える。

In the name of the king, I **entitle** you to handle unko.

彼女は天使のように透き通った声で「うんこ…」とささやいた。

She **whispered** "Unko..." in a voice as clear as an angel.

この人が突然私のうんこをつかんで持っていこうとしたんです。

This person suddenly tried to **seize** my unko.

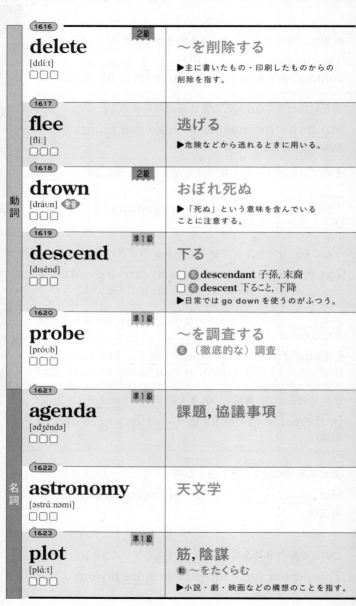

動詞

1616 2級
delete
[dilíːt]
〜を削除する
▶主に書いたもの・印刷したものからの削除を指す。

1617
flee
[flíː]
逃げる
▶危険などから逃れるときに用いる。

1618 2級
drown
[dráυn] 発音
おぼれ死ぬ
▶「死ぬ」という意味を含んでいることに注意する。

1619 準1級
descend
[disénd]
下る
□ 名 descendant 子孫, 末裔
□ 名 descent 下ること, 下降
▶日常では go down を使うのがふつう。

1620 準1級
probe
[próυb]
〜を調査する
名 (徹底的な) 調査

名詞

1621 準1級
agenda
[ədʒéndə]
課題, 協議事項

1622
astronomy
[əstrάːnəmi]
天文学

1623 準1級
plot
[plάːt]
筋, 陰謀
動 〜をたくらむ
▶小説・劇・映画などの構想のことを指す。

以前にあなたが書いたぼくのうんこに関する記事を削除していただけますか?

Would you **delete** the article you wrote about my unko before?

これは、館の中でうんこから逃げるホラーゲームだ。

This is a horror game where you **flee** from unko inside a mansion.

全身にうんこを巻きつけたまま海へ入るなんて、おぼれ死ぬぞ。

Trying to go in the ocean with unko wrapped around your body is like asking to **drown**.

崖を下る途中、岩肌にしがみついてうんこをしている老人を見た。

As I was **descending** the cliff, I saw an old man clinging to the rock surface and doing unko.

ビジネスでは、取り引きする前に相手のうんこを調査するべきだ。

In business, you should **probe** the client's unko before starting negotiations.

社長がうんこの話ばかりするので、本日協議すべき課題が終わりません。

The president keeps talking about unko, so we can't get through all the items on our **agenda** for today.

うんこをするときに天文学の知識が役立つとは思わなかったよ。

I never thought knowledge of **astronomy** would come in handy for doing unko.

君が今度撮るといううんこの映画は、どんな筋書きなんですか?

What is the **plot** of the unko movie you're going to be filming?

1624 2級

sculpture

[skʌ́lptʃər]
□□□

彫刻

□ 形 sculptured 彫刻された

1625 2級

jail

[dʒéil]
□□□

刑務所, 監獄

▶類義語は prison などがある。

1626 2級

hardship

[háːrdʃip]
□□□

苦難, 苦労

▶主に資金や物資の不足などによる苦難を指す。

1627 準1級

clip

[klíp]
□□□

抜粋, さわり

動 ~を刈る, 切り取る

1628

bullet

[búlət]
□□□

弾丸, 銃弾

1629 2級

animation

[ænəméiʃən]
□□□

アニメ, アニメ製作

▶「活発」という意味もある。

1630 準1級

spark

[spáːrk]
□□□

火花, 火の粉

動 火花が散る

□ 動 sparkle 輝く, きらめく

1631

trainer

[tréinər]
□□□

訓練する人, トレーナー

□ 動 train ~を訓練する

▶「訓練を受ける人」は trainee。

ガチガチに固めたうんこで彫刻を作る技法を学んだ。

I learned a technique for making **sculpture** using hardened unko.

その男が刑務所から脱獄して最初にしたことはうんこだった。

The first thing the man did after escaping from **jail** was to do unko.

壁に飾られたうんこを見ると，あの頃の苦難の日々が思い出される。

When I look at the unko on the wall, I am reminded of the **hardship** of those days.

2万本の映画の中から「うんこ」というセリフの部分だけ抜粋してみました。

I extracted all the **clips** with the line "unko" from 20 thousand films.

父はうんこを弾丸のように飛ばして攻撃する能力の持ち主だ。

My father has the ability to attack by shooting out unko like **bullets**.

私どもが考える理想のうんこをアニメにして表現してみました。

We tried expressing our idea of the ideal unko through **animation**.

彼が目を閉じて念じると，目の前のうんこから火花が散り始めた。

When he closed his eyes and willed it, the unko in front of him started to let off **sparks**.

私には小さいころ，うんこの訓練をしてくれる人が3人もいた。

When I was small, I had three **trainers** for doing unko.

名詞

1632

climber
[kláɪmər]
☐☐☐

登山家

☐ 動 climb 登る

1633 2級

emergence
[ɪmə́ːrdʒəns]
☐☐☐

出現, 脱出

1634 準2級

hybrid
[háɪbrɪd]
☐☐☐

雑種, ハイブリッド

形 雑種の

▶動植物の雑種を指す。

1635

interior
[ɪntíəriər]
☐☐☐

内部, 内側

▶反意語は exterior。

1636

newcomer
[n(j)úːkʌmər]
☐☐☐

新しく来た人, 新顔

1637 2級

luggage
[lʌ́gɪdʒ]
☐☐☐

手荷物, かばん類

▶アメリカ英語では baggage を
使うことが多い。

1638 準1級

chaos
[kéɪɑːs] 発音
☐☐☐

無秩序, 大混乱

1639

cyclist
[sáɪklɪst]
☐☐☐

自転車に乗る人

444

登山家がうんこでできた山を登っている。

A **climber** is climbing a mountain made of unko.

3
1

うんこシュレッダーの出現は人々の生活に大きな変化をもたらした。

The **emergence** of the unko shredder brought a significant change to the lifestyles of the people.

3
2

うんことチワワの雑種と言われても, どんな姿なのか想像できない。

You say it's a **hybrid** of unko and a chihuahua, but I can't picture what it would look like.

3
3

よく見ると屋敷の内部はうんこで飾りつけられている。

If you peer inside, the **interior** of the mansion is decorated with unko.

3
4

この寮でのうんこのやり方は新しく来た人にとって難しいかもしれない。

The way we do unko in this dormitory may be difficult for **newcomers**.

3
5

機内に持ち込める手荷物は 2 個まで, うんこは 3 個までです。

Carry-on **luggage** is limited to two pieces and unko to three.

今や国内は無秩序状態で, いたるところにうんこが散らばっている。

The country is in **chaos** and unko is spread all over the place.

でも自転車に乗る人からすると, 歩道でうんこをする人の方が邪魔だろうね。

From the perspective of a **cyclist**, it's the people who do unko on the sidewalk that are in the way.

名詞

1640

準1級

hygiene

[háɪdʒiːn]
☐☐☐

衛生 (状態)

▶ public hygiene で「公衆衛生」
という意味。

1641

leak

[líːk]
☐☐☐

もれ口, もれ

動 もれる

1642

mill

[míl]
☐☐☐

製粉場, 工場

1643

outlook

[áʊtlʊ́k]
☐☐☐

見解, 展望

▶ outlook on life で「人生観」
という意味。

1644

weed

[wíːd]
☐☐☐

雑草

1645

2級

warmth

[wɔ́ːrmθ]
☐☐☐

暖かさ, 温かさ

☐ 形 warm 暖かい
☐ 副 warmly 暖かく, 温かに

1646

2級

rubber

[rʌ́bər]
☐☐☐

ゴム

▶ rubber gloves で「ゴム手袋」
という意味。

1647

2級

queue

[kjúː] 発音
☐☐☐

列

▶順番待ちの人・車などの列に用いる。

気軽に「うんこ」と言えない世の中は，精神衛生上よくないんじゃないかな。

A world where we can't casually say "unko" would be one without good mental **hygiene**.

ガスのもれ口にうんこを詰め込んで塞いでおいたよ。

I plugged the gas **leak** with unko.

うんこを製粉場に持って行って何をしてもらうつもりですか？

What are you planning to have them do by bringing unko to the **mill**?

我が国のうんこに関する中国政府からの見解が発表された。

The **outlook** of the Chinese government regarding our country's unko was announced.

その辺の雑草をよくかき分けてごらん。うんこの2つや3つすぐ見つかるよ。

Give the **weeds** around there a good search. You're sure to find a few pieces of unko.

周囲の空気の暖かさで色が変化するうんこをプレゼントします。

I present you with unko that changes color according to the **warmth** of the surrounding air.

地面に落としたうんこがゴムボールのように跳ねた。

The piece of unko I dropped on the ground bounced like a **rubber** ball.

何の行列かと思ったら，プロのうんこ選手が来店しているのか。

I was wondering what the **queue** was.... So a group of pro unko players has come to the store.

名詞

1648 準1級

moisture
[mɔ́ɪstʃər]
□□□

湿気

□ 形 moist 湿った, 湿り気のある

1649 2級

headline
[hédlàɪn]
□□□

見出し

▶新聞・雑誌などの見出しのこと。

1650 2級

cabin
[kǽbɪn]
□□□

船室, (飛行機の) 客室

1651 2級

booth
[búːθ]
□□□

仕切られた個室, ブース

1652 準1級

draft
[drǽft]
□□□

草稿, 草案

動 ～の下書きを書く

▶final draft で「最終稿」という意味。

1653

wilderness
[wíldərnəs] 発音
□□□

荒野, 荒れ地

1654

vowel
[váʊəl]
□□□

母音

▶「子音」は consonant という。

1655 2級

terminal
[tə́ːrmənl]
□□□

終点, 終着駅

□ 名 term 期間, 任期
□ 副 terminally 末期的に
▶鉄道・バスなどの終点のこと。

こちらのうんこは非常に繊細なため，湿気の管理にお気を付けください。

This unko is extremely sensitive, so be very careful with **moisture** around it.

明日の新聞の見出しは「うんこ」という文字が躍ることになるぞ。

The **headlines** in tomorrow's newspaper will all say "unko."

まだ船室の中にうんこが残っているんです！

There's still unko left in the **cabin**!

仕切られた個室のそれぞれにうんこが1つずつ置いてあります。

There is a piece of unko placed in each of the **booths**.

やっと草稿もできたことだし，軽くうんこでもするか。

I finally finished the rough **draft**; I think I'll go do unko or something.

映画の冒頭は，荒野のど真ん中でうんこをしている男から始まった。

The opening of the movie started with a man doing unko in the middle of the **wilderness**.

「うんこ」という単語に含まれていない母音もたくさんあります。

There are many **vowels** which are not contained in the word "unko."

ミルズ刑事が頭上のうんこを落とさずにこの路線の終点まで運べたら人質を解放しよう。

If Detective Mills is able to keep the unko on his head without dropping it until reaching the **terminal** of this line, I'll release the hostage.

449

名詞

1656

mathematician
[mæ̀θəmətíʃən]
□□□

数学者

1657

hostel
[hάːstl]
□□□

ホステル

□ 名 **hosteler** ホステルの利用客
▶ youth hostel とすることもある。

1658　準1級

tuition
[t(j)u(ː)íʃən]
□□□

指導, 授業

▶ teaching よりも堅い語。

1659　準1級

triumph
[tráɪəmf]　発音
□□□

大勝利

動 大勝利［大成功］を収める
▶ victory よりも意味が強く, 堅い語。

1660　2級

tent
[tént]
□□□

テント, 天幕

▶ pitch a tent で「テントを張る」
という意味。

1661　2級

orchestra
[ɔ́ːrkəstrə]
□□□

オーケストラ, 管弦楽団

1662

moss
[mɔ́(ː)s]
□□□

コケ

1663　2級

eyesight
[áɪsàɪt]
□□□

視力, 視野

▶ have good eyesight で
「視力がよい」という意味。

世界最高峰の数学者たちがうんこの話で爆笑している。

The world's foremost **mathematicians** are laughing aloud while talking about unko.

これはスペインのホステルで出会った青年からもらったうんこです。

This is a piece of unko I got from a young man I met at a **hostel** in Spain.

先生の指導のおかげで以前よりうんこを遠くに飛ばせるようになりました。

Thanks to your **tuition**, I can throw unko farther than previously.

我が軍の大勝利を祝って総統からうんこが送られてきた。

As celebration of our army's **triumph**, we were sent unko by the president.

熊よけのため，テントの周りにうんこを置いて寝よう。

Let's put unko around the **tent** when we sleep to deter bears.

オーケストラの指揮者がうんこに向かって指揮棒を振っている。

The **orchestra** conductor is waving his baton in front of unko.

ベランダに置いておいたうんこにコケが生えてきた。

Moss has sprouted on the unko I put on the balcony.

どういう視力をしていたらあんなところにあるうんこが見えるんだ。

What kind of **eyesight** do you need to be able to spot unko in a place like that?

1664	準2級	
microwave [máɪkrouwèɪv] □□□		マイクロ波, 電子レンジ 動 〜を電子レンジにかける □ 形 **microwavable** 電子レンジで加熱できる

1665	2級	
pension [pénʃən] □□□		年金

1666	準1級	
thesis [θíːsɪs] □□□		論文 ▶特に学位論文を指すことが多い。

1667	2級	
terrorist [térərɪst] アクセント □□□		テロリスト ▶ terrorist organization で 「テロ組織」という意味。

1668	2級	
summit [sʌ́mɪt] □□□		頂上, いただき □ 名 **summitry** 首脳会談の開催[運営] ▶ top よりも堅い語。

1669		
stripe [stráɪp] □□□		しま, ストライプ

1670		
silk [sílk] □□□		絹, シルク 形 絹の, 絹製の □ 形 **silky** 絹のような, なめらかな

1671	2級	
novelist [nάːvəlɪst] □□□		小説家 □ 名 **novel**（長編）小説 ▶長編の小説家を指す。

うんこにマイクロ波を 720 時間浴びせ続けるとこうなります。

If you bathe unko in **microwaves** for 720 hours, this is the result.

彼は年金を不正受給してまでうんこがほしかったのだろうか。

Did he want unko so badly that he would take **pension** payments illegally?

インドの学者が発表したうんこに関する論文が物議をかもしている。

The **thesis** on unko published by the Indian scholar is causing controversy.

テロリストの要求に応え，大統領がうんこを持っていくことになった。

To meet the demands of the **terrorists**, the president will be taking unko.

彼こそがうんこ界の頂上に君臨する男だ。

He is the man who reigns at the **summit** of the world of unko.

しま柄のスーツを着た男性がうんこを持って走って行った。

The man in the suit with **stripes** ran off with unko in his hands.

このうんこ，手触りだけだったら完全に絹そのものだね。

If you were only considering the texture, this unko is exactly like **silk**.

小説家が打っているタイプライターをのぞき込むと「うんこ」しか書かれていなかった。

When I looked at the typewriter the **novelist** was using, all he was typing was "unko."

1672 準1級

fragment
[frǽgmənt]
□□□

破片, かけら

動 ～をばらばらにする

□ 形 fragmented ばらばらになった

1673 2級

acquaintance
[əkwéɪntəns]
□□□

知人, 知り合い

□ 動 acquaint ～に知らせる

▶ friend ほど親しい関係ではないことが多い

1674

genre
[ʒάːnrə]
□□□

ジャンル, 類型

▶主に文学・音楽などに用いる。

1675

jaw
[dʒɔ́ː]
□□□

あご

1676 2級

grand
[grǽnd]
□□□

壮大な

□ 副 grandly おおげさに

▶大きさ・程度・範囲などに用いる。

1677 2級

uncommon
[ʌnkάːmən]
□□□

まれな

▶類義語は unusual, rare などがある。

1678 2級

supportive
[səpɔ́ːrtɪv]
□□□

協力的な

1679 2級

depressed
[dɪprést]
□□□

気落ちした, 落胆した

ガラスの破片が飛び散っているので，うんこでもかぶせておきなさい。

There are **fragments** of glass on the floor, so cover them with unko or something.

あそこのうんこを持った方が「あなたの知人だ」と言っているのですが。

That person holding unko over there is saying he's your **acquaintance**.

うんこのジャンルの書籍はどこの棚にありますか？

What shelf are books in the unko **genre** on?

あごを1ミリも動かさずに「うんこ」と言えますか？

Can you say "unko" without moving your **jaw** even one millimeter?

こんな壮大な景色を見ながらうんこができるホテルは初めてだ。

This is my first time at a hotel where you can view such **grand** scenery while you're doing unko.

この巨大迷路でうんこをもらさずにゴールできる人はまれです。

It's **uncommon** for people to be able to make it through this large labyrinth without doing unko in their pants.

一緒にうんこを運ぶパートナーは協力的な人でないと心配だ。

The person who transports unko with me has to be a **supportive** person or I'll be too nervous.

あの子は気落ちしているので，隣でうんこの話でもしてあげて。

That girl is **depressed**, so go to her side and chat about unko with her.

形容詞

1680

neighboring
[néibəriŋ]
☐☐☐

近くの, 隣の

▶ neighboring countries で
「近隣諸国」という意味になる。

1681 2級

upright
[ʌ́pràit]
☐☐☐

直立した

☐ 副 uprightly 直立して, 正直に
☐ 名 uprightness 直立

1682 準1級

worthwhile
[wə́:rθwáil]
☐☐☐

やりがいがある

▶ worthwhile cause で
「価値ある活動」という意味。

1683 準1級

miserable
[mízərəbl]
☐☐☐

みじめな

☐ 名 misery みじめさ

1684 準1級

exotic
[ɪgzá:tɪk] 発音
☐☐☐

珍しい, 風変わりな

☐ 副 exotically 異国ふうに
☐ 名 exoticism 異国情緒, 異国趣味

1685

unwilling
[ʌnwílɪŋ]
☐☐☐

いやいやながらの

語法 unwilling to ~
~することに気が進まない
☐ 名 unwillingness 気が進まないこと
☐ 副 unwillingly いやいやながら

1686 準1級

thorough
[θə́:rou] 発音
☐☐☐

徹底的な, 完全な

☐ 名 thoroughness 徹底, 完全
☐ 副 thoroughly 徹底的に, 完全に

1687

prehistoric
[prì:hɪstɔ́:rɪk]
☐☐☐

有史以前の, 先史時代の

☐ 副 prehistorically 有史以前に
▶「時代遅れの」という意味もある。

たしか近くの薬局でうんこを取り扱っていますよ。

I'm pretty sure the **neighboring** pharmacy stocks unko.

祖父が庭の中央で直立した姿勢でうんこをしている。

My grandfather is doing unko in an **upright** position in the middle of the yard.

うんこをする時間も自由ですし，何よりもやりがいがある仕事です。

I can do unko whenever I want, and more than anything, it's a **worthwhile** job.

確かにうんこはもらしたが，みじめな気持ちは一切ありません。

Yes, I did unko in my pants, but I don't feel **miserable** in the slightest.

友人の父が珍しいうんこを持っているというので見せてもらった。

I heard that my friend's father had an **exotic** piece of unko, so I had him show it to me.

彼らはまだ舞台でうんこをするシーンに気が進まないそうです。

It seems they're still **unwilling to** do the scene where they do unko on stage.

国の威信をかけてそのうんこの徹底的な分析をせよ。

The nation's prestige is on the line, so make a **thorough** analysis of that unko.

有史以前の神話にもうんこは幾度となく登場しますが？

But unko does make numerous appearances in **prehistoric** myths, you know.

1688

準1級

noticeable

[nóutəsəbl]
☐☐☐

人目を引く

☐ 副 **noticeably** 目立って
▶ noticeable progress で「著しい進歩」という意味。

1689

準1級

devastating

[dévəstèitiŋ]
☐☐☐

破壊的な

☐ 副 **devastatingly** 痛烈に
▶類義語は disastrous などがある。

1690

準1級

desperate

[déspərət] (アクセント)
☐☐☐

必死の, 自暴自棄の

☐ 名 **despair** 絶望, 失望
☐ 副 **desperately** 必死になって

1691

2級

competent

[ká:mpətnt]
☐☐☐

能力がある

☐ 名 **competence** 能力
☐ 副 **competently** 有能に, 立派に

1692

準1級

decent

[dí:snt] (発音)
☐☐☐

結構良い, まずまずの

☐ 副 **decently** きちんとして

1693

2級

elegant

[éləgənt]
☐☐☐

上品な, 優雅な

☐ 副 **elegantly** 上品に, 優雅に
▶特に人・態度・服装・場所などに用いる。

1694

unlimited

[ʌnlímətɪd]
☐☐☐

無制限の

▶反意語は limited。

1695

準1級

peculiar

[pɪkjú:ljər]
☐☐☐

奇妙な, 風変わりな

☐ 副 **peculiarly** 奇妙に, とりわけ

もっと人目を引く形でうんこをディスプレイしなけりゃ意味がない。

You have to put the unko on display in a more **noticeable** way or there's no point.

うんこを使った破壊的な活動はすべて禁止されるべきだ。

All **devastating** activities involving unko should be prohibited.

ジョニーの必死の売り込みによって，新曲「うんこ」はミリオンセラーになった。

Thanks to Jonny's **desperate** marketing, his new song "Unko" became a million seller.

大切なうんこなので誰か能力がある人に管理を任せたい。

It's my precious unko, so I want it to be monitored by someone **competent**.

うんこを入れる容器には結構良いものを使う主義なんです。

I'm the type that uses **decent** containers to store unko.

上品なスーツを着た男性が2種類のうんこをお盆にのせて持ってきてくれた。

A man in an **elegant** suit brought me two types of unko on a tray.

うんこをご持参されたお客様は Wi-Fi の無制限の使用が可能となります。

Customers who bring their own unko are given access to **unlimited** Wi-Fi.

酒場の入り口に奇妙なうんこを持った剣士が現れた。

A swordsman with a **peculiar** piece of unko appeared at the entrance of the pub.

1696 **hopeful** 2級 [hóupfl] ☐☐☐	希望を持った ☐ 名 **hopefulness** 希望に満ちていること ☐ 副 **hopefully** 希望を持って, 願わくは ☐ 名 **hope** 希望, 望み	

| **1697** **outstanding** 準1級 [àutstǽndɪŋ] ☐☐☐ | 目立った, 傑出した ☐ 副 **outstandingly** 目立って |

| **1698** **lifelong** 準2級 [láɪflɔ(ː)ŋ] ☐☐☐ | 生涯続く, 一生の |

| **1699** **publicly** [pʌ́blɪkli] ☐☐☐ | 公然と, 大っぴらに ☐ 形 **public** 公共の |

| **1700** **undoubtedly** [ʌndáutɪdli] ☐☐☐ | 疑いなく, 確かに ☐ 形 **undoubted** 疑問の余地のない |

うんこの件を聞いた彼は一転して希望に満ちた顔つきになった。

After hearing about the unko, his expression suddenly grew **hopeful**.

他に目立った意見がなさそうなので、チーム名は「うんこ」とさせていただきます。

There seem to be no **outstanding** opinions, so I dub our team "Unko."

私にとってうんことは生涯続く趣味みたいなものだ。

For me, unko is like a **lifelong** hobby.

彼は政敵のうんこを公然と批判した。

He **publicly** criticized the unko of his political adversary.

うんこに関しては君がナンバーワンであることは疑いようがない。

As far as unko goes, you are **undoubtedly** number one.

動詞

1701 準1級

sweep
[swíːp]
□□□

〜を掃く
名 掃き掃除

▶ほうきなどで床などを掃除するときなどに用いる。

1702 準1級

scatter
[skǽtər]
□□□

〜をまき散らす

1703 2級

enrich
[ɪnrítʃ]
□□□

〜を豊かにする
□ 形 **rich** 裕福な, 金持ちの
□ 名 **enrichment** 豊かにすること

1704 準1級

clarify
[klérəfàɪ]
□□□

〜を明らかにする
□ 名 **clarification** 明確化

1705 2級

deceive
[dɪsíːv]
□□□

〜をだます
□ 形 **deceitful** うそつきの
▶真実を隠すなどしてだますという意味がある。

1706 準1級

displace
[dɪspléɪs]
□□□

〜に取って代わる, 移す
▶類義語は replace などがある。

1707 準1級

mimic
[mímɪk]
□□□

〜をまねる
▶話し方やしぐさをまねるという意味。

それは落ち葉を掃く道具だが，うんこに使っても問題ないよ。

That tool is for **sweeping** leaves, but you can also use it for unko.

クジャクがうんこをまき散らしながらこちらに突っ込んできた。

A peacock came charging while **scattering** unko about.

古代中国では緋色のうんこは国を豊かにすると信じられていました。

In ancient China, scarlet-colored unko was believed to **enrich** the country.

早く私の銅像の上にうんこを置いた兵士を明らかにせよ。

Hurry up and **clarify** which soldier put unko on my bronze statue.

父はこれを武田信玄のうんこだとだまされて買ってきた。

My father bought this unko because he was **deceived** into thinking it was Takeda Shingen's.

うんこは，テレビやネットに取って代わる新たな娯楽となるだろう。

Unko will become a new leisure activity which **displaces** TV and the Internet.

尊敬する起業家のまねをして，私も早朝のうんこを始めました。

Mimicking an entrepreneur I respect, I've started doing early-morning unko.

1708 準1級

tolerate
[tάːlərèit]
□□□

〜を許容する

- □ 名 tolerance 寛容, 寛大さ
- □ 形 tolerant 寛大な
- □ 副 tolerantly 寛大に

1709

whistle
[wísl] 発音
□□□

口笛を吹く

名 口笛, 笛

▶「ホイッスルを吹く」という意味もある。

1710 2級

hug
[hʌ́g]
□□□

〜を抱きしめる

名 抱擁

- □ 形 huggable 抱きしめたくなるような

1711 準1級

decay
[dıkéı]
□□□

腐敗する

名 腐敗, 腐食

▶食べ物について言う場合は rot を使うのがふつう。

1712

toss
[tɔ́(ː)s]
□□□

〜を放り投げる

▶無造作に軽く投げるというニュアンスがある。

1713 準1級

carve
[kάːrv]
□□□

〜を彫る

▶石・木などを彫るときに用いる。

1714 準1級

violate
[vάıəlèit]
□□□

〜に違反する

□ 名 violation 違反

1715 準1級

bounce
[báuns]
□□□

はずむ, バウンドする

名 はずみ, バウンド

一度彼のうんこを許容すれば，次はもっとたくさんのうんこを持ってくるぞ。

If you **tolerate** his unko once, he'll bring even more the next time.

あそこで口笛を吹きながら直立不動でうんこをしているのが父です。

That man over there who's doing unko while standing at attention and **whistling** is my father.

アマンダはうんこを抱きしめたまま眠ってしまったようだ。

Amanda seems to have fallen asleep still **hugging** the unko.

この薬品をうんこにかけると腐敗しなくなると聞いたんです。

I heard that if you put this chemical on unko, it prevents it from **decaying**.

これはうんこを放り投げて紙コップに入れる競技です。

In this competition, you try to **toss** pieces of unko into a paper cup.

その僧侶は無言で樫の木にうんこを彫っていた。

The monk silently **carved** unko on the oak tree.

協定を違反したチームは試合会場でのうんこが禁止となります。

Teams who **violate** the agreement will be forbidden from doing unko at the match venue.

よくはずむボールだなと思っていたが，うんこだった。

I thought it was a ball that **bounced** nicely, but it turned out to be a piece of unko.

1716

inspect
準1級

[ínspékt]
□□□

〜を詳しく調べる

□ 名 inspection 検査, 視察
□ 名 inspector 視察官

1717

toll
準1級

[tóul]
□□□

〜をゆっくり鳴らす

名 鐘の音

▶鐘などに用いる。

1718

worship
準1級

[wə́:rʃəp]
□□□

〜を崇拝する

名 崇拝

▶特に神などに用いる。

1719

regain
2級

[rɪgéɪn]
□□□

〜を取り戻す

1720

inject
準1級

[ɪndʒékt]
□□□

〜を注射する

語法 inject ~ into ...
〜を…に注入する

□ 名 injector 注射器, 注入器

1721

lobby
準2級

[lá:bi]
□□□

ロビー

動 ロビー活動をする

□ 名 lobbyist ロビイスト

1722

melody

[mélədi]
□□□

メロディー, 旋律

1723

rental

[réntl]
□□□

賃貸料, レンタル料金

形 賃貸の, レンタルの

世界で最初にうんこをした人物について詳しく調べています。

I'm **inspecting** the first person in the world to do unko.

我々の村では，村人がうんこをもらすたび，この鐘をゆっくり鳴らすのです。

In our village, every time a villager does unko in their pants, they slowly **toll** this bell.

うんこを崇拝せよ。

Worship unko.

慌てず，しばらくうんこでも見て，落ち着きを取り戻しなさい。

Don't panic, look at unko or something for a while, and **regain** your cool.

点滴でブドウ糖をうんこに注入してみよう。

I'll try **injecting** grape sugar **into** unko with a drip.

このロビーの中に大統領のうんこを狙っている人物がいる。

Someone in this **lobby** is aiming for the president's unko.

うんこに美しいメロディーを聞かせると大きさが変化するらしい。

I hear that if you play beautiful **melodies** to unko, it changes size.

L サイズのうんこの賃貸料は 1 時間 8,980 円です。

The **rental** for an L-size unko is 8,980 yen per hour.

1724

baggage
準2級

[bǽgɪdʒ]
☐☐☐

手荷物

▶イギリス英語では luggage を
使うことが多い。

1725

ash

[ǽʃ]
☐☐☐

灰

1726

deforestation
準1級

[di:fɔ̀:rəstéɪʃən]
☐☐☐

森林伐採

1727

grief
準1級

[grí:f]
☐☐☐

深い悲しみ

☐ 動 grieve ひどく悲しむ
▶ suffer grief で「悲嘆にくれる」という意味

1728

tomb
発音

[tú:m]
☐☐☐

墓

▶墓石のある墓を指す。

1729

mechanic

[məkǽnɪk]
☐☐☐

機械工, 修理工

1730

fountain
2級

[fáuntn]
☐☐☐

噴水

▶「泉」という意味にもなる。

1731

encouragement
準1級

[ɪnkə́:rɪdʒmənt]
☐☐☐

激励

☐ 動 encourage 〜を勇気づける
▶反意語は discouragement.

手荷物やうんこをお持ちの方は，こちらのトレイに置いてください。

Those with hand **baggage** and unko, please place it on the tray here.

このステッキで触れられたうんこは一瞬で灰に変わってしまう。

If you touch unko with this stick, it instantly turns into **ash**.

森林伐採の影響は我々のうんこにも及んでいる。

The effects of **deforestation** have even reached our unko.

深い悲しみに包まれていたスタジアムだが，うんこの登場で一気に湧いた。

The stadium was consumed with **grief**, but it instantly came back to life with the appearance of unko.

あそこの墓にはうんこの幽霊が出るらしい。

They say that unko ghosts haunt that **tomb**.

機械工がバッテリーとうんこを接続しようとしている。

A **mechanic** is trying to connect a battery and unko.

噴水にうんこを投げ入れようとした男をみんなで取り押さえました。

Everyone worked together to apprehend the man who tried to throw unko into the **fountain**.

母校の野球部へ，激励がわりにうんこを送っておいた。

I sent unko to the baseball team at my alma mater as **encouragement**.

名詞

1732

brake
[bréɪk]
☐☐☐

ブレーキ, 制動機

1733 準1級

bargain
[báːrgən]
☐☐☐

バーゲン品, 契約

▶ at a bargain price で「特価で」という意味になる。

1734 準2級

ballet
[bæléɪ] 発音
☐☐☐

バレエ

▶曲を指すときもある。

1735 2級

ecologist
[ɪːkάːlədʒɪst]
☐☐☐

生態学者

1736

index
[índeks] アクセント
☐☐☐

索引, 目録

1737 準1級

inflation
[ɪnfléɪʃən]
☐☐☐

インフレーション

▶反意語は deflation。

1738

limb
[lím] 発音
☐☐☐

手足

▶ b は発音しない。

1739 準1級

paradox
[pérədὰːks] アクセント
☐☐☐

逆説, パラドックス

▶「矛盾」という意味もある。

この車はうんこを踏みそうになると自動でブレーキが作動してくれます。

This car's **brakes** come on automatically before it runs over unko.

バーゲン品で安かったのでうんこを家族4人分買ってきたよ。

I got a **bargain**, so I bought unko for all four members of my family.

メリッサはバレエのように優雅なステップでうんこを跳び越えた。

Melissa jumped over the unko with a graceful step, as if dancing **ballet**.

生態学者がベンガルトラのうんこを調べるため慎重に近づいている。

An **ecologist** is cautiously approaching a Bengal tiger to investigate its unko.

索引の大事な部分がうんこまみれでまったく読めなかったんです。

An important part of the **index** was smeared with unko, so I couldn't read it at all.

インフレーションとは，うんこでたとえると何が起きているのですか？

What happens in **inflation**, illustrated in terms of unko?

子どもが描いた，手足のあるうんこの絵が意外とかわいい。

This picture of a piece of unko with **limbs** drawn by a child is actually quite cute.

論理学における「無限うんこのパラドックス」をご存じでしょうか。

Are you aware of the "unlimited unko **paradox**" of logic?

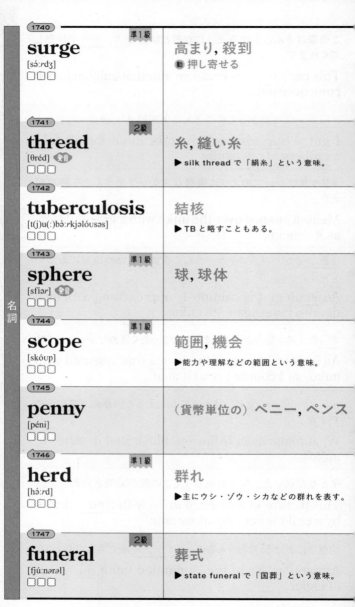

名詞

1740 準1級
surge
[sə́:rdʒ]
□□□
高まり, 殺到
動 押し寄せる

1741 2級
thread
[θréd] 発音
□□□
糸, 縫い糸
▶ silk thread で「絹糸」という意味。

1742
tuberculosis
[t(j)u(:)bə̀:rkjəlóusəs]
□□□
結核
▶ TB と略すこともある。

1743 準1級
sphere
[sfíər] 発音
□□□
球, 球体

1744 準1級
scope
[skóup]
□□□
範囲, 機会
▶ 能力や理解などの範囲という意味。

1745
penny
[péni]
□□□
(貨幣単位の) ペニー, ペンス

1746 準1級
herd
[hə́:rd]
□□□
群れ
▶ 主にウシ・ゾウ・シカなどの群れを表す。

1747 2級
funeral
[fjú:nərəl]
□□□
葬式
▶ state funeral で「国葬」という意味。

472

うんこ人気の高まりに目をつけた出版社が「月刊うんこ」を発売した。

A publishing house set its eyes on the surge in popularity of unko and released the *Monthly Unko Magazine*.

3 1

薄いうんこを糸で縫い合わせてシーツを作りました。

I sewed some thin pieces of unko together with thread to make sheets.

3 2

フラミンゴのうんこで結核が治るというデマが流れている。

There's a rumor going around that flamingo unko heals tuberculosis.

3 3

うんこでここまで美しい球体を作ったのは君が初めてだろう。

You must be the first person to have ever made such a beautiful sphere out of unko.

3 4

このカメラに映っている範囲に，うんこが 8 つ落ちています。

There are eight pieces of unko on the ground within the scope of this camera.

3 5

うんこが 10 個 1 ペニーで大安売りしているよ。

There's a super bargain sale with unko being sold 10 pieces for a penny.

牛の群れだと思って近づいてみたら，並べられたうんこの塊だった。

I approached thinking it was a herd of cows, but it was a line of clumps of unko.

だから葬式が始まる前にうんこに行っておけと言ったんだ。

This is exactly why I told you to go do unko before the funeral started.

1748

debris 準1級

[dəbríː] 発音

□□□

破片, がれき

▶ s は発音しないので注意する。

1749

brick

[brík]

□□□

レンガ

1750

blog 2級

[blɑ́ːg]

□□□

ブログ

▶ weblog が短縮されてできた語。

1751

disposal 準1級

[dɪspóuzl]

□□□

処分, 処理

□ 動 dispose 〜を配置する

1752

purse

[pə́ːrs]

□□□

(女性用の) 財布, 小銭入れ

▶女性用のハンドバッグという意味もある。

1753

mankind 2級

[mænkáɪnd]

□□□

人類, 人間

▶ mankind を受ける代名詞は it になる。

1754

headquarters

[hédkwɔ̀ːrtərz]

□□□

司令部, 本社

▶特に軍隊・警察・会社などの
本部に用いる。

1755

intersection 準1級

[ìntərsékʃən]

□□□

交差点

爆発した車の破片がぼくのうんこに突き刺さった。

Debris from the car explosion stabbed into my unko.

レンガがなかったのでうんこをガチガチに固めて家を作った。

I didn't have any bricks, so I hardened unko to build the house.

人のうんこの写真を勝手にブログに載せないでもらえるかな。

Would you please refrain from putting pictures of people's unko on your blog without asking?

祖父が集めたうんこをオークションに出して処分することにした。

Disposal of the unko my grandfather collected will be carried out by auction.

神社で拾ったうんこを財布に入れて持ち歩いています。

I keep a piece of unko that I found at the shrine in my purse.

もう手遅れだ。人類はあまりにもうんこをなめすぎた。

It's too late. Mankind made far too light of unko.

司令部より「あと1分で残りのうんこをすべて回収せよ」と連絡があった。

There was a command from headquarters to retrieve all the remaining unko within one minute.

交差点のど真ん中で誰かがうんこをしているぞ。

Someone is doing unko right in the middle of the intersection.

1756		
outlet [áʊtlèt] ☐☐☐	2級	はけ口, 出口 ▶液体・ガスなどの出口を表す。

1757	
tray [tréɪ] ☐☐☐	盆, トレイ

1758		
signature [sígnətʃər] ☐☐☐	2級	署名, サイン ☐ 動 sign ～に署名する ▶ sign は「標識, 合図」という意味 なので注意する。

1759	
mud [mʌ́d] ☐☐☐	泥, ぬかるみ ☐ 形 muddy 泥の, 泥だらけの

1760		
aluminum [əlúːmənəm] ☐☐☐	2級	アルミニウム

1761	
daytime [déɪtàɪm] ☐☐☐	昼間, 日中 ▶反意語は nighttime。

1762	
worm [wɔ́ːrm] ☐☐☐	虫 ▶ミミズやヒルなどの細長く, 脚のない虫を指す。

1763		
workout [wɔ́ːrkàʊt] ☐☐☐	準1級	運動, トレーニング

彼はあり余るエネルギーのはけ口としてうんこをしているようだ。

He seems to be doing unko as an outlet for his overabundant energy.

祭りの最後は，うんこを載せたお盆を川に流します。

On the last day of the festival, we drift a tray with unko on it down the river.

うんこの裏をよく見てください。私の署名があるはずです。

Take a close look at the back of the piece of unko. You should see my signature.

泥の中にうんこを隠すとは考えたね。

Hiding unko in the mud; that was a clever idea.

あの店でうんこを買うと専用のアルミニウムケースをくれるよ。

If you buy unko at that shop, they give you a special case for it made of aluminum.

平日の昼間はだいたいうんこのことを考えて過ごしています。

I spend most of the daytime on weekdays thinking about unko.

彼は虫がはうような動きでじりじりとうんこに近づいていった。

He slowly crept toward the unko, crawling like a worm.

休日は，午前中に運動を，午後はうんこをして過ごすことが多いですね。

I spend most of my days off doing a workout in the morning and doing unko in the afternoon.

1764

warrior
[wɔ́:riər]
□□□

戦士, 軍人

1765 準1級

temper
[témpər]
□□□

気分, 気質

□ 形 **temperate** 節度のある

1766 準1級

remedy
[rémədi]
□□□

治療（法）, 解決策

動 ～を治す

▶特に病気・痛みの治療（法）のこと。

1767 準1級

prayer
[préər] 発音
□□□

祈り, 祈祷

□ 動 **pray** 祈る, 祈念する

1768 2級

dealer
[díːlər]
□□□

販売人

□ 動 **deal** ～を与える

1769

carriage
[kǽrɪdʒ]
□□□

馬車

□ 動 **carry** ～を運ぶ

▶車輪のついた乗り物全般を指すこともある。

1770 2級

dye
[dáɪ]
□□□

染料, 染色

動 ～を染める

□ 形 **dyed** 染めた

1771

islander
[áɪləndər]
□□□

島民, 島の住民

その<u>戦士</u>は，雨のように降り注ぐうんこを剣ですべて切り落とした。

The <u>warrior</u> cut through all of the unko with his sword as it showered down on him like rain.

君のうんこが採用されるかどうかは彼の<u>気分</u>次第だ。

Whether your unko is chosen or not depends on his <u>temper</u>.

うんこを使った荒っぽい<u>治療法</u>があるのですが，試してみますか？

There is a rough <u>remedy</u> using unko. Would you like to try it?

聖職者たちの<u>祈り</u>もむなしく，彼はうんこをもらした。

Despite the <u>prayers</u> of the clergymen, he did unko in his pants.

うんこの<u>販売人</u>がカタログをひろげて顧客と商談している。

An unko <u>dealer</u> is negotiating with clients with a catalog open in front of them.

もうすぐ領主を乗せた<u>馬車</u>がここを通るのでうんこは端でやりなさい。

Soon a <u>carriage</u> with our lord on it will pass through, so do your unko on the side of the road.

うんこを特殊な<u>染料</u>に漬けて2か月間待つと，こういう色になります。

If you soak unko in a special <u>dye</u> and wait two months, it turns this color.

うんこをのせた船が<u>島民</u>に追い返されて帰って行く。

A ship with unko on it has been chased away by the <u>islanders</u>.

名詞

1772

playwright
[pléɪràɪt]
□□□

脚本家, 劇作家

1773 準1級

provision
[prəvíʒən]
□□□

供給, 支給

□ 動 **provide** 〜を供給する
▶「将来必要となるものの用意」という意味もある。

1774 2級

salesperson
[séɪlzpə̀ːrsn]
□□□

店員, 販売員

1775 2級

specialty
[spéʃəlti]
□□□

専門 (分野), 専攻

□ 副 **specially** 特別に
□ 形 **special** 特別の
▶「特産品」という意味もある。

1776

syllable
[síləbl]
□□□

音節

1777

wagon
[wǽgən]
□□□

荷馬車

▶通例2頭以上の馬が引く4輪車のこと。

1778 準2級

nail
[néɪl]
□□□

爪, くぎ

形容詞

1779 準1級

innate
[ɪnéɪt]
□□□

生まれつきの

□ 副 **innately** 生まれつき
▶資質・感情などに用いる。

脚本家の才能はうんこをどれだけ魅力的に描けるかで決まる。

The talent of a **playwright** depends on how attractively they can portray unko.

政府からのうんこの供給は各家庭にたったの2個だそうだ。

The unko **provision** from the government was a mere two pieces per household.

このうんこの青がほしいんだけど，店員さん呼んできて。

I want this unko in blue, so go get a **salesperson**.

私の専門は量子力学なのでうんこのことはわかりかねますが。

My **specialty** is quantum mechanics, so I don't know much about unko.

うんこという単語に含まれる音節の数はいくつですか？

What is the number of **syllables** contained in the word "unko"?

このうんこは私では運べないので荷馬車を手配します。

I cannot carry this piece of unko myself, so I'll arrange for a **wagon**.

うんこをつまみやすくするために爪を伸ばしているだけなのですが。

The only reason I am growing my **nails** out is to make it easier to pick up pieces of unko.

セシルは生まれつき人がうんこをする時刻を予知する能力を持っていた。

Cecile has the **innate** ability to predict what time people will do unko.

形容詞

1780	準1級	

transparent
[trænspérənt]
□□□

透明な

□ 圖 **transparently** 透き通って
▶反意語は opaque。

1781	2級	

tricky
[tríki]
□□□

扱いにくい

1782	準2級	

amusing
[əmjúːziŋ]
□□□

おもしろい, 楽しい

□ 圗 **amuse** ～をおもしろがらせる
□ 圖 **amusingly** おもしろく, 楽しく

1783		

abnormal
[æbnɔ́ːrml]
□□□

異常な, ふつうでない

□ 圖 **abnormally** 異常に, 並みはずれて
▶反意語は normal。

1784		

fictional
[fíkʃənl]
□□□

架空の

□ 圖 **fictionally** 事実に基づかずに
▶反意語は factual。

1785	2級	

harmless
[háːrmləs]
□□□

無害の

□ 圖 **harmlessly** 無害で
□ 图 **harm** 害, 危害

1786	準1級	

humble
[hámbl]
□□□

謙遜した, 控えめな

□ 圖 **humbly** 謙虚に
□ 圗 **humbled**
卑しめられた, 謙虚になった

1787		

philosophical
[filəsá:fikl]
□□□

哲学の

□ 图 **philosophy** 哲学

2枚の透明なガラス板の間にうんこを挟んだ。

I wedged unko between two transparent glass sheets.

扱いにくい道具ですが，これがあるとうんこをたくさん持ち歩けますよ。

It's a tricky tool, but if you have this, you can carry lots of unko around.

氷の張った湖でうんこを滑らせて遊ぶとおもしろい。

Sliding unko around on a frozen lake makes for an amusing game.

うんこ集めは立派な趣味だと思うが，さすがにこの数は異常だ。

Collecting pieces of unko is a fine hobby, but this many is just abnormal.

架空の世界が舞台の作品なので，うんこが言葉をしゃべったりもします。

This work is set in a fictional world, so there are things in it like talking unko.

本日は人間に無害のうんこだけを用意しました。

Today, we have gathered only unko which is harmless to humans.

彼は表面上謙遜した態度だが，いつうんこを投げてくるかわからない。

He has a humble demeanor, but you can never be sure when he'll throw unko at you.

まさかうんこの話で哲学の理解が深まるとは思わなかった。

I never expected my philosophical understanding to deepen due to talk about unko.

1788 準1級

trivial
[trívial]
□□□

つまらない, ささいな

▶ trivial problem で「ささいな問題」という意味。

1789 準1級

vain
[véɪn]
□□□

無駄な, うぬぼれた

□ 名 vanity うぬぼれ, 虚栄心

1790 2級

dental
[déntl]
□□□

歯の, 歯科の

□ 副 dentally 歯科(学)的に

1791 2級

unrealistic
[ʌnriːəlístɪk]
□□□

現実味がない,
現実的でない

□ 副 unrealistically 非現実的に

1792 準1級

vivid
[vívɪd]
□□□

鮮やかな

□ 副 vividly はっきりと, 鮮やかに
□ 名 vividness 鮮やかさ
▶主に色彩・光などに用いる。

1793 準1級

steep
[stíːp]
□□□

急な, 険しい

□ 名 steepness 険しいこと

1794 準1級

messy
[mési]
□□□

散らかった

□ 副 messily 乱雑に, だらしなく

1795 準1級

adverse
[ædvə́ːrs]
□□□

都合の悪い, 逆の

□ 副 adversely 逆に, 不利に

うんこをつまらないものだと決めつけていた君たち自身のせいだよ。

This is your own fault for just assuming that unko is **trivial**.

君がうんこをする動きにはまだまだ無駄な部分が多い。

Much of the movement you do while doing unko is **vain** still.

うんこを右手でしばらく触れていると歯の痛みが消えた。

After holding unko in my right hand for a while, my **dental** ache disappeared.

そんな有名人のうんこを展示できればすごいけど，現実味がない案だ。

It would be awesome if we could display the unko of a famous person like that, but the proposal is **unrealistic**.

UFO が発した音に合わせ，世界中のうんこが鮮やかな光を放ちだした。

Following the sound wave emitted by the UFO, the world's unko began to emit **vivid** light.

誰かが山の急斜面をうんこに乗って滑り降りて行った。

Someone came sliding down the **steep** slope of the mountain riding on unko.

いま部屋が散らかっているので今日は別のところでうんこをしない？

My room is **messy** today, so why don't we do unko somewhere else?

世界情勢はうんこにとって都合の悪い状況になってきたね。

The world situation has become an **adverse** one for unko.

形容詞

1796　2級

dim
[dím]
□□□

薄暗い

□ 图 **dimness** ほの暗さ
▶反意語は bright。

1797　準1級

inadequate
[ɪnǽdəkwət]
□□□

不適当な, 不十分な

□ 圖 **inadequately** 不十分に, 不適当で
▶反意語は adequate。

1798

afterward
[ǽftərwərd]
□□□

そのあとで

副詞

1799

upstairs
[ʌ́pstéərz]
□□□

上の階へ［で］

▶反意語は downstairs。

1800　準1級

presumably
[prɪzú:məbli]
□□□

どうも～らしい

▶文を修飾する。

写真の薄暗いところをよく見るとうんこが写っていた。

When I examined the **dim** part of the photo carefully, I found unko.

大事なうんこを扱うのにそんな素人では不適当だ。

An amateur like that is **inadequate** for dealing with my precious unko.

溜まったメールに返信して，そのあとで君のうんこを確認しておきます。

I'll respond to the emails that have built up, and **afterward** I'll verify your unko.

あなたのうんこを乗せたエレベーターは上の階へ行きました。

The elevator with your unko on it went **upstairs**.

どうも彼はうんこを警察に渡す気はないらしい。

Presumably, he has no intention of handing the unko over to the police.

動詞

1801 準1級

enclose

[ɪnklóuz]
☐☐☐

～を同封する, 囲む

☐ 名 enclosure 囲い

1802 2級

categorize

[kǽtɪɡəràɪz]
☐☐☐

～を分類する

☐ 名 categorization 分類, 部門分け

▶類義語は classify などがある。

1803 準1級

disregard

[dìsrɪɡá:rd]
☐☐☐

～を無視する

名 無視, 無関心

▶類義語は ignore などがある。

1804 2級

envy

[énvi]
☐☐☐

～をうらやむ, ねたむ

名 ねたみ, 嫉妬

☐ 形 envious うらやましく思っている

1805 準1級

consent

[kənsént] アクセント
☐☐☐

同意する, 承諾する

名 同意, 承諾

語法 consent to ～ ～を承諾する

1806 準1級

overtake

[òuvərtéɪk]
☐☐☐

～を追い越す

▶活用は overtake-overtook-overtaken となる。

1807 準1級

precede

[prɪsí:d]
☐☐☐

～に先行する

少ないですがうんこも<u>同封して</u>おきましたのでご家族でお使いください。

There's not very much, but I have also **enclosed** some unko, so please use it with your family.

休日はいつもうんこを<u>分類している</u>間に終わってしまう。

I always end up spending my whole day off **categorizing** unko.

あなたはさっきから明らかにうんこのことを<u>無視して</u>いますよね。

You have clearly been **disregarding** the unko.

私からすれば，あなたのうんこだって十分に<u>うらやましい</u>。

As far as I'm concerned, your unko is plenty worthy for me to <u>envy</u>.

うんこを交換してくれというお願い<u>を</u>彼は意外とすんなり<u>承諾した</u>。

Surprisingly, he easily **consented to** my request to trade unko.

うんこ型のスポーツカーが他の車を次々と<u>追い越し</u>ていく。

An unko-model sports car is <u>overtaking</u> the other cars one after the other.

ある時期まで，日本はうんこの分野において他国より<u>先行していた</u>。

At one point in time, Japan **preceded** other nations in the field of unko.

動詞

1808

準1級

renew

[rɪn(j)úː]

□□□

～を再開する

1809

準1級

underestimate

[Àndəréstəmèɪt]

□□□

～を過小評価する

❷ 過小評価

▶反意語は overestimate。

1810

2級

congratulate

[kəngrǽdʒəlèɪt] (アクセント)

□□□

～を祝う

□ ❸ congratulation 祝い, 祝辞

▶目的語には人をとる。

1811

chop

[tʃɑ́ːp]

□□□

～を切り刻む

❸ 切り身, チョップ

▶木や食材をばらばらのサイズに
切ることを指す。

1812

準1級

contaminate

[kəntǽmənèɪt]

□□□

～を汚染する

1813

weave

[wíːv]

□□□

～を織る

▶活用は weave-wove-woven となる。

1814

準1級

swell

[swél]

□□□

はれる, 膨らむ

▶手足がむくむときにも用いる。

1815

blink

[blíŋk]

□□□

まばたきをする

❸ まばたき

▶ before you can blink で「たちまち」
という表現になる。

敵軍がうんこに気を取られている間に攻撃を再開しよう。

Let's **renew** our assault while the enemy forces have their attention diverted to unko.

つい最近までうんこという存在は不当に過小評価されてきました。

Until very recently, the existence known as unko was unduly **underestimated**.

これから，父の 20,000 回目のうんこを家族で祝います。

My family and I are about to **congratulate** my father on his 20,000th unko.

サミュエルのうんこはどれだけ細かく切り刻んでもすぐに元通りに再生する。

Samuel's unko goes back to normal no matter how fine you **chop** it up.

このうんこは，有害物質で汚染されたものを浄化してくれます。

This unko cleanses things which have been **contaminated** with harmful substances.

彼は布を織るような動きでうんこをする。

He does unko while moving as if he were **weaving** cloth.

さっきうんこが当たったところがはれてきた。

The spot that just got hit by the unko is starting to **swell**.

いいか，私が 3 度連続でまばたきをしたら「うんこをしろ」の合図だ。

Listen up—when I **blink** three times in a row, that's the signal to do unko.

deem 準1級

[díːm]
☐☐☐

～と思う

insult 準1級

[ɪnsʌ́lt] (アクセント)
☐☐☐

～を侮辱する

❷ 侮辱

scold 2級

[skóʊld]
☐☐☐

～を叱る

▶子供などを叱る場合に多く用いる。

disconnect 2級

[dìskənékt]
☐☐☐

～を切る, 分離する

▶電話を切る場合などに使う。

suck

[sʌ́k]
☐☐☐

～を吸う

▶主に液体・空気を吸うという意味。

condemn 準1級

[kəndém] 発音
☐☐☐

～を非難する

語法 condemn ~ for ...
～を…のことで責める

▶最後の n は発音しないので注意する。

strip

[stríp]
☐☐☐

～をはがす

spa

[spάː]
☐☐☐

温泉

動詞

名詞

492

ぼくはこのうんこを価値あるものだと思っているんです。

I **deem** this unko valuable.

これ以上うんこを侮辱するならこちらにも考えがあります。

If you continue to **insult** the unko, I have my own plans in mind.

そういえば私はうんこのことで両親に叱られたことがない。

Come to think of it, I've never been **scolded** by my parents about unko.

たしか電話が切れる直前彼は「うんこ…」と言っていました。

I'm pretty sure he was saying "Unko..." just as the call **disconnected**.

ストローではちみつを吸いながらうんこをする健康法がはやっている。

There's a health tip going around where you do unko while **sucking** honey through a straw.

大臣はうんこに関する予算を削減したことを責められた。

The minister was **condemned for** cutting the unko budget.

うんこに貼られていたシールをはがすと，次のヒントが書かれていた。

I **stripped** the sticker off the unko to find the next hint written there.

この温泉に入ると明日からうんこの量が8倍に増えます。

If you bathe in this **spa**, starting tomorrow the amount of your unko will increase eight times.

1824 2級

temptation

[temptéɪʃən]
□□□

誘惑

□ 動 tempt ～を誘惑する
▶ resist temptation で
「誘惑に抵抗する」という意味。

1825 2級

souvenir

[sù:vəníər]
□□□

みやげ

1826 2級

jar

[dʒáːr]
□□□

びん, つぼ

▶特に広口のびんを指す。

1827

comb

[kóʊm] 発音
□□□

くし

▶ b は発音しないので注意する。

1828 2級

citizenship

[sítəznʃip] アクセント
□□□

市民権

1829

bunch

[bʌ́ntʃ]
□□□

束, 房

▶同一種類のものの束の意味。

1830

bronze

[brɑ́ːnz]
□□□

ブロンズ, 青銅

1831

bud

[bʌ́d]
□□□

芽, つぼみ

▶発芽したものは sprout という。

うんこを踏みつぶしたいという誘惑に逆らえなかった。

I couldn't resist the **temptation** to stomp on the unko.

叔父がカナダのみやげにヘラジカのうんこを持ってきてくれた。

My uncle brought me moose unko as a **souvenir** from Canada.

壁の向こうから，うんこが入ったびんが次々に飛んでくる。

Jars with unko in them keep flying over from the other side of the wall.

胸ポケットにはくしとうんこを常に入れております。

I always keep a **comb** and a piece of unko in my chest pocket.

彼はうんこに関する騒動でアメリカの市民権を失った。

He lost his American **citizenship** in the unko commotion.

あそこのおじさんにうんこを持っていくと，ごぼうの束と交換してくれるよ。

If you bring unko to that guy over there, he'll give you a **bunch** of burdock for it.

祖父は国からうんこをかたどったブロンズの像をもらった。

My grandfather received a **bronze** statue in the image of unko from his country.

バラの芽かと思ってずっと見ていたらうんこだった。

I was gazing at it for quite a while thinking it was a rose **bud**, but it was unko.

1832

pin
[pín]
☐☐☐

ピン, まち針

1833

nectar
[néktər]
☐☐☐

みつ, 果汁

1834 準1級

hazard
[hæzərd]
☐☐☐

危険, 脅威

▶ safety hazard で「安全を脅かすもの」という意味になる。

1835 2級

gentleman
[dʒéntlmən]
☐☐☐

紳士

☐ 形 gentle 優しい, 穏やかな
▶教養・礼儀・思いやりのある男性のこと。

1836 準1級

discomfort
[dɪskʌmfərt]
☐☐☐

不快なもの

1837 2級

ache
[éɪk] 発音
☐☐☐

痛み, うずき
動 痛む

▶特に継続的な痛みのことを指す。

1838 準1級

conception
[kənsépʃən]
☐☐☐

構想, 理解

☐ 動 conceive ～を思いつく

1839 準1級

disguise
[dɪsgáɪz]
☐☐☐

変装
動 ～を変装させる

☐ 形 disguised 変装した

友人がうんこに<u>ピン</u>を 1,000 本刺して「ウニ」と言った。

A friend stuck 1,000 **pins** into the piece of unko and said, "a sea urchin."

あそこでツツジの<u>みつ</u>を吸いながらうんこをしている男が父です。

The man doing unko while sucking on azalea **nectar** over there is my father.

このうんこは<u>危険</u>を感知すると赤く光る性質を持つ。

This unko has the property of glowing red when it detects a **hazard**.

本物の英国<u>紳士</u>のうんこ作法を身につけるには 30 年かかる。

Learning the true unko manners of English **gentlemen** takes 30 years.

<u>不快</u>にさせたらすみませんが，うんこに興味はございますか？

I apologize if this causes you any **discomfort**, but are you interested in unko?

このうんこをガーゼに包んで，<u>痛み</u>を感じる箇所に当てておきなさい。

Wrap this unko in gauze and put it where you have an **ache**.

彼はうんこの概念を変えるような壮大な<u>構想</u>を語ってくれた。

He spoke to me of a grand **conception** that would change how we think about unko.

ライアンはうんこを使ってあらゆる人物に<u>変装</u>をする名人だ。

Ryan is a master of **disguise**, able to become any person by using unko.

497

名詞

1840

準1級

stack

[stǽk]
☐☐☐

積み重ね

動 ～を積み重ねる

語法 stack of ～ 多量の～

☐ 形 stacked 山積みの

1841

2級

tornado

[tɔːrnéɪdou]
☐☐☐

竜巻, トルネード

1842

2級

slope

[slóup]
☐☐☐

坂, 斜面

▶ steep slope で「急な坂」という意味。

1843

2級

rubbish

[rʌ́bɪʃ]
☐☐☐

ごみ, くず

▶主にイギリス英語で使われる。

1844

2級

meditation

[mèdətéɪʃən]
☐☐☐

めい想, 熟考

1845

breakdown

[bréɪkdàun]
☐☐☐

故障

▶機械などに用いる。

1846

cable

[kéɪbl]
☐☐☐

ケーブル線

▶針金・繊維などをより合わせた線を指す。

1847

chemotherapy

[kìːmouθérəpi]
☐☐☐

化学療法

▶主にがんに対する化学療法を指す。

498

その車のトランクを開くと<u>多量の</u>うんこが積まれていた。

I opened the trunk of the car to find a **stack of** unko.

<u>竜巻</u>に乗って飛んできたうんこが牛舎の屋根に穴を開けた。

A piece of unko carried in the **tornado** smashed through the roof of the barn, making a hole in it.

<u>坂</u>を転がるうんこを子供たちが追いかけていく。

Children are chasing after unko rolling down the **slope**.

しかしあなたがた人類はこれまでうんこを<u>ごみ</u>のように扱ってきましたよね？

But you humans have long treated unko like **rubbish**, have you not?

では3年間めい想し続けている間,うんこはどうしていたんですか？

So how did you do unko during the three years of **meditation**?

ただ今,機械の<u>故障</u>により館内がうんこまみれになっております。

Currently the inside of the museum is covered in unko due to a mechanical **breakdown**.

うんことうんこの間は,<u>ケーブル線</u>のようなもので繋げられていた。

Pieces of unko were strung together with something resembling a **cable**.

今回の<u>化学療法</u>にうんこは使用されますか？

Will unko be used in this person's **chemotherapy**?

名詞

1848
2級
disappearance
[dìsəpíərəns]
□□□

消滅, 失踪

□ 動 **disappear** 見えなくなる, 消える

1849
準1級
enterprise
[éntərpràɪz] アクセント
□□□

企業, 事業

□ 名 **enterpriser** 企業家

1850
準1級
eruption
[ɪrʌ́pʃən]
□□□

噴火

□ 動 **erupt** 噴火する

1851
準1級
personnel
[pə̀ːrsənél] アクセント
□□□

職員, 社員

□ 名 **person** 人, 人間

1852
scandal
[skǽndl]
□□□

スキャンダル, 醜聞

▶特に重要・有名な人にまつわる
スキャンダルを指す。

1853
thermometer
[θərmάːmətər] アクセント
□□□

温度計

1854
準1級
advent
[ǽdvent]
□□□

到来, 出現

▶重要な人物・事件・時代に対して
用いる。

1855
2級
certificate
[sərtífɪkət]
□□□

証明書

▶ death certificate で「死亡診断書」
という意味。

500

ソダーバーグ監督の新作『うんこの消滅』が公開された。

Director Soderbergh's new film *The Unko Disappearance* was released.

今，世界中の企業がうんこに注目している。

Currently, the world's **enterprises** have set their eyes on unko.

火口にうんこを投げ入れて噴火を食い止める作戦がまもなく決行される。

The plan to stop the **eruption** by throwing unko in the mouth of the volcano will commence momentarily.

まもなく職員が参りますので，こちらでうんこを用意してお待ちください。

Personnel will arrive shortly, so please have your unko ready and wait here.

彼はうんこに関するスキャンダルでむしろ好感度を上げた。

He actually gained public favor due to the unko **scandal**.

3時間目は，温度計とうんこを持って理科室に集合です。

Meet in the science room with your **thermometer** and unko for the third period.

彼はずいぶん前からうんこブームの到来を予見していた。

He foresaw the **advent** of the unko boom some time ago.

これがきみのうんこであるという証明書でもあるのかね。

Do you have a **certificate** of your ownership of this unko?

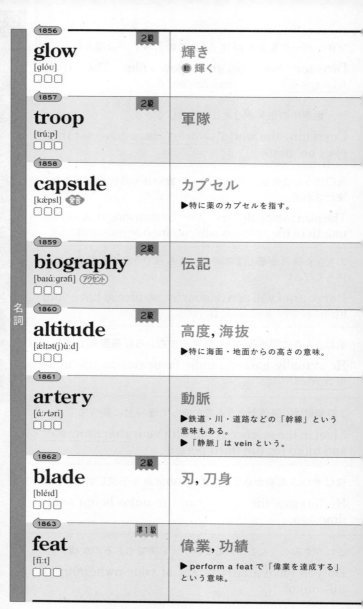

名詞

1856 2級

glow
[glóu]
輝き
動 輝く

1857 2級

troop
[trúːp]
軍隊

1858

capsule
[kǽpsl] 発音
カプセル
▶特に薬のカプセルを指す。

1859 2級

biography
[baɪɑ́ːgrəfi] アクセント
伝記

1860 2級

altitude
[ǽltət(j)ùːd]
高度, 海抜
▶特に海面・地面からの高さの意味。

1861

artery
[ɑ́ːrtəri]
動脈
▶鉄道・川・道路などの「幹線」という意味もある。
▶「静脈」は vein という。

1862 2級

blade
[bléɪd]
刃, 刀身

1863 準1級

feat
[fíːt]
偉業, 功績
▶ perform a feat で「偉業を達成する」という意味。

夜空に美しい輝きを放つうんこが次々と姿を現した。

One after another, pieces of unko appeared, each letting off a <u>glow</u> in the night sky.

軍隊が謎のうんこを包囲してからすでに8時間が経過している。

Eight hours have passed since the <u>troops</u> surrounded the unknown unko.

裏通りで，カプセルに入ったうんこを売買している人がいます。

There is someone selling unko in <u>capsules</u> in the back alley.

彼の伝記のすべてのページに「うんこ」という単語が出てくる。

The word "unko" appears on every page of his <u>biography</u>.

ぼくらのうんこを乗せた気球が高度8,000m まで上昇した。

A balloon with our unko on it reached an <u>altitude</u> of 8,000 meters.

このうんこにはなぜか動脈のようなものがある。

For some reason, this unko has something resembling <u>arteries</u>.

軽業師が，日本刀の刃の上に裸足で立ってうんこをしている。

The acrobat is doing unko barefoot atop the <u>blade</u> of a Japanese sword.

うんこをもらしたくらいで彼の成し遂げた偉業を抹消するつもりですか。

Do you intend to erase his great <u>feat</u> merely because he did unko in his pants?

1864

therapist
[θérəpɪst]
□□□

セラピスト

1865 2級

lottery
[lá:təri]
□□□

宝くじ

1866 2級

diameter
[daɪǽmətər] (アクセント)
□□□

直径

▶「半径」は radius という。

1867 準1級

confirmation
[kà:nfərméɪʃən]
□□□

確認, 承認

□ 動 confirm 〜を確認する

1868 準1級

corridor
[kɔ́:rədər]
□□□

廊下

▶ホテル・学校・列車などの廊下, 通路を指す。

1869 準1級

deficit
[défəsɪt] (アクセント)
□□□

赤字, 欠損

▶「黒字」は surplus という。

1870

equation
[ɪkwéɪʒən]
□□□

方程式

1871

mold
[móʊld]
□□□

鋳型
動 〜を型に入れて作る

うんこの話ばかりしていたらセラピストを紹介された。

I was introduced to a **therapist** because I talked about unko all the time.

片方の箱に宝くじの当選券，もう片方にはうんこが入っています。

One of the boxes contains a winning **lottery** ticket and the other some unko.

我が社は，うんこの直径を 0.2 秒で測れるアプリを開発しました。

Our company has developed an app that can measure the **diameter** of a piece of unko in 0.2 seconds.

来年度から，うんこをするときは毎回区役所への確認が必要となります。

Starting next year, you'll need **confirmation** from the city hall every time you do unko.

彼の父のうんこは大使館の廊下にも飾られているらしい。

I heard that his father's unko is also hanging in the **corridor** of the embassy.

うんこが思うように売れず，今年も大幅な赤字を出してしまった。

Unko didn't sell as planned, so there's a huge **deficit** again this year.

ぼくはうんこを 1 個するたびに方程式を 1 個忘れてしまう。

For every piece of unko I do, I forget one **equation**.

職人がうんこを鋳型に流し込んで冷却している。

The artisan poured unko into the **mold** and is cooling it now.

名詞

1872 2級

tide
[táɪd]
☐☐☐

潮の干満

☐ 形 **tidal** 潮の, 干満の
▶「傾向, 形勢」という意味もある。

1873 準1級

rage
[réɪdʒ]
☐☐☐

激怒, 憤怒

▶ anger よりも激しい怒りを指す。

1874

beak
[bíːk]
☐☐☐

くちばし

▶主にワシやタカなどのとがった
くちばしを指す。

1875

blast
[blǽst]
☐☐☐

爆発, 爆風

1876 準1級

conscience
[kɑ́ːnʃəns] 発音
☐☐☐

良心

☐ 形 **conscious** 気づいている

形容詞

1877 2級

freezing
[fríːzɪŋ]
☐☐☐

凍るような

☐ 副 **freezingly** 凍って
▶ cold よりも寒いことを表す。

1878 準1級

tense
[téns]
☐☐☐

緊張した

☐ 副 **tensely** 張りつめた様子で
▶人・神経・感情などに用いる。

1879 準1級

fierce
[fíərs]
☐☐☐

激しい, どう猛な

☐ 名 **fierceness** どう猛さ, 激しさ

今ほしいのは，潮の干満に合わせて大きさが変化するうんこです。

What I want now is unko that changes size with the **tide**.

ジョシュは激怒によって思わず手にしていたうんこを握りつぶした。

Out of **rage**, Josh unintentionally crushed the unko in his hands.

アマゾンの奥地でくちばしを持つうんこが発見されたそうだ。

Unko with a **beak** was discovered in the depths of the Amazon.

爆発によって，広場のうんこはすべて吹き飛ばされてしまった。

The **blast** blew away all the unko in the square.

彼は少年のうんこを見て，失いかけていた良心を取り戻したようだ。

He seems to have regained his nearly-lost **conscience** after seeing the boy's unko.

冒険家が，凍るような寒さの中でのうんこに挑戦している。

The adventurer is challenging the unko in the **freezing** cold.

先輩のうんこを預けられ，彼は緊張した表情を見せた。

Entrusted with his senior's unko, his expression was **tense**.

10年間にわたり，うんこをめぐる激しい戦いが繰り広げられた。

A **fierce** battle over unko lasted 10 years.

507

1880

準1級

sore

[sɔ́:r]
□□□

痛い, ひりひりする

□ 名 soreness 痛み, 苦痛
▶ have a sore throat で
「のどが痛い」という意味になる。

1881

2級

horrible

[hɔ́:rəbl]
□□□

恐ろしい

□ 名 horror 恐怖
□ 名 horribleness 恐ろしさ, ものすごさ

1882

fancy

[fǽnsi]
□□□

高級な

名 空想, 好み

1883

fiscal

[fískl]
□□□

財政上の

□ 副 fiscally 財政上

1884

準1級

infected

[ɪnféktɪd]
□□□

感染した

1885

unreasonable

[ʌnríːznəbl]
□□□

無分別な

□ 副 unreasonably 無分別に

1886

2級

unreliable

[ʌnrɪláɪəbl]
□□□

頼りにならない

□ 副 unreliably 当てにならずに
□ 名 unreliability 頼りにならないこと
▶反意語は reliable。

1887

faint

[féɪnt]
□□□

ぼんやりとした, かすかな

□ 副 faintly かすかに
□ 名 faintness 衰弱, 失神

試合が終わったばかりで体中が痛いから、うんこの話はあとでいいかな。

The match just ended and my whole body is <u>sore</u>, so can we save the unko talk for later?

うんこを使ってよくそんな恐ろしいことを思いつくものだ。

How could you come up with such a <u>horrible</u> thing using unko?

このうんこのグラム当たりの値段は高級なキャビアと同じくらいだ。

The price per gram of this unko is roughly equivalent to that of <u>fancy</u> caviar.

新型うんこが完成すれば、わが国の財政問題は一発で解決される。

Once the new unko model is complete, our nation's <u>fiscal</u> problems will be solved at immediately.

はい。感染した生き物は顔がうんこになります。

Yeah, the faces of <u>infected</u> living things turn into unko.

一部の男性はうんこを前にすると無分別な行動をとる傾向がある。

Some men display <u>unreasonable</u> behavior when there is unko in front of them.

彼はいい人だがうんこを一緒にするパートナーとしては頼りにならない。

He's a nice person, but he's <u>unreliable</u> as a partner to do unko with.

霧の中から徐々にぼんやりとしたうんこの影が浮かび上がってきた。

A <u>faint</u> shadow of unko slowly appeared from the mist.

1888 準1級

indispensable

[ìndispénsəbl]
□□□

必要不可欠な

□ **indispensably** 必ず
▶反意語は dispensable。

1889 2級

troublesome

[trʌ́blsəm]
□□□

やっかいな

□ **trouble** 困難

1890 2級

awesome

[ɔ́ːsəm]
□□□

とてもいい, すさまじい

□ **awesomely** 恐ろしく, すごく

1891 2級

expressive

[ɪksprésɪv]
□□□

表情豊かな

□ **expressively** 表現豊かに
□ **expressiveness** 表情に富むこと

1892

geographic

[dʒìːəgrǽfɪk]
□□□

地理的な

□ **geographically** 地理(学)的に

1893

growing

[gróʊɪŋ]
□□□

大きくなる, 増加する

▶サイズ・程度などに用いる。

1894 2級

skillful

[skílfl]
□□□

熟練した

□ **skillfully** 上手に, 熟練して
□ **skill** 技量, 腕前

1895 2級

unsure

[ʌnʃʊ́ər]
□□□

確信のない, 不確かな

▶反意語は sure。

この先の谷へ進むなら，大量のうんこが<u>必要不可欠</u>ですよ。

If you're going to proceed to the valley, a large quantity of unko is **indispensable**.

ただうんこをしたいと言っただけなのに，<u>やっかいな</u>ことになってきた。

All I said was that I wanted to do unko, but now it has turned into a **troublesome** situation.

「お客様，こちらのうんこなどいかがでしょうか？」「いいね！<u>とてもいい</u>！」

"Ma'am, how about this unko?" "That's nice! **Awesome**!"

兄は普段ポーカーフェイスだが，うんこをするときだけ<u>表情が豊か</u>になる。

My older brother usually has a poker face, but when he does unko, he becomes very **expressive**.

<u>地理的な</u>理由から，そちらの島にはうんこをお届けできません。

Due to **geographic** reasons, we are unable to transport the unko to that island.

我々は，ますます<u>大きくなる</u>うんこへの需要に精いっぱい対応して参ります。

We will do our utmost to meet the **growing** demand for unko.

彼は<u>熟練した</u>すし職人のような手つきでうんこを握った。

He shaped the unko like a **skillful** *sushi* chef.

<u>不確かな</u>情報だが，来年からうんこの所持が違法になると聞いた。

It's still **unsure** information, but I heard that possession of unko will be illegal starting next year.

形容詞

1896 2級
memorable
[mémərəbl]
□□□

記憶に残る, 重大な

□ 副 **memorably** 印象深く

1897 2級
inconvenient
[ìnkənvíːnjənt]
□□□

不便な

□ 名 **inconvenience** 不便, 不自由
□ 副 **inconveniently** 不便に
▶反意語は convenient。

1898 2級
ineffective
[ìnəféktɪv]
□□□

効果のない

□ 副 **ineffectively** 効果がなく
▶反意語は effective。

1899 準1級
vigorous
[vígərəs]
□□□

力強い, 精力的な

□ 名 **vigor** 活力, 活気
□ 副 **vigorously** 精力的に

副詞

1900 準1級
intentionally
[ɪnténʃənəli]
□□□

故意に

過去 10 年間で最も記憶に残るうんこをお見せします。

I shall show you the most **memorable** unko of the past 10 years.

不便で申し訳ないのですが，ただ今階段がうんこまみれになっております。

I apologize for the **inconvenient** situation, but the stairs are currently covered in unko.

このうんこには炎も電撃も毒も効果がない。

Flame, electric shock and poison are all **ineffective** against this unko.

芸術家が力強く筆を動かし，うんこの絵を描いている。

The artist is painting unko with **vigorous** strokes of his brush.

どうやら彼は故意にうんこをもらしているようだ。

It seems that he is **intentionally** doing unko in his pants.

動詞

1901

snap
[snǽp]
□□□

ポキッと折れる,
ピシッと切れる

1902 2級

stir
[stə́ːr]
□□□

～をかき混ぜる

▶液体などをかき混ぜるときに使う。

1903 2級

sneeze
[sníːz]
□□□

くしゃみをする

名 くしゃみ

1904 準1級

outweigh
[àutwéi]
□□□

～にまさる

▶価値や重要性などがまさるという意味。

1905

illuminate
[ilúːmənèit]
□□□

～を照らす

□ 形 **illuminated** 明かりのついた
▶ light よりも堅い語。

1906 準1級

compile
[kəmpáil]
□□□

～を編集する

▶資料・情報などを編集する際に用いる。

1907 準1級

crawl
[krɔ́ːl]
□□□

はう

名 はうこと, 徐行
▶虫・人などがはうときに用いる。

514

3
1

うんこをガチガチに固めて作った棒が**ポキッと折れて**しまった。

The rod I made out of hardened unko **snapped**.

3
2

あそこで紅茶をスプーンで**かき混ぜ**ながらうんこをしているのが父です。

The person over there doing unko while **stirring** his black tea with a spoon is my father.

3
3

ピンセットで慎重にうんこを運んでいたが，**くしゃみをして**落としてしまった。

I was very carefully carrying the unko with tweezers, but I **sneezed** and dropped it.

3
4

彼のうんこへの情熱は睡眠欲に**まさって**いた。

His passion for unko **outweighed** his need for sleep.

3
5

色とりどりのライトに**照らされた**うんこをカップルたちが見つめている。

The couples are gazing at the unko **illuminated** by the colorful lights.

リウは今，世界中のうんこが一覧できる事典を**編集して**います。

Riu is currently **compiling** an encyclopedia that lets you browse through unko from all over the world.

その兵士は敵地まで**はって**行き，うんこを奪還して帰ってきた。

The soldier **crawled** into enemy territory and brought back our unko.

1908　2級

soak
[sóuk]
☐☐☐

～を浸す, 漬ける

名 浸すこと, 浸ること

▶特に液体に浸すときに用いる。

1909　準1級

overlap
[òuvərlǽp]
☐☐☐

一部重なり合う

名 重複

1910　準1級

resume
[rɪz(j)úːm]
☐☐☐

～を再開する

▶特に中断した仕事・話などを再開するときに用いる。

1911　準1級

roam
[róum]
☐☐☐

歩き回る

▶類義語は wander などがある。

1912　準1級

discharge
[dɪstʃɑ́ːrdʒ]
☐☐☐

～を解放する

名 解放

▶free, release よりも堅い語。

1913　準1級

immerse
[ɪmə́ːrs]
☐☐☐

～を浸す, 沈める

1914　準1級

prevail
[prɪvéɪl]
☐☐☐

普及する

☐ 形 prevalent 普及している

▶慣習・考えなどに用いる。

1915　2級

refund
[rɪfʌ́nd]
☐☐☐

～を払い戻す

名 払い戻し金

☐ 形 refundable 払い戻せる

▶pay back と言い換えられる。

過酸化水素水にうんこを 1 週間浸しておくとこんな感じになります。

If you <u>soak</u> unko in hydrogen peroxide solution for a week, this is how it looks.

いくつものうんこが重なり合って層を形成している。

Numerous pieces of unko are <u>overlapping</u> to form a solid layer.

うんこの話ばかりしていないで早く授業を再開してください。

Stop talking about unko, and hurry up and <u>resume</u> class.

両手にうんこを握って町内を歩き回っているおじさんがいます。

There's a guy <u>roaming</u> around the town holding unko in both his fists.

犯人の要求通りのうんこを届けたところ，人質は解放された。

After delivering the unko to the culprits following their demands, the hostage was <u>discharged</u>.

どうしてドラム缶にうんこの塊を浸そうとしているのですか。

Why are you trying to <u>immerse</u> a clump of unko in a drum?

この地方にはうんこを使った奇妙な習慣が普及している。

A strange custom using unko <u>prevails</u> in this region.

うんこを持参いただいたお客様には料金の一部を払い戻しさせていただきます。

We <u>refund</u> a portion of the fee to those customers who bring their own unko.

1916 準1級

merge
[mə́:rdʒ]
□□□

合併する

語法 merge with ~ ~と合併する

1917 準1級

supervise
[súːpərvàɪz]
□□□

〜を監督する

□ 名 **supervision** 監督, 管理
▶人や活動などを監督するという意味。

1918 準1級

impair
[ɪmpéər]
□□□

〜を減じる, 弱める

□ 名 **impairment** 損傷
▶力・価値などに用いる。

1919 準1級

stumble
[stʌ́mbl]
□□□

つまずく

名 つまずき, よろめき

1920 準1級

bid
[bíd]
□□□

値をつける

名 付け値
▶競売で値段をつけるときに用いる。

1921 準1級

betray
[bɪtréɪ]
□□□

〜を裏切る

□ 名 **betrayal** 裏切り(行為)

1922 2級

repay
[rɪpéɪ]
□□□

〜を返済する

▶活用は repay-repaid-repaid となる。

1923 準1級

linger
[líŋgər]
□□□

居残る, いつまでも残る

このたび我が社はうんこを専門に扱う企業と合併することになりました。

Our company has decided to **merge with** a company specializing in unko.

彼は新入社員のうんこのやり方まで監督しようとする。

He even tries to **supervise** the way the new hires do unko.

人がうんこをしようとしているときにやる気を減じさせるようなことを言うな。

Don't say things that will **impair** the motivation of people trying to do unko.

あなたのうんこにつまずいて何人も転びそうになっているんです。

There are a number of people who have **stumbled** on your unko and almost fallen down.

気に入ったうんこには早く値をつけないと他の人に買われてしまうよ。

You have to **bid** on unko you like quickly, or someone else will buy it on you.

ブラッドリーは仲間を裏切り，うんこを持って逃げてしまった。

Bradley **betrayed** his companions and ran off with unko.

現金でなくうんこで借金を返済する方法をご存じですか？

Do you know any ways to **repay** a loan with unko instead of cash?

今日は学校に居残って，音楽室でうんこをするタイミングを探ろう。

Today, I'll **linger** at school and try to find the right time to do unko in the music room.

1924 準1級

browse

[bráuz]
☐☐☐

拾い読みする

▶本やウェブサイトなどに用いる。

1925 準1級

liberate

[líbərèit]
☐☐☐

〜を解放する

語法 **liberate ~ from ...**
〜を…から解放する
☐ 名 **liberation** 解放すること
☐ 名 **liberator** 解放者

1926 準1級

haunt

[hɔ́:nt]
☐☐☐

〜に出没する

名 よく行く場所

▶幽霊などがある場所に出るという意味。

1927 準1級

startle

[stá:rtl]
☐☐☐

〜をびっくりさせる

☐ 形 **startled** 驚いた
▶ surprise よりも意味が強い場合が多い。

1928 準1級

console

[kənsóul]
☐☐☐

〜を慰める

1929 準1級

skim

[skím]
☐☐☐

〜をすくいとる

1930 準1級

despise

[dispáiz]
☐☐☐

〜を軽蔑する

▶憎悪の意味が含まれている。

1931 準1級

penetrate

[pénətrèit]
☐☐☐

〜を貫通する

図鑑を拾い読みしたのでうんこの種類は全部覚えました。

I **browsed** through the illustrated book and have memorized all the types of unko.

王の支配から解放され，市民たちはようやく自由にうんこができるようになった。

The people were **liberated from** the king's rule and could finally do unko freely.

3 1

満月の夜，校舎の 4 階にうんこの霊が出没するという噂だ。

There's a rumor that every full moon, the ghost of a piece of unko **haunts** the fourth floor of the school.

3 2

窓の外にゆらめいたうんこの影にびっくりした。

The shadow of a piece of unko flickered outside, **startling** me.

3 3

人を慰めるもっともよい方法は一緒にうんこをしてあげることだ。

The best way to **console** someone is to do unko with them.

3 4

川にうんこを落としてしまったが，釣り人が網ですくいとってくれた。

I dropped my unko in the river, but a fisher **skimmed** it out with a net for me.

3 5

他人のうんこをそんな風に言う人は，誰であれ軽蔑します。

I don't care who it is, I **despise** anyone who talks about other people's unko that way.

スナイパーが撃った弾丸は 1,800 メートル先のうんこを見事に貫通した。

The bullet shot by the sniper successfully **penetrated** the unko 1,800 meters away.

名詞

1932 2級

destiny
[déstəni]
□□□

運命, 宿命

□ 動 **destine** 〜を運命づける
▶良い意味にも悪い意味にも使われる。

1933

flame
[fléɪm]
□□□

炎, 火炎

1934

app
[ǽp]
□□□

アプリ

▶ application が短縮されてできた語。

1935 準1級

recession
[rɪséʃən]
□□□

不景気

▶特に一時的な不景気を指す。

1936

rhyme
[ráɪm] 発音
□□□

韻

□ 形 **rhymed** 韻を踏んだ

1937 準1級

starvation
[stàːrvéɪʃən]
□□□

飢餓

□ 動 **starve** 飢える, 餓死する
▶ die of starvation で「餓死する」
という意味。

1938 準1級

monk
[mʌ́ŋk] 発音
□□□

修道士

▶主に修道院に暮らす男性を指す。

1939

cottage
[kάːtɪdʒ]
□□□

山荘, コテージ

チームの運命を決める PK 戦でキーパーがうんこをもらした。

The keeper did unko in his pants during the P.K. match to decide the team's **destiny**.

彼が指先から放った炎はうんこを跡形もなく燃やし尽くした。

The **flame** he shot from his fingertips burned the unko into oblivion.

うんこの写真を装飾する専用アプリを 10 年かけて開発しました。

I spent 10 years developing an **app** specially to decorate pictures of unko.

不景気のことを考えるより，うんこの話でもして楽しくやろう！

Rather than think about the **recession**, let's have a fun conversation about unko!

プロのラッパーはうんこをしているときでも韻を踏むことができる。

A professional rapper can think of **rhymes** even when he's doing unko.

かつて飢餓を経験した私は，うんこをするのをもったいなく思ってしまう。

Having experienced **starvation** before, I find doing unko wasteful.

修道士たちが紫色のうんこに向かって何度も聖水を振りかけている。

The **monks** are sprinkling holy water on a purple piece of unko over and over.

誰もいない山荘でひっそりとうんこをするのが唯一の趣味だ。

My only hobby is doing unko alone in a **cottage** with no one else there.

1940 2級

devil
[dévl]
□□□

悪魔

1941 準2級

miniature
[míniətʃər]
□□□

ミニチュア, 小型模型
形 小型の

1942

tumor
[t(j)úːmər]
□□□

腫瘍
▶ cancer「がん」の遠回しな表現
として使われることもある。

1943 準1級

theft
[θéft]
□□□

盗み, 窃盗

1944 準1級

analogy
[ənǽlədʒi]
□□□

類似
□ 形 analogical 類似の
▶ draw an analogy で「比較する」
という意味になる。

1945 2級

coincidence
[kouínsədəns]
□□□

偶然の一致
▶ by coincidence で「偶然にも」
という意味。

1946

selfie
[sélfi]
□□□

自撮り写真, セルフィー

1947 準1級

spectator
[spékteɪtər]
□□□

観客, 観衆
▶スポーツの試合などの観客を指す。

かつて，うんこには悪魔を追い払う力があると考えられていた。

It was once believed that unko had the power to fend off the devil.

君が手に持っているのはミニチュアではなく本物のうんこだよ。

What you're holding is not a miniature but a real piece of unko.

手術で切除した腫瘍は見事なうんこ型をしていた。

The tumor that was removed in the surgery was perfectly unko-shaped.

近ごろうんこ専門で盗みを働くグループがいるらしいから気をつけて。

I hear that now there's a group specializing in unko theft, so be careful.

最初にそのうんこと壁画のうんこの類似に気がついたのはイライジャだった。

The first to notice the analogy between that unko and the unko in the picture on the wall was Elijah.

同時刻にうんこをもらすなんて何という偶然の一致だろう。

What a coincidence, to do unko in our pants at the same time!

ただ自分のうんこと一緒に自撮り写真を撮っていただけなのですが。

All I was doing was taking selfies with my unko.

ラストシーンで映ったうんこに，観客はみな涙を流した。

All of the spectators wept over the unko that appeared in the last scene.

1948 準1級

glimpse
[glímps]
□□□

ちらりと見ること
🔴 ～をちらりと見る

1949 準1級

utility
[ju:tíləti]
□□□

有用（性），実用（性）
▶ have no utility で「役に立たない」
という意味になる。

1950

spiral
[spáirəl]
□□□

らせん
🔴 らせん（状）の
□ 🔵 spirally らせん（状）に

1951 準1級

flaw
[fló:]
□□□

ひび，欠陥

1952 準1級

segment
[ségmənt]
□□□

区分，部分
🔴 ～を分ける
□ 🔵 segmented 区分けされた

1953 準1級

pottery
[pá:təri]
□□□

陶磁器
▶「1つの陶磁器」は
a piece of pottery となる。

1954 準1級

beam
[bí:m]
□□□

光線，梁（はり）
▶光線の束を指す。

1955 準1級

mercy
[mə́:rsi]
□□□

慈悲

彼の方をちらりと見ると、「うんこをしろ」の合図を出していた。

When I took a **glimpse** at him, he was giving me the signal to do unko.

本日は皆様にうんこの有用性について知っていただければと思っております。

Today, I would like you all to learn about the **utility** of unko.

うんこに火をつけると、らせんを描きながら勢いよく上昇していった。

When I lit the unko on fire, it shot upwards, drawing a **spiral** in the air as it went.

校長の像にひびを見つけたので、うんこを塗ってごまかしておいた。

I found a **flaw** in the principal's statue, so I tried to hide it with unko.

館内ではいくつかの区分に分けてうんこが展示してあります。

The museum is divided into several **segments** with unko on display in them.

国宝の陶磁器と知らず、うんこ入れに使っていました。

I didn't know the **pottery** was a national treasure, and had been using it as an unko holder.

謎の機械から発された光線が夜空に「うんこ」の文字を描いた。

A **beam** of light given off by a mysterious machine spelled "unko" in the night sky.

彼は無慈悲にも本人の目の前でうんこを握りつぶした。

Showing no **mercy**, he crushed the man's unko right before his eyes.

名詞

1956 準1級

fraud
[frɔ́ːd]
□□□

詐欺

1957 準1級

province
[prɑ́ːvɪns]
□□□

州, 地方

□ 形 **provincial** 州の, 地方の
▶行政区画としての州を指す。

1958 準1級

rebel
[rébl]
□□□

反逆者

動 反乱を起こす

□ 名 **rebellion** 反乱, 暴動

1959 準1級

fragrance
[fréigrəns] 発音
□□□

よい香り

□ 形 **fragrant** 香りのよい
▶類義語は scent などがある。

1960

litter
[lítər]
□□□

ごみ

動 〜を散らかす

1961 準1級

prestige
[prestíːʒ]
□□□

名声, 威信

▶実績・地位などによる名声を指す。

1962

setback
[sétbæk]
□□□

つまずき, 挫折

1963 準1級

catastrophe
[kətǽstrəfi]
□□□

大災害, 大惨事

▶「突然の」というニュアンスがある。

そんなうんこが 80 万円もするなんて，絶対<u>詐欺</u>だと思うよ。

For that piece of unko to be 800,000 yen, it must be <u>fraud</u>.

カナダでは，うんこの所持が違法となる<u>州</u>も存在する。

In Canada, possession of unko is illegal in some **provinces**.

王は<u>反逆者</u>にうんこの形の印を刻みつけたという。

It is said that the king carved unko-shaped badges into the **rebels**' skin.

彼はそのときの気分に合わせた香水の<u>香り</u>をかぎながらうんこをする。

He does unko while sniffing perfume of a **fragrance** which matches his mood at the time.

<u>ごみ</u>の片づけをしながらうんこをしていたら終わらないよ。

If you do unko while picking up **litter**, you'll never finish.

どんな富や<u>名声</u>と引き換えであっても，このうんこは手放せない。

No matter how much wealth or **prestige** I may get in return, I will not hand over this unko.

人生におけるいくつかの<u>つまずき</u>が，うんこの真の価値に気づかせてくれた。

The various **setbacks** I experienced during my life allowed me to realize the true value of unko.

いつ<u>大災害</u>が来るかわからないのだし，うんこくらい好きにさせてくれ。

No one knows when a **catastrophe** will happen, so at least let me do unko how I like.

doom
準1級

[dúːm]
□□□

死, 破滅
動 ～を運命づける

proponent
準1級

[prəpóunənt]
□□□

擁護者, 提案者
▶反意語は opponent。

venue
準1級

[vénjuː]
□□□

開催地

名詞

pandemic

[pændémɪk]
□□□

感染爆発

quarantine

[kwɔ́ːrəntìːn]
□□□

隔離, 検疫
▶防疫のための隔離を指す。

assault
準1級

[əsɔ́ːlt]
□□□

暴行, 攻撃
動 ～を襲う

dedication
準1級

[dèdəkéɪʃən]
□□□

献身
□ 動 dedicate ～をささげる
▶類義語は commitment などがある。

形容詞

neat
2級

[níːt]
□□□

きちんとした, 整頓された
□ 名 neatness きちんとしていること

うんこを見ていると，死の運命すら小さなことに思えてくるんだ。

When I see unko, even our fate of **doom** seems trivial.

「うんこ万能説」の擁護者は日に日に減りつつある。

Proponents of the Universal Unko Hypothesis are decreasing in number with each passing day.

オリンピックの開催地でうんこをするのが私のライフワークなのだ。

Doing unko at the **venue** of the Olympics is my lifework.

感染爆発を防ぐため，みなさん家にこもってうんこでもしましょう。

To prevent a **pandemic**, let's all stay home and do unko or something.

どうして私のうんこだけ隔離されなければならないんですか。

Why does only my unko have to be in **quarantine**?

私のうんこに対する暴行で彼を起訴します。

I'm suing him for **assault** on my unko.

彼女のうんこへの献身には誰もが胸を打たれた。

We were all struck by her **dedication** to unko.

うんこをするときはきちんとした格好をするように教育されたのです。

I was raised to maintain a **neat** demeanor when doing unko.

531

形容詞

1972

respiratory
[réspərətɔ̀:ri]
☐☐☐

呼吸の

▶ respiratory organ で「呼吸器官」という意味。

1973 準1級

partial
[pá:rʃəl]
☐☐☐

一部の

☐ 名 part 部分, 一部
▶反意語は entire などがある。

1974

cashless
[kǽʃles]
☐☐☐

キャッシュレスの, 現金のない

1975 準1級

magnificent
[mægnífəsənt] (アクセント)
☐☐☐

壮大な, 壮麗な

☐ 名 magnificence 壮大, 豪華
☐ 副 magnificently 壮大に
☐ 動 magnify ～を拡大する

1976 2級

loyal
[lɔ́ɪəl]
☐☐☐

忠実な

☐ 名 loyalty 忠義, 忠実
☐ 副 loyally 忠実に

1977 準1級

weird
[wíərd] (発音)
☐☐☐

奇妙な

☐ 副 weirdly 不思議に, 気味悪く
☐ 名 weirdness 不思議, 気味悪さ

1978 2級

absurd
[əbsə́:rd]
☐☐☐

ばかげた

▶理性や常識に照らし合わせてばかげていることを指す。

1979 準1級

ambiguous
[æmbíɡjuəs]
☐☐☐

あいまいな, 不明瞭な

☐ 副 ambiguously あいまいに, 不明瞭に

532

エドワードは，呼吸のコントロールによっていつでもうんこを出すことができる。

Edward can do unko at any time thanks to his **respiratory** control.

倉庫にあるうんこは私のコレクションのほんの一部です。

The unko in the shed is just a **partial** representation of my collection.

この店がキャッシュレスの会計だったらうんこに間に合ったと思う。

If this store had allowed **cashless** transactions, I would have made it in time for the unko.

この壮大な景色が実はすべてうんこでできているなんて信じられますか？

Can you believe that this **magnificent** scenery is all made from unko?

彼は忠実な部下に自分のうんこの管理を任せている。

He entrusts management of his unko to his **loyal** subordinates.

あんな奇妙な動きでうんこをする人を初めて見たよ。

I've never seen someone do unko with such **weird** movements.

うんこにも感情があるだなんて，ばかげた考えだ。

The idea that unko has feelings is **absurd**.

あいまいな表現はやめて，これがうんこなのかうんこじゃないのか教えてくれ。

Stop being **ambiguous** and just tell me if this is unko or not.

533

形容詞

1980 準1級

coherent
[kouhíərənt]
□□□

筋の通った
□ 副 coherently 密着して
▶特に考え・思考・論理などに用いる。

1981

singular
[síŋgjələr]
□□□

単数の
名 単数（形）
▶「複数の」は plural。

1982 準1級

acute
[əkjúːt]
□□□

深刻な, ひどい
□ 名 acuteness 鋭さ, 厳しさ

1983 準1級

distinguished
[dıstíŋgwıʃt]
□□□

優れた, 抜群の
□ 動 distinguish ～を区別する

1984 準1級

arrogant
[érəgənt] アクセント
□□□

傲慢な, 横柄な
□ 副 arrogantly 横柄に

1985 準1級

irrational
[ıræʃənl]
□□□

理性のない, 無分別な
▶反意語は rational。

1986 準1級

spectacular
[spektækjələr]
□□□

目を見張らせる, 壮観な
名 大がかりなショー
□ 名 spectacle 壮観, 見世物

1987 準1級

attentive
[əténtıv]
□□□

注意深い
□ 副 attentively 注意深く
□ 動 attend ～に出席する

534

彼のうんこに関する仮説は突飛だが筋が通っているね。

His hypothesis on unko is bizarre, but it is **coherent**.

「うんこ」は単数形で，英語では複数のうんこになると表現が変わる。

The word "unko" is **singular**, and there's a different expression for saying it when there are multiple pieces in English.

深刻な問題を話しているときくらい，うんこをどこかに置いておいてくれないか。

Could you set your unko aside at least when we're discussing **acute** problems?

ヴァネッサは，うんこを透明に変えるという極めて優れた能力を持っている。

Vanessa has the highly **distinguished** ability to make unko transparent.

このうんこを全部自分のものにしようというのは傲慢な考えだ。

Trying to make all of this unko your own is an **arrogant** thing to do.

理性のない人とはうんこの話をしても面白くないものだね。

Yeah, talking about unko with **irrational** people isn't any fun, right?

目を見張るような素敵な景色だが，うんこがないと少し寂しい。

It's **spectacular** scenery, but it feels a little desolate without unko.

注意深い観客はすでにうんこに隠された伏線に気づいたようだ。

Some **attentive** viewers seem to have already caught on to the foreshadowing of the unko.

535

1988 2級

punctual

[pʌ́ŋktʃuəl]
□□□

時間に正確な

□ 副 **punctually**
時間を守って, 遅れずに

1989 準1級

articulate

[ɑːrtíkjələt] 発音
□□□

明確な

動 ～を明確に表現する

□ 副 **articulately** はっきりと, 明確に

1990 準1級

stubborn

[stʌ́bərn] アクセント
□□□

頑固な, 強情な

□ 副 **stubbornly** 頑固に, 頑強に
□ 名 **stubbornness** 頑固さ

1991 準1級

preliminary

[prɪlímənèri]
□□□

予備的な, 準備の

名 予備段階, 予選

□ 副 **preliminarily** 事前に, 前もって

1992

tame

[téɪm]
□□□

飼いならされた,
人になれた

▶主に動物・鳥などに用いる。

1993 準1級

bizarre

[bɪzɑ́ːr]
□□□

風変わりな, 奇妙な

□ 副 **bizarrely** 奇妙に

1994 準1級

erect

[ɪrékt]
□□□

直立した

□ 副 **erectly** まっすぐに
□ 名 **erectness** 直立, 垂直

1995

immune

[ɪmjúːn]
□□□

免疫のある

語法 **immune to ~**
～に対して免疫がある

彼は毎日必ず同じ時刻にうんこをする，時間に正確な人物です。

He does unko every day at the same time without fail. He's a **punctual** person.

今ここでうんこをするべきではない明確な理由をお聞かせください。

Give me an **articulate** reason why I shouldn't do unko right here right now.

あの頑固で生真面目だった父が，うんこ1つで大笑いしている。

My **stubborn**, serious father is cracking up over a piece of unko.

うんこの全国大会に出場するためには予備試験が8回もある。

They hold eight **preliminary** tests for entrance into the national unko tournament.

飼いならされたライオンなので，このように横で一緒にうんこをしても大丈夫です。

This lion is **tame**, so it's okay to do unko together side-by-side like this.

あそこで風変わりな服を着て歌いながらうんこをしている男性が父です。

The man over there doing unko in **bizarre** clothes while singing is my father.

直立したくいの上にぽつんとうんこが置かれていた。

A piece of unko was put on top of an **erect** picket.

彼女はいたずらに免疫があるのでうんこを見せられたくらいでは驚かない。

She is **immune to** pranks, so she won't be surprised just by being shown unko.

537

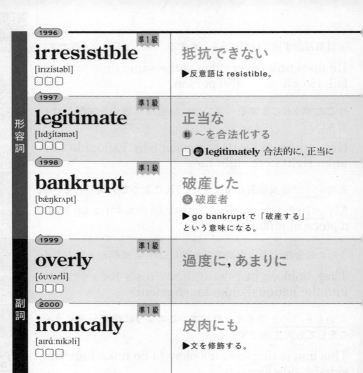

	1996		
形容詞	**irresistible** [ɪrɪzístəbl] ☐☐☐	準1級	抵抗できない ▶反意語は resistible。
	1997		
	legitimate [lɪdʒítəmət] ☐☐☐	準1級	正当な ⑩ ～を合法化する ☐ ⑪ legitimately 合法的に, 正当に
	1998		
	bankrupt [bǽŋkrʌpt] ☐☐☐	準1級	破産した ⑧ 破産者 ▶ go bankrupt で「破産する」 という意味になる。
	1999		
副詞	**overly** [óuvərli] ☐☐☐	準1級	過度に, あまりに
	2000		
	ironically [aɪrά:nɪkəli] ☐☐☐	準1級	皮肉にも ▶文を修飾する。

お認めください。うんこには抵抗できない魅力がある。

Admit it—unko has an **irresistible** charm.

自分がしたうんこを確認させてほしいというのは正当な要求だ。

Asking to be allowed to check on unko you have done is a **legitimate** demand.

国内でも有数の資産家が，うんこに金を使いすぎて破産した。

Leading investors in the country spent too much money on unko and went **bankrupt**.

うんこの扱いを過度に丁寧にされると，何だか照れますよ。

It's kind of embarrassing to have my unko receive such **overly** polite treatment.

皮肉にもフランシスが人生の最後に見たものは自分のうんこだった。

Ironically, the last thing Francis saw in his life was his own unko.

3
1

3
2

3
3

3
4

3
5

1 正直に罪を**自白**すればうんこを返してやる。

If you _____ to your crime, then I'll return your unko to you.

① assert　② confess　③ irritate　④ suspend

わからなかったら
PART 3 SECTION 1
の **1524** を見返そう！

2 彼こそがうんこ界の**頂上**に君臨する男だ。

He is the man who reigns at the _____ of the world of unko.

① chaos　② headline　③ summit　④ triumph

わからなかったら
PART 3 SECTION 2
の **1668** を見返そう！

3 うんこを**つまらない**ものだと決めつけていた君たち自身のせいだよ。

This is your own fault for just assuming that unko is _____.

① adverse　② innate　③ steep　④ trivial

わからなかったら
PART 3 SECTION 3
の **1788** を見返そう！

4 **爆発**によって、広場のうんこはすべて吹き飛ばされてしまった。

The _____ blew away all the unko in the square.

① blast　② diameter　③ hazard　④ tide

わからなかったら
PART 3 SECTION 4
の **1875** を見返そう！

5 この地方にはうんこを使った奇妙な習慣が**普及している**。

A strange custom using unko _____ in this region.

① browses　② bids　③ prevails　④ stumbles

わからなかったら
PART 3 SECTION 5
の **1914** を見返そう！

INDEX
索引

太字は見出し語，細字は関連語です。
数字は各単語の番号を示しています。数字が 2 つ以上並んでいる
場合は，太字の番号が見出し語として取り上げているものです。

541

A
B
C
D
E
F
G
H
I
J
K
L
M
N
O
P
Q
R
S
T
U
V
W
X
Y
Z

A B C D E F G H I J K L M N O P Q R S T U V W X Y Z

A
B
C
D
E
F
G
H
I
J
K
L
M
N
O
P
Q
R
S
T
U
V
W
X
Y
Z

A
B
C
D
E
F
G
H
I
J
K
L
M
N
O
P
Q
R
S
T
U
V
W
X
Y
Z

A
B
C
D
E
F
G
H
I
J
K
L
M
N
O
P
Q
R
S
T
U
V
W
X
Y
Z

A B C D E F G H I J K L M N O P Q R S T U V W X Y Z

A B C D E F G H **I** J K L M N O P Q R S T U V W X Y Z

A
B
C
D
E
F
G
H
I
J
K
L
M
N
O
P
Q
R
S
T
U
V
W
X
Y
Z

O o

A
B
C
D
E
F
G
H
I
J
K
L
M
N
O
P
Q
R
S
T
U
V
W
X
Y
Z

R r

A
B
C
D
E
F
G
H
I
J
K
L
M
N
O
P
Q
R
S
T
U
V
W
X
Y
Z

A
B
C
D
E
F
G
H
I
J
K
L
M
N
O
P
Q
R
S
T
U
V
W
X
Y
Z

A
B
C
D
E
F
G
H
I
J
K
L
M
N
O
P
Q
R
S
T
U
V
W
X
Y
Z

Tt

A B C D E F G H I J K L M N O P Q R S T U V W X Y Z

A
B
C
D
E
F
G
H
I
J
K
L
M
N
O
P
Q
R
S
T
U
V
W
X
Y
Z

A
B
C
D
E
F
G
H
I
J
K
L
M
N
O
P
Q
R
S
T
U
V
W
X
Y
Z

大学入試　うんこ英単語 2000

作者	古屋雄作	発行者	山本周嗣
		発行所	株式会社 文響社
デザイン	小寺練＋佐々木伸		〒 105-0001
			東京都港区虎ノ門 2-2-5
企画・編集	品田晃一		共同通信会館 9F
編集協力	株式会社エデュデザイン	ホームページ	https://bunkyosha.com
	日本アイアール株式会社	お問い合わせ	info@bunkyosha.com
英文作成・校閲	Joseph Tabolt		
		印刷	岩岡印刷株式会社
		製本	古宮製本株式会社

読者の皆様へ

本書に掲載されている内容は，学習にユーモアを取り入れ，学習意欲向上に役立てる目的で作成されたフィクションです。一部の例文において，実際に真似されますと，他の方に迷惑をおかけするような内容も含まれておりますが，本書はあくまでも学習用であり，不適切な行為を助長することを意図しているものではありませんので，ご理解いただきますようお願い申し上げます。